地铁隧道水平冻结法施工技术

冯敬辉　杨东博　应本林　司林军　编著

内 容 提 要

本书以郑州城市轨道交通施工过程中遇到的复杂地质环境条件下施工难题为背景，以软弱地层地下工程水平冻结法施工的理论与实践为主线，采用理论研究、实测分析、数值仿真等方法进行了研究，阐述了城市轨道交通建设中人工冻结法施工的理论与关键技术。全书共分为8章，包括人工冻结法研究和应用现状、冻土的物理力学性质、郑州地铁黄河迎宾馆站工程概况、盾构水平冻结法进洞的设计与施工、盾构冷冻始发的关键技术研究、盾构始发端岩土体变形特性及控制技术、人工冻结法在其他地铁分部工程中的应用实例、人工冻结法风险与控制。

本书可供从事城市轨道交通等城市地下工程施工、管理的技术人员参考，也可以作为普通高等院校和高、中等职业院校相关专业的辅导用书。

图书在版编目（CIP）数据

地铁隧道水平冻结法施工技术 / 冯敬辉等编著. —北京：中国电力出版社，2022.1
ISBN 978-7-5198-6054-7

Ⅰ.①地… Ⅱ.①冯… Ⅲ.①地铁隧道–隧道施工–冻结法施工 Ⅳ.①U231.3

中国版本图书馆CIP数据核字（2021）第199496号

出版发行：中国电力出版社
地　　址：北京市东城区北京站西街19号（邮政编码100005）
网　　址：http://www.cepp.sgcc.com.cn
责任编辑：王晓蕾　杨云杉
责任校对：黄　蓓　马　宁
装帧设计：张俊霞
责任印制：杨晓东

印　　刷：北京天宇星印刷厂
版　　次：2022年1月第一版
印　　次：2022年1月北京第一次印刷
开　　本：787毫米×1092毫米　16开本
印　　张：9.75
字　　数：240千字
定　　价：48.00元

版 权 专 有　侵 权 必 究

本书如有印装质量问题，我社营销中心负责退换

前言

近些年来随着我国经济快速增长，城市轨道交通建设得到了快速的发展。其中，地铁是城市现代化的象征之一，具有节省土地、速度快、客运量大、减少噪声与干扰的优点，但由于地铁建造于地下，所以造价成本高，每千米至少需要六到七亿的投资，一个城市地铁项目所需的资金就能达到几十亿，甚至几百亿。截至2019年年底，全国43个城市共建成207条轨道交通线路，总里程约5187km，且仍有城市在建设地铁，故地铁的规模在未来几年内仍会不断扩大。上海、北京分别以637km和588.3km成为世界城市轨道交通运营里程前两名。我国城市轨道交通形成全球规模较大、发展较快的轨道交通建设和运营市场，前景十分广阔。

现阶段我国鼓励城市开发城市地下空间，而地铁隧道处于软弱地层、浅埋、建筑构筑物密集的复杂环境下，在这种环境下，盾构始发与接收、联络通道、车站出入口暗挖等的施工会存在很大风险。在城市地下轨道交通建设过程中，盾构进出洞是盾构法隧道施工风险聚集的阶段，盾构隧道端头土体加固是盾构机安全始发与接收的重要保证，选择合理的端头加固方法可以在很大程度上保证盾构法隧道顺利施工。须通过综合考虑施工环境、地质情况、盾构机型、盾构机直径、覆盖层、地下水埋深等因素来选择盾构隧道端头的加固方法。软土和富水地层中，常用的加固方法有旋喷法、搅拌法、人工冻结法、注浆法、搅拌桩＋旋喷桩＋人工冻结法等，以上加固方法在盾构进出洞地层加固中均有应用。当加固范围内含有富水砂层，普通加固法难以满足加固质量时，常需采用人工冻结法。人工冻结法技术可靠，对环境影响小，对地层条件要求宽松，且施工环保，是其他地层加固方法应用难度较大或无法满足加固要求时的解决方案。

人工冻结法源于天然冻结现象，核心内容为依靠人工制冷的方法，使地层中的水结冰，把天然地层变成冻土层。人工冻结法增强了相应地层的强度和稳定性，隔绝了地下水与地下工程的联系，抵抗水土压力，是使地下工程在冻结壁的保护下可以更为安全掘进的一项施工技术。人工冻结法作为临时加固地基的施工方法，已被广泛应用于城市地铁隧道盾构始发与接收端头加固、联络通道加固施工、隧道抢险及其他抢险工程等城市地下工程施工中。

本书以郑州城市轨道交通施工过程中遇到的复杂地质环境条件下施工难题为背景，以软弱地层地下工程水平冻结法施工的理论与实践为主线，采用理论研究、实测分析、数值仿真等方法进行了研究，主要包括以下内容：① 人工冻结法研究和应用现状；② 冻土的物理力学性质；③ 郑州地铁黄河迎宾馆站工程概况；④ 盾构水平冻结法进洞的设计与施工；⑤ 盾构冷冻始发的关键技术研究；⑥ 盾构始发端岩土体变形特性及控制技术；⑦ 人工冻结法在其他地铁分部工程中的应用实例；⑧ 人工冻结法风险与控制。以期解决城市地下工程在复杂环境下人工冻结理论与应用中的关键问题，为我国在地铁建设中人工冻结技术的应用提供理论、技术与实践的支撑。

全书编写人员及编写分工如下：第1、3、4、8章由郑州地铁集团有限公司冯敬辉高级工程师编写，第2章由郑州地铁集团有限公司杨东博工程师编写，第5章由华北水利水电大学司林军博士和杨东博编写，第6章由司林军和冯敬辉编写，第7章由中铁七局集团有限公司应本林工程师编写。

本书在编写过程中引用了发表于各类期刊的论文、教材及专著等资料成果并列入参考文献，得到了中铁七局集团有限公司和华北水利水电大学相关人员的大力支持以及许多同志的热情帮助，在此一并表示衷心感谢。

由于编者水平有限，虽经几次修改，但书中内容难免有不妥之处，恳请各位读者批评指正，不胜感激！

目录

前言

第1章 人工冻结法研究和应用现状 … 1
1.1 人工冻结法原理及发展历史 … 1
1.2 人工冻结法的优势和适用性 … 5
1.3 人工冻结法应用的注意事项 … 7
1.4 人工冻结法的研究现状和发展趋势 … 9
参考文献 … 13

第2章 冻土的物理力学性质 … 20
2.1 冻土的热物理性质 … 20
2.2 冻土的力学性质 … 26
2.3 冻土的流变性 … 35
2.4 冻土的冻胀与融沉 … 37
参考文献 … 42

第3章 郑州地铁黄河迎宾馆站工程概况 … 45
3.1 工程地质概况 … 45
3.2 始发井结构 … 48
3.3 施工平面布置 … 50
3.4 盾构机及管片设计 … 51

第4章 盾构水平冻结法进洞的设计与施工 … 53
4.1 冻结设计一般规定 … 53
4.2 水平杯形冻结设计与施工 … 54

4.3	盾构始发重难点	58
4.4	黄河迎宾馆站始发端头冻结加固方案	63
4.5	盾构始发与试掘进控制技术	68
4.6	土体冻胀的辅助管控措施	73
参考文献		74

第5章 盾构冷冻始发的关键技术研究 ································· 77

5.1	工程概况	77
5.2	实测结果数据分析	80
5.3	冻结温度场模拟分析	85
5.4	盾构穿越既有运营线的安全风险评估	94
5.5	盾构掘进参数分析	98
参考文献		110

第6章 盾构始发端岩土体变形特性及控制技术 ····················· 112

6.1	地层冻结的位移场演化规律	112
6.2	土体变形的控制技术及效果分析	116
6.3	防止既有构筑物变形的控制技术	120
参考文献		123

第7章 人工冻结法在其他地铁分部工程中的应用实例 ············ 124

7.1	人工冻结法在地铁区间中的应用	124
7.2	人工冻结法在地铁联络通道中的应用	125
7.3	人工冻结法在地铁隧道修复中的作用	126
参考文献		127

第8章 人工冻结法风险与控制 ·· 129

8.1	施工测量	129
8.2	施工监测	133
8.3	验收要求	141
8.4	保证体系	143
8.5	应急预案	147

第1章　人工冻结法研究和应用现状

1.1　人工冻结法原理及发展历史

1.1.1　人工冻结法原理

人工冻结法常见用于煤矿在含水不稳定地层中凿井施工。冻结深度是冻结凿井施工技术的重要体现，我国于1990年成为世界上冻结凿井穿过表土层最厚的国家之一。自1992年以来，人工冻结法的工程应用范围逐渐拓宽，已成为我国在不稳定冲积层和裂隙含水层的主要加固施工方法，该方法不仅在软弱含水地层中联络通道加固、盾构始发与到达端头加固中应用广泛，同时在其他方面也大量应用，比如处理隧道突发事故、地铁隧道修复、不同地铁线路的下穿等。对于在富水、软弱地层、浅埋、建筑构筑物密集的复杂环境下不良地层的市政工程施工，人工冻结法被认为是最佳和最后的有效方法。

人工冻结法加固地层源于天然冻结现象，其核心原理是利用人工制冷技术，将低温冷媒送入待开挖地下空间周围富含水的地层中，使周围地层中的水处于低于其冰点的温度场中，从而土层中的水将不断冻结形成冰，使地层中的土颗粒通过冰胶结，形成一个密闭的整体结构。该土体结构的整体强度和弹性模量远大于冻结前土体结构，人工冻结法会将待开挖土体周围的地层冻结成一个按设计轮廓的封闭连续体（冻土墙）。坚硬化的冻土墙可以有效抵抗地体压力，其密闭性可以有效隔绝地下水与开挖体之间的联系，地下工程的开挖和施工支护等可以在其保护下保证施工安全。该方法适用于松散的不稳定的冲积层、裂隙性含水岩层、松软泥岩、含水率和水压特大的岩层。

人工冻结法的具体工艺过程是将冻结管埋入待处理的地层中，由循环在冻结管内低于水冰点温度的冷媒（低温液化气体或盐水）吸收其周围土层中的热量，从而将冻结管周围土壤中的孔隙水由近而远地冻结成冰，使冻结管周边的土颗粒通过冰胶结成冻结圆柱（见图1-1）。设计冻结管的埋设位置，使冻结管以适当间距埋设，使相邻的冻土柱不断扩大而连接形成连续的冻土墙或闭合的冻土结构，因此冻土墙体具有完全的止水性与高强度，可作为临时开挖的防护措施。

人工冻结法加固地层分为直接式（消耗型制冷剂系统）和间接式（循环冷媒系统）。

直接式冻结工法，所用制冷剂主要有液氮或固体二氧化碳溶于酒精后的液体，前者最低温度可达-19℃左右，后者最低温度可达-79℃左右。液体在冻结管内直接汽化，同时

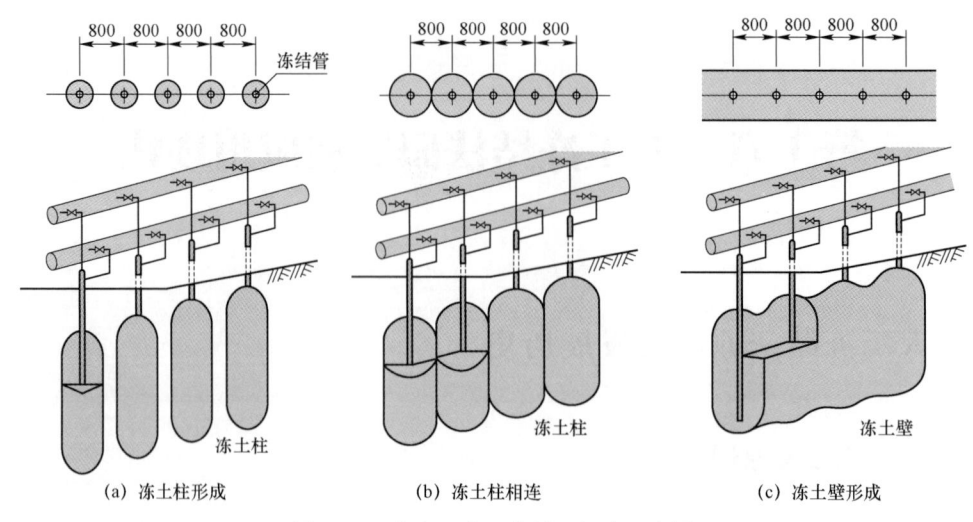

图 1-1 冻土形成、发展、相连示意图

吸收地层中大量的热量,这时冻土墙或闭合的冻土结构可在很短时间(如几小时)内形成,土体冻结速度是普通盐水制冷的 5~10 倍。液氮和固体二氧化碳溶于酒精后的液体既是制冷剂,又是冷媒,用泵直接把这种液体泵入地层里埋设的冻结管内,另一端排出已同地层发生过热交换的尾气。该工法下冻结管内温度一般较低,对于处理一些突发工程事故和盾构始发与接收施工,具有速度快、操作方便和冻土墙承载能力大等优点,但成本也随之提高。

间接式冻结工法所用制冷剂主要是氟利昂和氯化钙水溶液(盐水),这种方法中冷媒温度一般为 $-35 \sim -20$℃。典型间接式冻结系统主要包括冷冻站系统和地层冻结系统两部分。冷冻站系统主要包括压缩机、集液器、冷凝器、膨胀阀,地层冻结系统包括冷媒泵、冻结管等。两个系统由蒸发器组合在一起。冷冻站系统的制冷介质一般分为液氨(氨压缩机)和氟利昂(螺杆机组)两种。在市政工程中常用盐水制冷人工冻结系统,该系统分为三个子系统:盐水循环系统、氟利昂循环系统、冷却水循环系统,制冷剂多用氟利昂,冷媒多用氯化钙溶液(盐水)。盐水制冷人工冻结系统示意图如图 1-2 所示。

1.1.2 人工冻结法发展历史

1. 人工冻结法的起源

人工冻结法起源于天然冻结,大约在 19 世纪 50 年代蒸汽压缩式冷冻机发明与应用后产生了工程冻结。1862 年,英国的威尔士(Wales)建筑基础施工中首次应用了人工冻结法加固了地层,解决了软弱透水层立井开凿时的坍塌问题。1875 年,全球首台活塞式制冷机(液态氮作为制冷剂)问世,成为人工冻结法广泛应用的里程碑。1880 年,德国工程师 F.H.Poetch 首先提出人工冻结法施工原理,1888 年在德国阿尔巴里德煤矿成功地采用冻结工法建造了 103m 深的竖井,获得了冻结法凿井技术专利。

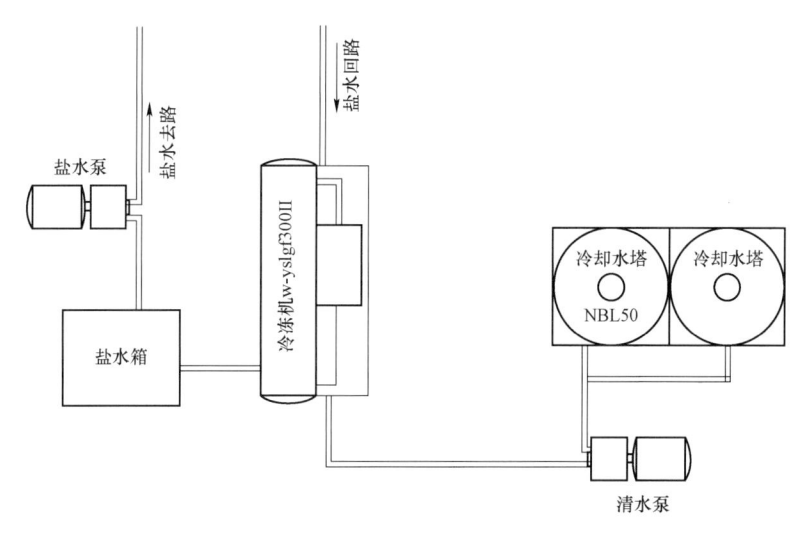

图 1-2　盐水制冷人工冻结系统示意图

2. 国外人工冻结法的应用与发展

美国、苏联、德国、日本、法国、丹麦、瑞典等国家研究和应用人工冻结法技术起步较早，在地下工程中应用人工冻结法相对较多，同时也积累了大量的成功经验。

首次在市政隧道工程中使用人工冻结法的工程为 1886 年瑞典的人行隧道工程（施工总长 24m），随后世界一些国家也陆续将人工冻结法应用于工程中。1906 年人工冻结法用于法国的横穿河床地铁工程。1962 年日本开始将人工冻结法成功试用于大阪守口市横跨河床水道敷设工程，随后将技术推广到河流、铁路、建筑物下的隧道工程和其他地下工程。

进入 19 世纪后，人工冻结法在世界范围内得到了更为广泛的应用。1991 年，西班牙瓦伦西亚修建地铁中，采取多种传统的支护方法对地基处理方法后，均未达到预期效果，后采用人工冻结法处理地层，有效避免了涌水发生。美国威斯康星州密尔沃基市施工一段竖井，需要穿越多种地下土层，同样采用人工冻结法后确保了工程顺利进行。日本名古屋在修建地下输电隧道时，应用人工冻结法成功连接两个不同直径的隧道。德国杜塞尔多夫市中心火车站附近扩建地铁，因为周围环境复杂且隧道顶部与建筑基础间距离较小，故在隧道施工中使用了人工土冻结支护法来保障施工的安全进行，证明该方法下附近建筑的沉降均在合理范围内。

20 世纪 60 年代国外开始使用液氮冻结法加固地层，较著名的液氮冻结法工程实例有德国慕尼黑地铁、巴黎塞纳河地铁、意大利比萨斜塔纠斜等。1991 年德国艾斯巴赫（Eisbach）河底隧道施工时出现土体坍塌，使用液氮冻结法进行土体加固。1994 年到 1995 年间，德国在横穿铁路的下水管道等工程中也成功地利用了液氮冻结法，并开发出自动系统，可控制冻结管、测温管、施工隧道氧气浓度。1997 年，挪威奥斯陆海湾海底隧道施工中需穿越松散地层，运用人工冻结法保证了该工程安全施工。

3. 国内人工冻结法的应用与发展

（1）矿山工程。我国于 1955 年在开滦煤矿林西凤川工程中首次利用从波兰引进立井冻结法凿井技术，使用盐溶液冻结法凿井并成功建成立井，开创了中国使用人工冻结法施工的先河。我国较为著名的人工冻结法工程为内蒙古榆树林子斜井，其依据自然平衡拱原理确定了冻结壁尺寸，采用分期冻结和局部冻结工艺，为矿井采用斜井开挖的方法应用人工冻结法穿过松软地层提供了宝贵经验。我国已成为世界上用人工冻结法凿井穿过表土层最厚的国家之一，人工冻结法施工技术达到世界领先水平。

（2）桥梁工程。江苏润扬长江公路大桥南汉悬索桥基础位于江边软土地基上，通过冻结壁+泄注桩组合支护结构，解决了施工过程水土压力和渗流的问题，该组合支护结构是国际首创，同时也是我国岩土工程施工方法的一项创新，属于世界建桥技术上的一次历史性突破。安徽凤台淮河大桥桥墩施工时发现工作面四周出现涌砂涌水现象，采用人工冻结法进行了封水处理，保证施工安全完成。江西湖口大桥东塔水下基础施工难度较大，地质特征为软弱松散冲积层，土性以淤泥和淤泥质亚黏土为主，持力层为泥盆系石英砂岩，岩性坚硬脆，裂隙较易发育，在综合分析桩基设计构造特点、桥址地质水文和施工设备能力后，采用人工冻结法挖孔灌注桩方案进行了桩基施工。

（3）地铁隧道工程。20世纪70年代初，北京地铁建设首次应用人工冻结法施工技术；1975年沈阳地铁2号井采用人工冻结法施工；1993年上海地铁1号线工程采用人工冻结法完成了隧道与连通道结合部"死角"的施工。1994年上海地铁1号线联络通道是我国地铁建设施工中首次应用人工冻结技术的联络通道。联络通道施工中常用的加固方式有顶管法、管棚法、深层搅拌法、人工冻结法等，在其他工法加固效果不能满足施工要求或无法成功加固时，人工冻结法成为联络通道施工的最佳选择，该方法在南京地铁、苏州轨道交通、上海地铁联络通道施工中被广泛成功应用。此后，我国市政工程开始广泛应用人工冻结法，尤其是在城市地铁隧道工程建设中，而且扩张趋势越来越显著。

1）垂直冻结。南京地铁1号线张府园车站首先采用地下连续墙围护、深层搅拌桩以及压密注浆进行土层加固，盾构始发凿除洞门时出现涌砂险情，进行注浆堵水后仍有流砂涌入，故采用垂直冻结壁进行抢险加固，有效解决险情，此工程为南京首次采用人工冻结法解决地下工程施工问题的范例。南京地铁10号线越江段盾构接收端头水压高、工程地质条件差，选用了"三轴深层搅拌桩+高压旋喷桩+垂直冻结+应急降水+水中接收"的施工方式；随着盾构隧道在软土区施工的数量增多，"化学加固+垂直冻结补强"的实例逐渐增多。

2）水平冻结。水平冻结在工艺过程、作业要求、冻结壁受力等方面与垂直冻结存在不同的特点，相对垂直冻结，水平冻结有更复杂的理论问题，施工难度更大。1998年，我国在北京地铁复八线大北窑车站（现北京地铁1号线国贸站）首次采用水平冻结施工，拱顶水平冻结壁有效地提高了隧道顶部土体的稳定性，降低了开挖的空间效应，初步证明了水平冻结在暗挖隧道软弱含水地层中对封水和加固土体起到了关键性作用。

随着城市地下工程人工冻结法理论与实践的发展，水平冻结逐步应用于盾构始发与接收端头加固中。人工冻结法进行端头加固时应依照工程周边环境复杂程度、土层条件、地下水状况选择最优的加固方法。南京2号线盾构始发地周边环境复杂故采用地下水平杯形冻结法加固土体；无锡地铁 1 号线同样因为周边环境问题，采用人工冻结法加固盾构始发与接收周边土体。

3）盾尾刷更换。盾构机长距离掘进时，有时会出现盾尾密封油脂加注量不足或盾尾密封刷磨损致使盾尾刷失效的现象，从而需要进行更换。更换盾尾刷的技术难点在于应确保管片拆卸后盾尾的密封性、止水性能良好，封堵地下水所采用的工艺主要为注浆法、旋喷法、盐溶液人工冻结，前两种以喷浆并通过增大同步注浆量来缩短浆液凝固时间为依据封堵地下水，但化学加固体的不均匀性仍会导致盾尾漏浆涌水的现象，风险大；后者的封水性能相对优越，且已被工程验证。杭州庆春路过江隧道施工的盾构机采用液氮冻结法封堵盾尾外侧地下水，在冻结壁的保护下更换并增设盾尾刷，这是我国首次将长距离液氮冻结用于高承压含水层中更换盾尾刷。

4）抢险、修复工程。世界地铁建设史上曾发生过数次隧道修建过程中涌水、坍塌等隧道损毁事故，小部分采用"改线修复"的方案，但大多数情况下受规划线路影响须进行隧道原位修复。由于液氮制冷土体冻结的发展速度迅速，冻结所用时间较短，其冻结速度是普通盐水制冷土体冻结速度的 5~10 倍，故液氮冻结法常被用于抢险、修复工程中。意大利 Agri Sauro 盾构隧道掘进时，盾构后方顶部衬砌中出现涌砂，注浆法抢险失败后通过液氮冻结法抢险成功。常熟发电厂江底盾构取水隧道施工时出现突发性涌水、涌砂事故，采用液氮冻结法形成临时冻结封堵墙，排出隧道中的积水，后构筑永久封堵墙。上海轨道交通 4 号线一联络通道施工时发生流砂事故，导致隧道塌陷，原位修复连接段采用了人工冻结加固暗挖的施工方法。原位修复方式是在保护未破损隧道基础上进行修复，以修复隧道尽量早日贯通为目标，人工冻结法为修复工程提供了技术支持，尤其是施工速度快、安全性高的液氮冻结法，在隧道抢险修复中被大量应用。

干冰冻结技术类似于液氮，它的最低温度为 -79℃。试验表明，干冰冻结的冻土扩展速度虽不及液氮，但较之盐水冻结要快 6 倍，而冻结成本要比液氮低 50%以上，是很有实用价值和发展前景的人工冻结技术。

1.2 人工冻结法的优势和适用性

人工冻结法被广泛应用于一些含水松软的地层、复杂地下结构施工中，而且被认为是困难地层中地下工程施工的最后一种工法，说明与其他工法相比，其具有独特优点和可靠性。人工冻结法经过 100 多年的应用和发展，已成为一种较为成熟的工法。

1.2.1 人工冻结法的特点

国内外人工冻结法施工实践证明该工法具有以下特点：

（1）可有效隔绝地下水，其抗渗透性能是其他方法不能相比的，对于含水率大于 10%的任何含水、松散、不稳定地层均可采用人工冻结法施工技术；几乎不受地质条件的限制；可用于地下水流速小于 40m/d 的条件下。

（2）冻结壁是典型黏弹塑性材料，其强度与土质、重度、含水率、含盐量及温度等因素有关，土体冻结后冻土强度可提高几十到一百多倍，一般可以达到 2～10MPa。

（3）可形成任意深度（矿井建设中我国已成功用于 737m 厚表土层）、任意形状的冻结壁；可根据结构尺寸及围岩地质条件灵活布置冻结孔和调节盐水温度、改变和控制冻结壁厚度和强度，不受形状和尺寸限制。

（4）人工冻结法是一种环境友好的施工方法，对周围环境无污染，对地下水无污染，无有害物质排放，无异物进入土壤，冻结结束后，不影响建筑物周围地下结构。人工冻结只是临时改变土层的承载、密封性能，为构筑新的地下空间提供保障，施工结束后，可根据需要拔除冻结管，将冻土解冻融化，是"绿色"施工方法。

（5）人工冻结法存在冻胀融沉的危害。实践证明，在含粗粒成分特别是砂砾土中，几乎无冻胀和冻融沉陷现象；在黏土等细粒土中，冻胀融沉可通过理论计算进行预测，采取有关措施，可抑制冻胀，减小融沉，达到工程要求。

（6）人工冻结法相对昂贵，需要精细施工管理和较多施工经验，但在工程规模大、地质条件较为复杂的情况下，人工冻结法可一次加固成功，相比其他加固方法，经济性较好。

人工冻结法的主要优点如下：

（1）强度高、弹性模量大。含水松软地层经过低温冻结后形成一个整体，其强度和弹性模量因为其内部水结冰有较大提高，同时可以根据施工要求调节不同部位强度。

（2）密封性好。通过低温冻结将土层孔隙中的水冻结成冰，土层内孔隙封闭，形成良好密闭的整体，开挖时外部水将无法进入开挖空间，可以有效隔绝地下水。

（3）形成整体的冻结结构。土层孔隙水通过冻结后成冰，把不同的土体全部黏结起来形成一个连续整体。

（4）安全性高。在设计合理的情况下，即使遇到断电等突发状况，已成形的冻结地层自然解冻也需要有一段比较长的时间，在其时间段内可以启用其他电源继续冻结，因此不会对施工造成不可挽回的事故。

（5）技术可靠。地层冻结是通过人工冻结的方法将地层孔隙水冻结成冰，原理简明，理论清晰，是一种可靠的技术。

（6）对地层没有危害。该法通过热交换使地层孔隙水不断降温结冰以提高相应地层整体强度和弹性模量，无其他介质进入地层。

（7）复原性好。工程完成后地层解冻即可基本恢复原状，相对其他工法，对地层扰动或破坏性小。

（8）便于施工管理。人工冻结法完全依靠热交换将地层孔隙水冻结成冰而形成冻结结构，通过布置合适的测温孔对地层进行温度监测；还可通过布置水文孔观测水位变化，判断冻结结构是否围闭（封闭）。

（9）灵活性好。可以人为控制冻结体的形状和扩散范围，必要时可以绕过地下障碍物进行冻结。

（10）与相邻构造物具有很好的密结性。土层冻结后孔隙中的水冻结成冰，使冻土和其相邻构造物通过冰胶结在一起，形成连续的结构。

1.2.2　主要适用环境与条件

以下环境与条件可优先考虑采用人工冻结法施工：

（1）不适合采用降低地下水位的地方（如降水会导致建筑物或街道、地下管线发生沉陷及损害）。

（2）不允许使用水泥浆或其他任何化学浆注浆的地方（注浆会造成地下水质污染）。

（3）注浆失效的地方。

（4）深厚松软地层竖（斜）井施工。

（5）软弱地层（如流砂、烂泥层、矿渣层、崩积层等）进行横通道及隧道的开挖。

（6）水底（如河流、水库、水池、水塘、海域等）隧道施工。

（7）盾构始发和到达井及其周边加固。

（8）含水地层中隧道联络通道施工。

（9）局部含水地层开挖的加固。

（10）排桩桩间止水。

（11）水下盾构对接处理。

（12）不规则开挖体止水。

（13）工程抢险。

1.3　人工冻结法应用的注意事项

人工冻结法的核心是通过人工降温的方法将地层中水的温度降到冰点以下使其结冰。因此，在应用人工冻结法时应注意以下事项：

（1）土层含水率低于5%时难以冻结形成冻土墙，所以在施工时可以适当给地层加水。

（2）土层内水的冰点不能太低（如含盐），否则会导致冻结困难或者无法冻结。

（3）土层内水的流速过大时会导致冷量被带走从而使土层中的水冻结时间延长，或者无法冻结。由经验可知地下水流速在 1～2m/d 时，可以采用盐水冻结；当地下水流速在 50m/d 时，虽然可以采用液氮冻结形成冻土，但是经济性不好。

（4）如果土层内的水位随河川或海水涨落变化较大时，会使冷量损失过多而导致土体冻结效果不好，甚至无法形成冻土墙或无法与其他结构形成封闭体。

（5）应具备可以进行冻结孔施工的条件，具备水平冻结孔施工的条件尤为重要。因为在承压水条件下冻结孔施工时，钻进设备和孔口密封装置极为重要。

（6）负温情况下冻结砂性土（非过饱和）的强度（无侧限抗压、直接剪切或三轴剪切、抗拉强度等）大于冻结黏性土的强度。

（7）冻土墙的平均温度一般为 -20～-8℃，当温度过低时会增加成本，不经济。

（8）单排冻结管可以形成 1～4m 的冻土墙。如果需要更厚的冻土墙，则需更低温度或者双排甚至 3 排或 4 排辅助冻结管。

（9）形成隔水封闭体的关联结构（隔水地层、已有结构或其他工法即将形成的结构）与冻土之间的结合要紧密，并保证其可靠性。

（10）水文观测孔、测温孔布置需要按照相应的布置原则进行设计，冻结孔的钻孔精度对最终结果极为重要。

（11）冻结土因土质内部液体水固化为固体冰引起体积增大 9%，导致直接冻胀；如果是冻敏性土，在冻结过程中水分会迁移到冻结封面上，不断形成冰镜体，导致水分迁移冻胀。反之，在冻土融化时因固体冰要液化为液体水，其体积会缩小而产生沉降，即发生冻土融沉。

（12）冻土发展和冻土封闭体形成的检测和监控是保证人工冻结法成功的关键因素之一。因此，信息化检测系统在冻结工法中极为重要。

随着人工冻结法在我国的应用与发展，我国已经成为世界上采用人工冻结法施工工艺最多的国家之一。人工冻结法的成功主要取决于以下几点：

（1）全面了解地层物理力学性质：热物理参数（热容量、导温系数、导热系数等）、渗透系数、含盐量、含水率、水温、土颗粒组成。

（2）全面掌握待开挖区域所在地层的工程地质和水文地质情况，其中含水层与其他水源关系、流速流向、是否承压水、各含水层之间的水力联系、隔水层的厚度及相关力学性质等尤为重要。

（3）充分了解待冻结地层的冻土物理力学性质，主要包括冻土的应力-应变关系、三轴剪切强度、单轴/三轴蠕变强度、抗拉强度、抗压强度、抗弯强度、土的冻胀和融沉特性等，并应采用正确的试验研究方法。

（4）选取合适的冻土结构设计模型（充分掌握边界条件、冻土结构受力体系、最合适力学模型、编制计算说明、估算积极冻结期等）。

（5）使用合适钻机和钻孔纠偏与测斜仪，以满足冻土结构的钻孔精度；确定冻结器最佳布置方式，并确保本身的密闭性（冻结管打压检验、循环系统密闭性检验等）；选取全方位的信息化检测监控系统，确保冷媒系统可靠性、制冷系统运转的可靠性等（尤其是冷媒、制冷剂、冷却水三大循环系统的监测监控）。

（6）信息化监控系统应包含冻土结构温度场的监控和冻土结构的密闭性检验（地下水压力变化、温度场变化）等。

（7）进行全过程的信息化施工，包括开挖过程变形控制和衬砌施工过程控制，以及由此建立与冷冻站运转（温度、流量、流速等）的关联关系。

（8）工程施工应有应急方案与抢险措施（如液氮槽车等抢险设备），以确保施工人员的人身和财产安全。

（9）在信息化施工基础上，对冻土结构的解冻过程进行跟踪，通过注浆弥补地层融沉。

（10）进行冻融地层工后变形和永久结构稳定性跟踪。

开挖面的止水处理是在含水地层中进行地下开挖前的施工关键。工程施工采用何种工法取决于不同的地层条件和周边环境。各工法都有自己适用的条件,工程需要依据开挖地层实际状况、施工条件、开挖方式以及周边环境来选取工法,并进行可行性研究及审慎评估尤其是风险评估后,才能使开挖工程进展顺利。人工冻结法前期工作较其他工法要求更高,要求全面把握工程地质和水文地质、土的物理力学性质以及其低温性能、隔水层物理力学性质及冻结厚度、冻结范围内土的冻敏性和融沉特点、周边环境等。一般来说,冻结工法常用于其他工法无法应用或应用非常困难的施工条件下;有时还可与其他工法组合使用,作为其他工法的辅助工法。

1.4 人工冻结法的研究现状和发展趋势

1. 人工冻土热物理力学特性

土体热物理基本指标包括土的比热、导热系数、导温系数、起始冻结温度、未冻水含量与含冰量以及相变潜热等,其影响因素包含温度、干密度、含水率、饱和度、矿物类别及有机质含量等。此外,土体中水分重分布以及液态水变成冰后相变与否对土的热物理性质同样影响较大。因此,选取合适的未冻土和冻土的热物理参数对于人工冻结工程的设计、理论计算和数值分析十分重要。

(1) 比热。1kg 冻土温度改变 1℃所需要吸收(或放出)的热量称为比热,单位为 kJ/(kg·℃),土、水和冰以及它们所组成的冻土的比热都是随温度而变化的,工程计算时一般采用平均比热,即冻土在温度变化过程中吸收(或放出)热量的总值与温度变化总值之比。

(2) 导热系数。当温度梯度为 1℃/m 时,单位时间内通过单位面积的热量称为导热系数(λ),其单位为 W/(m·℃),它是反映冻土传热难易的指标。当土质相同时,含水率越大,其值愈大。

(3) 导温系数。导温系数(α)表征物体中某一点由于相邻点温度变化而引起该点温度变化快慢的性能。它是影响介质温度场的变化速率和研究不稳定热传导过程常用的基本指标,单位为 m^2/h。

(4) 冻土热容量。在冻结过程中,土体从初始温度降到所需要的冻结温度时,每 $1m^3$ 土所放出的总热量称为土的热容量,冻土的热容量 Q。

冻土物理力学性质如强度、模量、阻尼、泊松比等变化的主导影响因子是未冻水含量,其含量大小主要由外界条件、土质、冻融历史三个因素决定。程知言、张婷等通过对不同地区各土质冻结温度的试验研究,发现具有一定埋深土体的冻结温度为 -2.28~-0.28℃,并通过 BP(back-propagation neural network)网络模型描述了冻结温度与未冻水含量及其主要影响因素之间的关系。土体导热性主要由其多孔介质性决定,并与干土、气体及空隙填充物(水)的含量密切相关。Johansen 认为土体微观结构的差异对导热系数影响较小,主要取决于干密度和含水率,但有些学者却认为导热系数取决于未冻土的孔隙率、饱和度、未冻水含量及其含冰量以及土中各组成成分的导热性能、温度等。导温系数是研究介质温度场变化速率和不稳定热传导过程常用的基本指标，取决于土体物理成分、干容重、含水率和温度状态等因素。逯兰等测定了原状冻土的导温系数，Andersland 通过室内试验给出了相变潜热的计算方法。

2. 土体冻融前后物理力学差异性研究

国内外学者先后研究了冻融作用对土体性质的影响，土的渗透性、孔隙比、应力-应变关系等物理力学性质经过冻融后将发生改变。Chamberlain 等研究了冻融循环对细粒土渗透性的影响；Konrad、Viklander 等提出了基于冻融作用的残余孔隙比的概念；Graham、Ono 和 Leroueil 等分别研究了冻融作用对土的结构与对土体应力-应变曲线特征的影响；Elliott、Lee 等认为冻融循环会引起土体模量降低，细粒越多下降幅度越大。杨平等研究了原状土与人工冻融土的干密度、密度、含水率、孔隙比、饱和度、塑限、液限、塑性指数、液性指数、渗透系数等物理指标以及抗剪强度、无侧限抗压强度、压缩模量等力学指标的差异性。

唐益群等发现土体经冻融作用后，胶结体以及土颗粒发生了明显的破坏，孔隙变大，土体内黏聚力与最大动应力显著下降；刘瑞锋等对上海软土在原状土、一次冻融土、二次冻融土等不同状态下进行试验发现：二次冻结时土的冻结温度、导热系数、冻胀力和冻胀率与一次冻结相比有所降低，而融沉率则相对变大；杨成松等认为：经过多次循环后，土样的干容重将趋于某一定值，该定值与土体的种类有关、与土体的初始干容重无关；齐吉琳等认为冻融作用对超固结土的结构有弱化效应；马巍等通过研究冻融循环对石灰粉土剪切强度特性的影响，发现反复冻结和融化对石灰土的强度特性有较大的影响；和礼红、汪仁和等研究了冻融后土的无侧限抗压强度、抗剪强度以及压缩性等力学性质。

3. 冻土力学参数研究

冻土力学参数主要包括单轴抗压强度、抗拉强度、抗弯强度、剪切强度、蠕变特性等，其是冻结壁设计与隧道开挖的依据，故对冻土力学性质的研究一直是国内外研究人员关注的焦点。1930 年，苏联冻土学的开创者崔托维奇进行了冻结砂土单轴压缩试验的研究，随后国外众多学者也进行了关于温度和加载速率对冻土单轴抗压强度的影响的研究，如 Vialo、Ladanyi 等；国内张俊兵、李海鹏等分别研究了饱和冻结粉土、含盐冻土的单轴抗压强度随温度、应变率、含水率、盐溶液浓度的变化规律；付伟等研究了不同温度下冻土单轴抗压强度-电阻率的关系。朱元林、卡皮研究冻结粉砂的抗拉强度时发现：试样在某一应变速度下由塑性破坏过渡到脆性破坏时，在塑性破坏阶段，它的极限抗拉强度随应变速度的增加而快速增加；在脆性破坏阶段，极限抗拉强度则随应变速度的增加而略有降低；同时发现极限抗拉强度随温度降低而增加，且当温度低于-5℃时增加得更为迅速。汪承维等进行了大量冻结黏土的三轴剪切试验，获得了不同冻结温度、固结围压和应力路径下的冻黏土剪切试验结果。冻土本构模型方面，李栋伟等将统计损伤理论应用到冻土蠕变本构模型中，建立了深部冻结黏土蠕变损伤耦合本构模型；孙谷雨、杨平等通过冻土三轴剪切实验，建立了以温度、围压为影响因素的冻结粉质黏土邓肯-张模型，并给出了模型参数。

20 世纪 70 年代初，Andersland，Vialov 相继提出了冻土蠕变的动化理论；Ladanyi 等提出了冻土的非线性屈服准则；Ladanyi、Fish 等分别提出了各种状态下的冻土蠕变模型；国内方面，陈湘生率先建立了我国人工冻结黏土的蠕变数学模型，奠定了冻土墙蠕变计算的理论基础；陈湘生等研究发现了人工冻结黏土三轴剪切强度参数凝聚力受负温影响极为显著，剪切强度随负温降低而增加主要是黏聚力增大而引起的；马巍等提出了冻土蠕变强度的抛物线型屈服准则；吴紫汪、王廷栋等研究了冻土蠕变的光黏弹性模拟实验的可行性；赵联桢等研制了大型多功能冻土－结构接触面循环直剪仪（DDJ－1），可以模拟多种粗糙度的接触面，可以实现循环剪切和单调剪切两种剪切形式，可以观测接触带的破坏状态与厚度，同时可以测量接触带土体内部的剪切位移，并在此基础上开展了相应的试验研究。

（1）温度对冻土抗压强度的影响。土体冻结后，土颗粒之间就会黏聚在一起，使得抗压强度变高，所以冻结温度越低，则抗压强度就越高。采用式（1－1）计算。

$$\sigma = a + bt \tag{1-1}$$

式中　a、b——实验常数；
　　　t——土体温度。

（2）含水量对冻土抗压强度的影响。土体中水的含量对土体的抗压强度影响较大，当水含量高时，水就会变成冰，与土颗粒胶结在一起，冻土的抗压强度就会增加。当水含量低时，土体中的胶结体不多，则冻土的抗压强度不高。但是，当含水量达到饱和的状态时，过量的水遇到冰，就会释放热量，又会使冰融化，反而降低抗压强度。

（3）颗粒大小对冻土抗压强度的影响。颗粒大小对冻土抗压强度也会有影响，当岩土颗粒越大时，冻结抗压强度就越大；反之，抗压强度就越小。

4. 人工冻土冻胀融沉特性

（1）冻胀特性。20 世纪 20 年代后，世界各国逐渐开展以防止或减轻冻胀为目的的冻胀研究，其研究重点主要集中在以下三个方面：冻胀机理研究，冻胀影响因素研究，冻胀数值计算及预报模型研究。

冻胀机理研究方面：20 世纪 30 年代，Beskow 首先提出"吸附－薄膜理论"，揭示冻胀速度依赖于上部荷载和毛细管力，认为冻结引起的水分迁移是产生冻胀的主要根源。60 年代，Everet 提出第一冻胀理论，指明毛细压力是使土中水分向冻结前缘移动、积聚而构成冰透晶体的推动力，却未能解释非连续冰透镜体产生的原因，并低估了细颗粒土的冻胀压力。Miller 提出了第二冻胀理论，在新形成并继续增长的冰透晶体与冻结锋面之间存在一个低含水率、低导湿率的无冻胀区－冻结缘。Akagawa 等发现冻结缘分为次冷带和平衡带，冻结锋面的冰透镜体增长速度随冻结速度增大而增大；冰分凝面上的冰、水及固体颗粒较活跃。20 世纪 80 年代，徐学祖通过边界温度恒定的岩盘冻胀试验，提出冻结缘厚度取决于冻结速度和冻胀速度，且具有随冻结历时增大、恒定和减小的三种模式，认为未冻水含量也是热流计算的重要指标。

冻胀影响因素研究方面：冻胀率影响因素主要为含水率、冷端温度、干密度、含泥量、荷载等，主要以试验来研究相关影响因素的影响规律。将试验与静态冻胀控制理论相结合，发现静态冻胀量占总冻胀量的 70%～80%，粗颗粒土中粉黏粒含量对冻胀率有较大影响，当粉黏粒含量小于 12% 时，冻胀率不大于 2%；当粉黏粒含量大于 12% 后，冻胀率明显增大。此外，冻结温度场同样影响冻胀力发展变化，冻胀力表现出显著的时空不均匀性。

冻胀数值计算及预报模型研究：20 世纪 40 年代，苏联学者 OpHaTCKHe 教授首先开展了冻胀预报研究，Hopke 首次提出外荷载作用下的冻胀模型，Gilpin 等也提出把外荷载作为影响冻胀的因子。随后，李洪升等建立了冻土多孔多相微元体平衡方程、多孔固液介质的质量守恒方程及多孔多相介质的热能守恒方程，提出考虑水分迁移、热质扩散和外荷载相互作用的冻胀预报模式。21 世纪初，Harlan 提出了土体冻结过程中热质迁移数学模型，徐学祖等通过试验得出冻结缘厚度取决于冻结速度和冻胀速度的结论，并提出可利用未冻水含量与温度关系曲线、土的起始冻结温度和冷端面温度估算冰分凝温度；陈湘生等建立了土体冻胀融沉试验模型；杨平等建立了考虑地下水流时冻结壁数学模型，以及考虑水分、温度和应力场的冻胀研究模型。

（2）融沉特性。20 世纪 30 年代，苏联学者率先开始研究冻土融沉，拉普金将冻土融化沉降分为"标准融化沉降"和"可变压缩沉降"。20 世纪末，周国庆、王建平等都对单向融沉进行过了研究，得到了只适用于天然冻土的融沉计算公式。21 世纪初，何平等给出了土样非饱和、饱和以及过饱和三种状态下融沉系数的计算方法，张喜发等建立了融沉系数与含水率、干容重的回归方程，杨成松等发现任何干容重土体的最大冻胀量与随后发生的最大融沉量相等，王效宾等发现土体超过起始融沉含水率时才会产生融沉，张向东等发现融沉值随冻胀荷载增大而增大，王效宾、姚晓亮等运用 BP 神经网络研究了干密度、含水率和冻结温度对融沉系数的影响，并建立了相应融沉系数预测模型。

虽然国内外学者对人工冻土冻胀融沉特性做了大量研究，但其研究主要是针对土体宏观结构的研究，而冻融引起地层微观结构的变化是其宏观性质发生变化的根本原因，故从微观角度揭示人工冻土微观结构与冻胀融沉特性的内在关系将是人工冻结法的一个重要研究方向。

5. 冻结水泥土特性

水泥浆液同土体拌和所形成的固结体统称水泥土，常用高压旋喷或深层搅拌的方式加固地层。常温水泥土相较于素土其物理力学性质有较大提升，水泥土的渗透系数较素土大幅降低，黏粒含量越多其降低效果越明显，且随水泥掺入比和龄期的增加而降低最后趋于稳定；单轴抗压强度和弹性模量随水泥掺入比的增大而线性增大，随龄期对数增长；不同程度的耐久性要求可以通过改善材料的性质来满足。冻结水泥土强度随温度的降低近似线性增长（在龄期 28d 前增长迅速）、与龄期近似呈对数关系；当水泥掺入比最佳时，水泥土冻胀率和融沉系数较素土均有所减小。

综上所述，水泥土的渗透性、单轴抗压强度和弹性模量较素土均有较大改善，冻结水泥土强度增大最为显著；水泥土的冻胀融沉抑制效果明显，故人工冻结工程中可利用水泥土作为抑制冻胀融沉的措施。

6. 冻结温度场

冻结温度场的研究包括冻结壁形成温度场与解冻温度场,其研究方法主要采用试验与实测、理论计算与数值模拟等。

试验与实测方面,李述训等研究了冻融作用对系统与环境间能量交换的影响;杨更社等总结了寒区冻融环境条件下软岩的水热迁移规律;姚兆明等在大量实测数据的基础上,形成预测温度场的开放式网络结构,得到了人工冻土温度场各影响因素的灵敏度;张殿发等利用人工冻土工程离心机模拟试验、模型试验较为系统地研究了冻结引起的热质迁移问题。

理论计算方面:汪仁和等利用圆管稳定导热模型,建立了两排冻结管及多排冻结管下的温度场叠加计算公式,在考虑水的相变和冻结温度随冻结时间变化等因素的基础上,研究了冻结孔随机偏斜和无偏斜条件下冻结壁的形成及其温度场特征,提出了偏斜条件下冻结壁平均温度的计算公式;蒋斌松等发现外壁恒温时单管冻结条件下温度场呈半对数型函数分布,曲率随冻结时间增加而迅速减小;周扬等建立了土体一维冻结温度场计算的半解析方法。

数值模拟方面:数值模拟研究可以预测温度场发展趋势并进行冻结优化设计。李磊、马贵阳、蔡海兵等分别研究了冻结温度场的发展规律,得到冻结壁发展速率、冻结壁平均温度、冻结壁有效厚度等关键参数;肖胡昀等进行了双圈水平冻结温度场数值模拟;胡传鹏等认为测温点位置、测温点温度及冻结管外表面温度对冻结壁厚度测算均有影响。解冻温度场的研究方面:王效宾等揭示了盾构出洞时人工冻土解冻规律;袁云辉等在温度场实测、数值模拟等研究基础上,对强制解冻过程中热水循环温度、循环时间以及解冻管的间距进行了敏感性分析,提出了水平杯形冻结壁人工强制解冻施工技术参数指标。

冻结温度场发展与变化是人工冻结法应用的研究重点,冻结工程中不仅要考虑冻结壁结构的安全可靠,还应考虑经济性。目前,工程实测、模型试验、理论计算、数值模拟是研究冻结温度场的主要手段,但受测试技术水平限制误差是不可消除的,计算参数与实际也有较大出入,模型合理性与参数准确性对准确研究温度场更有重要意义,故如何减少实测数据的误差,如何更加合理的设计计算参数、计算模型将是未来冻结温度场研究的方向。

参考文献

[1] 周伟. 深圳地铁号线民五区间盾构始发冻结法施工技术 [J]. 铁道建设,2010,2:35-40.

[2] 肖朝昀,胡向东,张庆贺. 地铁修复工程中冻结法设计 [J]. 岩土工程学报,2006,28(z1):1716-1719.

[3] 余占奎,黄宏伟,王如路,等. 人工冻结技术在上海地铁施工中的应用 [J]. 冰川冻土,2005.27(4):550-555.

[4] 陈湘生. 地层冻结工法理论研究与实践 [M]. 北京:煤炭工业出版社,2007.

[5] 陈湘生. 地层冻结法 [M]. 北京:人民交通出版社,2013.

[6] 何牧阳. 人工水平冻结法在地铁施工中的技术研究[D]. 西安：西安科技大学，2019.

[7] 陈湘生. 北京和上海地铁水平冻结施工技术[J]. 岩石力学与工程学报，1999（增刊）：987-981.

[8] 木下诚一. 冻土物理学[M]. 王昇，张志权，译. 长春：吉林科学出版社，1985.

[9] 陈湘生，陈朝辉，罗小刚. 岩土工程技术最新进展——全向冻结施工技术[J]. 地下空间，1999，19（4）：297-302.

[10] 陈瑞杰，等. 人工地层冻结应用研究进展和展望[J]. 岩土工程学报，2000，22（1）：40-43.

[11] 杨平，张婷. 城市地下工程人工冻结法理论与实践[M]. 北京：科学出版社，2015.

[12] Rojo J L, Novillo A, Alocen J R. Soil freezing for the Valencia underground railway work[A]. Ground Freezing 91. Rotterdam: Balkema, 1991.

[13] SopkoJ A, Shster J A. Frozen earth cofferdam design[Z]. Ground Freezing 91. Rotterdam: Balkema, 1991.

[14] Katayama H, Joushima M, Tanaka M, et al. Application of freezing method for widening an existing tunnel[Z]. Ground Freezing 97. Rotterdam: Balkema, 1997.

[15] Jordan P, Hass H. Use of artificial ground freezing in three sections of the Dusseldorf subway [A]. Ground freezing[C]. Proc. 7 ISGF, 1994.

[16] Maishman D, Powers J P, Lunardini v J. Freeing atemporatory roadway for transport of a 3000t on dragline[Z]. 5th IntSymp on Ground Freezing, 1988.

[17] Rebhan D. New experience and problems with LIN ground freezing[Z]. Ground Freeing 91. Rotterdam: Balkema，1991.

[18] Buinger A. Application of artificial ground-freezing with liquid nitrogen (LIN)/new control hardware [Z]. Ground freezing，Proc. 8 ISGF, 1996.

[19] 金向前. 在海底采用冻结法挽救奥斯陆海湾公路隧道工程[J]. 隧道及地下工程，2000，021（3）：58-64.

[20] 中国矿业学院. 特殊凿井[M]. 北京：煤炭工业出版社，1980.

[21] 虞相，等. 我国地层冻结技术的新发展[C]//地层冻结工程技术和应用——中国地层冻结工程40年论文集. 北京：煤炭工业出版社，1995.

[22] 周兴旺. 我国特殊凿井技术的发展与展望[J]. 煤炭科学技术，2007，35（10）：10-17.

[23] 裴捷，梁志荣，王卫东. 润扬长江公路大桥南汊悬索桥南锚碇基础基坑围护设计[J]. 岩土工程学报，2006，28（S1）：1541-1545.

[24] 杨家星. 冻结法在凤台淮河大桥主桥墩基础中的应用[A]. 中国煤炭学会地层冻结工程技术和应用学术研讨会. 福州，1995：472-475.

[25] 席芳柏，黄自文，蔡小秋. 冻结法施工技术在湖口大桥中的应用[J]. 华东公路，1999，3：48-50.

[26] 陈湘生. 北京和上海地铁水平冻结施工技术[J]. 岩石力学与工程学报，1999（增刊）：987-981.

[27] 陈湘生，等. 冻结法在上海地铁建设中的几种形式//地层冻结工程技术和应用——中国地层冻结工程40年论文集. 北京：煤炭工业出版社，1995：469-471.

[28] 杨平，佘才高，董朝文，等. 人工冻结法在南京地铁张府园车站的应用[J]. 岩土力学，2003，24

[29] 覃伟，杨平，金明，等. 地铁超长联络通道人工冻结法应用与实测研究 [J]. 地下空间与工程学报，2010，6（5）：1065-1071.

[30] 贺长俊，王伟，周晓敏，等. 北京地铁"复八"线"大北窑一热电厂"区间含水粉细砂地层水平冻结的隧道施工技术 [J]. 铁道建筑，1999，6：7-10.

[31] 杨平，袁云辉，佘才高，等. 南京地铁集庆门盾构隧道进洞端头人工冻结加固温度实测 [J]. 解放军理工大学学报（自然科学版），2009，10（6）：591-596.

[32] 胡向东，等. 盾构尾刷冻结法更换的温度场数值分析 [J]. 岩石力学与工程学报，2009，28（2）：3516-3525.

[33] 陈成，杨平，张婷，等. 长距离液氮冻结加固高承压富含水层温度实测研究 [J]. 岩土工程学报，2012，34（1）：145-150.

[34] 褚衍坡，朱邦永，张颖君，等. 冻结法在越江隧道修复工程中的应用 [J]. 隧道建设，2010，5：596-599.

[35] 郝明强，史志明. 冻结法在江底取水隧道修复工程中的应用 [J]. 建井技术，2014，35（4）：12-16.

[36] 周贤彪. 上海地铁四号线修复工艺及设备配置 [J]. 建设机械技术与管理，2004，12：33-35.

[37] 刘峰. 浅述人工冻结法施工技术 [J]. 科技经济导刊，2020，28（9）：29-31.

[38] 李晶岩，付丽. 人工冻结技术应用进展 [J]. 山西建筑，2009（7）：172-173.

[39] 程知言. 浅表隧道工程多冷源冻结温度、应力、水分场耦合研究 [D]. 湖南：中南大学，2003.

[40] 张婷，杨平，王效宾. 浅表土人工冻土冻胀特性的研究 [J]. 南京林业大学学报（自然科学版），2010，34（4）：65-68.

[41] 尚松浩，毛晓敏. 基于BP神经网络的土壤冻结温度及未冻水含量预测模型 [J]. 冰川冻土，2001，23（4）：414-418.

[42] 徐学祖，王家澄，张立新. 冻土物理学 [M]. 北京：科学出版社，2001.

[43] 逯兰，朱兆军，张喜发. 多年冻土原状样导温系数的测定 [J]. 低温建筑技术，2008，30（6）：129-130.

[44] Chamberlain EJ, Gow A J. Effect of freezing and thawing on the permeability and structure of soils [J]. Engineering Geology, 1979, 13(1-4): 73-92.

[45] Chamberlain E J. Physical changes in clays due to frost action and their effect on engineering structures [C]. In: Proceedings of the International Symposium on Frost in Geotechnical Engineering. Rotterdam, the Netherlands: A. A. Balkema, 1989: 863-893.

[46] Konrad J M. Physical processes during freeze-thaw cycles in clayed silts [J]. Cold Regions Science and Technology, 1989, 16(3): 291-303.

[47] Viklander P. Influence of cycles of freezing and thawing on the permeability in soils, literature investigation [D]. Lulea University of Technology, Lulea, Sweden, Technical Report, 1995.

[48] Graham J, Au v. Effects of freeze thaw and softening on a natural clay at low stresses [J]. Canadian Geotechnical Journal, 1985, 22(1): 69-78.

[49] Ono T, Mitachi T. Computer controlled triaxial freeze-thaw-shear apparatus [C]. Proc. 8th Int. Symp. Ground Freezing. A. A. Balkema, Rotterdam, Netherlands, 1997: 3539.

[50] Leroueil S, Tardif J, Roy M, et al. Effects of frost on the mechanical behaviour of Champlain Sea clays [J]. Canadian Geotechnical Journal, 1991, 28(5): 690-697.

[51] Elliott R p, Thornton S I. Resilient modulus and AASHTO pavement design [J]. Transportation research record, 1988, 1196: 116-124.

[52] Lee w, Bohra N C. Resilient modulus of cohesive soils and the effect of freeze-thaw [J]. Canadian Geotechnical Journal, 1995, 32(4): 59-568.

[53] 杨平，张婷. 人工冻融土物理力学性能研究 [J]. 冰川冻土. 2002. 24（5）：6566.

[54] 唐益群，杨坪，沈锋，等. 上海暗绿色粉质黏土冻融前后微观性状研究 [J]. 同济大学学报，2007，35（1）：6-9.

[55] 刘瑞锋，胡向东，皮爱如. 人工二次冻融土热力学参数试验[J] 煤炭学报. 2008，33(5)：518-521.

[56] 杨成松，何平，成国栋，等冻融作用对土体干容重和含水量影响试验研究 [J]. 岩石力学与工程学报，2003，22（S2）：2695-2699.

[57] 齐吉琳，马巍. 冻融作用对超固结土强度的影响 [D]. 岩土工程学报，2006. 28（12）：2082-2086.

[58] 马巍，徐学祖，张立新. 冻融循环对石灰粉土剪切强度特性的影响 [J]. 岩土工程学报，1999，21（2）：158-160.

[59] 和礼红. 粉质黏土冻融循环的力学效应及其结构性研究 [D]. 武汉：中国科学院武汉岩土力学研究所，2004.

[60] 汪仁和，张世银，秦国秀. 冻融土工程特性的试验研究 [J]. 淮南工业学院学报，2001. 12（5）：35-37.

[61] 崔托维奇. 冻土力学 [M]. 张长庆，朱元林，译. 北京：科学出版社，1985.

[62] Vialov S S. Rheological properties and bearing capacity of frozen soils [R]. USA Snow, Ice and Permafrost Research Establishment, 1959: 579-583.

[63] Ladanyi B. Mechanical behavior of frozen soils [A]. Proc. of Int. Symp. on the Mechanical Behavior of Structured Media [C]. Ottawa: A. A. Balkema, 1981: 205-245.

[64] 张俊兵，李海鹏，林传年，等. 饱和冻结粉土在常应变率下的单轴抗压强度 [J]. 岩石力学与工程学报，2003（S2）：2865-2870.

[65] 李海鹏，杨维好，黄家会，等. 试件形状对冻结粉土抗压强度影响的试验研究 [J]. 冰川冻土，2005，27（6）：920-925.

[66] 付伟，汪稔，胡明鉴，等. 不同温度下冻土单轴抗压强度与电阻率关系研究 [J]. 岩土力学，2009，30（1）：73-78.

[67] 朱元林，卡皮. 冻结粉砂的抗拉强度 [J]. 冰川冻土，1986，8：15-28.

[68] 汪承维，李栋伟. 应力路径下深部人工冻结黏土三轴剪切试验研究 [J]. 煤炭工程，2013（7）：118-120.

[69] 李栋伟，汪仁和. 基于统计损伤理论的冻土蠕变本构模型研究 [J]. 应用力学学报，2008. 25（1）：

133-136.

[70] 孙谷雨，杨平，刘贯荣. 南京地区冻结粉质黏土邓肯张模型参数试验研究 [J]. 岩石力学与工程学报，2014, 33（S1）：2989-2995.

[71] Andersland B, Douglas A G. Soil deformation rate and activation engergiers [J]. Geotechnique, 1970, 20(1): 1-6.

[72] Vialov s s. Long-term rupture of frozen soil as a thermally activation [A]. Proc. 2nd Int. Cont. Permafrost, 1973, 222-228.

[73] Ladanyi B. An engineering theory of creep of frozen soils [J]. Canadian Geotechnical Journal. 1972. 9(1): 63-80.

[74] Ladanyi B. Bearing eapaeity of strip footings in frozen soils [J]. Canadian Geotechnical Journal. 1975. 13: 95-110.

[75] Fish A M. Acoustic and pressuremeter methods for investigation of the rheological properties of ice [R]. US CRREL. 1972.

[76] 陈湘生. 我国人工冻结黏土蠕变数学模型及应用 [J]. 煤炭学报，1995, 20（4）：399-402.

[77] 马巍. 冻土的蠕变及蠕变强度 [J]. 冰川冻土. 1994, 16（2）：113-118.

[78] 吴紫汪，赵希淑. 冻土蠕变的光黏弹性模拟实验[J] 自然科学进展：国家重点实验室道讯. 1996. 6（1）：86-92.

[79] 王廷栋，武建军，赵希淑等. 冻土蠕变的光黏弹性模拟实验可行性研究 [J]. 冰川冻土. 1995, 17（2）：159-163.

[80] 赵联桢，杨平，王海波. 大型多功能冻土与结构接触面循环直剪系统研制及应用 [J]. 岩土工程学报，2013, 35（4）：707-713.

[81] Beskow G. Soil freezing and frost heaving with special applieation to roads and railroads [J]. Swedish Geol Survey Yearbook, 1935, 26(3): 375-380.

[82] Everett D H. Tethermodynamics of frost damage to porous solids [J]. Trans,Faraday Soc. 1961, 57: 1541-1551.

[83] 王宇. 国内外冻土冻胀融沉的研究现状分析 [J]. 科技与企业，2013（6）：208.

[84] Akagawa S. Experimental study of frozen fringe chamcteristics [J]. Cold Regions science and Technology, 1988, 15: 209-223.

[85] ISGF. Classification and laboratory testing of artificially frozen ground [J]. ASCEEJ of Cold Regions Engineering. 1987, 1 (1)

[86] Eriksson L G. Temperature effects on consolidation properties of sulphide clays [C]. Proceedings of the 12th International Conference on Soil Mechanics and Foundation Engineering. 1989, 3: 2087-2090.

[87] 徐学祖，陶兆祥，傅素兰. 典型融冻土的热学性质 [C]. 中国科学院兰州冰川冻土研究所集刊第2号. 北京：科学出版社，1981：55-71.

[88] 纳斯诺夫，苏普利克，立井冻结壁形成规律 [M]. 北京：煤炭工业出版社，1981.

[89] 吴紫汪，等. 土的冻胀性实验研究 [C]. 中国科学院兰州冰川冻土研究所集刊第2号. 北京：科学

出版社，1981：82-96.

[90] 李海鹏，杨维好，黄家会，等. 双圈管黏土冻结壁形成过程冻胀力模型试验研究［J］. 冰川冻土，2011，33（4）：801-806.

[91] Gilpin R R. A model for the prediction of ice lensing and frost heave in soils［J］. Water Resource Rash，1980，16（5）：918-930.

[92] 李洪升，张斌. 一维冻结土体冻胀量的水热力耦合计算［J］. 大连理工大学学报，1999，39（5）：621-624.

[93] 李洪升. 基于冻土水分温度和外荷载相互作用的冻胀模式［J］. 大连理工大学报，1998，38（1）：29-33.

[94] Harlan RL. Analysis of coupled heat fluid transport in partial soil［D］Water resources Research，1973，9（5）：1314-1323.

[95] 徐学祖，邓友生. 冻土中水分迁移的实验研究［M］. 北京：科学出版社，1991.

[96] 陈湘生，濮家骝. 地基冻-融循环离心模型试验研究［J］. 清华大学学报，2002，42（4）：531-534.

[97] 杨平，皮爱如. 高流速地下水地层冻结壁形成的研究［J］. 岩土工程学报，2001，23（2）：167-171.

[98] 周国庆. 饱和砂层中结构的融沉附加力研究［J］. 冰川冻土，1998，20（2）：11-14.

[99] 王建平，王文顺. 人工冻结土体冻胀融沉的模型试验［J］. 中国矿业大学学报，1999，28（4）：303-306.

[100] 何平，程国栋，杨成松，等. 冻土融沉系数的评价方法［J］. 冰川冻土，2003，25（6）：608-612.

[101] 张喜发，陈继，张冬青. 融沉系数在季冻区高速公路路基冻害［J］. 冰川冻土，2002，24（5）：634-638.

[102] 王效宾，杨平，张婷. 人工冻土融沉特性试验研究［J］. 南京林业大学自然学报，2008，32（4）：108-112.

[103] 张向东，张树光，易富. 辽西地区风积土冻融特征的试验研究［J］. 岩土力学，2005，26（S2）：79-82.

[104] 王效宾，杨平. 基于BP人工神经网络的冻土融沉系数预测方法研究［J］. 森林工程，2008，24（5）：18-21.

[105] 姚晓亮，齐吉琳. 融沉系数的人工神经网络预测方法［J］. 冰川冻土，2011，33（4）：891-896.

[106] 汤怡新，刘汉龙，朱伟. 水泥固化土工程特性试验研究［J］岩土工程学报，2000，22（5）：549-554.

[107] Shihata S A, Baghdadi Z A. Simplified method to assess freeze-thaw durability of soil cement［J］. Journal of Materials in Civil Engineering, 2001: 13(4): 243-247.

[108] Shihata S A, Baghdadi Z A. Long-term strength and durability of soil cement［J］. Journal of Materials in Civil Engineering, 2001, 13(3): 161-165.

[109] 王许诺. 冻结水泥土无侧限抗压试验研究［J］. 水文地质工程地质，2013，40（3）：79-83.

[110] 鲍俊安，杨平，王许诺. 水泥土冻胀特性试验研究［J］. 郑州大学学报（工学版），2013，34（1）：5-9.

[111] 鲍俊安，杨平，张翔宇. 水泥土融沉特性的试验研究［J］. 南京林业大学学报（自然科学版），2013，

37（5）：97-102.

[112] 李述训，吴紫汪. 青藏高原多年冻土区沥青路面下融化盘形成变化特征［J］. 冰川冻土，1997，19（2）：133-140.

[113] 杨更社，周春华. 软岩材料冻融过程中的水热迁移实验研究［J］. 煤炭学报，2006，31（5）：566-570.

[114] 姚兆明，周启俊. 人工冻土温度场的智能方法预测［J］. 安徽理工大学学报，2005，25（3）：26-32.

[115] 张殿发，郑琦宏. 冻融条件下土壤中水盐运移规律模拟研究［J］. 地球科学进展，2005，24（4）：46-55.

[116] 汪仁和，李晓军. 冻结温度场的叠加计算与计算机方法［J］. 安徽理工大学学报，2003，23（1）：25-29.

[117] 汪仁和，王伟. 冻结孔偏斜下冻结壁温度场的形成特征分析［J］. 岩土工程学报，2003，25（6）：658-661.

[118] 蒋斌松，沈春儒，冯强. 外壁恒温条件下单管冻结温度场解析计算［J］. 煤炭学报，2010，35（6）：923-927.

[119] 周扬，周国庆. 土体一维冻结问题温度场半解析解［J］. 岩土力学，2011，32（s）：309-13.

[120] 李磊，郭红波. 地铁隧道联络通道冻结法施工三维温度场及性状分析［J］. 上海大学学报，2006，12（6）：641-646.

[121] 马贵阳，刘晓国. 埋地管道周围土壤水热耦合温度场的数值模拟［J］. 辽宁石油化工大学学报，2007，27（1）：40-46.

[122] 蔡海兵，荣传新. 考虑相变潜热的冻结温度场非线性分析［J］. 低温建筑技术，2009，2：43-45.

[123] 崔灏，李栋伟. 水平冻结法施工温度场数值模拟与分析［J］. 低温建筑技术，2009，2：98-100.

[124] 乔熙，刘阳，李安安，等. 虎豹湾矿井冻结温度场数值模拟与实测对比［J］. 河北理工大学学报（自然科学版），2011，33（2）：1-5.

[125] 肖朝昀，胡向东. 双圈水平冻结冻结壁温度场数值模拟［J］. 苏州科技学院学报，2009，22（4）：21-24.

[126] 胡传鹏，胡向东，朱合华. 单排管冻结巴霍尔金温度场控制参数敏感度分析［J］. 煤炭学报，2011，36（6）：938-944.

[127] 王效宾，杨平. 盾构出洞水平冻结解冻温度场三维有限元分析［J］. 解放军理工大学学报，2009，10（6）：586-590.

[128] 袁云辉，杨平，江天堑. 复杂环境下浅埋暗挖隧道穿越薄富含水层冻结温度场研究［J］. 岩土力学，2010，31（S1）：388-393.

[129] 袁云辉，杨平. 冻结加固盾构端头土体温度场数值分析［J］. 地下空间与工程学报，2010，6（5）：1053-1059.

[130] 袁云辉，杨平，王海波. 人工水平冻结冻结壁强制解冻温度场数值分析［J］. 南京林业大学学报（自然科学版），2011，35（4）：117-120.

第 2 章　冻土的物理力学性质

在地铁联络通道、盾构始发与接收等冻土的设计、施工以及采用数值方法模拟人工冻结的过程中，冻土的热物理性质是保证人工冻结法施工安全、经济、合理的关键因素。首先需要获取工程中冻土的各种热物理参数，以便得到准确、翔实的设计参数及模拟分析结果。

在冻土的热物理性质中，冻结温度、导热系数及比热是最关键的热物理参数，准确而有效地测定这些基本热物理参数，对于其他相应热物理指标及对冻结施工具有重要的指导意义。

2.1　冻土的热物理性质

2.1.1　土体起始冻结温度

土的冻结温度一般指土体中所含水冻结的温度，是判别土体是否处于冻结状态的一个基本物理指标，也是人工冻结壁有效厚度的重要依据，在很大程度上影响冻土壁温度分布状况。因而，冻结温度的研究对确定土的冻结深度和冻结壁设计具有重要意义。标准大气压下纯水的冻结温度即冰点为 0℃，实际上土中水溶解很多物质，土中冰点降低；此外，当温度降至冰点水发生相变会产生大量相变潜热，融化了刚生成的冰晶。因此，土体起始冻结温度即土体结冰温度，往往低于 0℃。

1. 实验原理与方法

冻结温度试验采用的实验装置如图 2-1 所示，由零温瓶、低温瓶、塑料管、试样杯和温度数据采集系统组成，满足 GB/T 50123《土工试验方法标准》。冻结温度试验先进行热电偶制作与标定，将制备的原制土样装入试样杯中，然后将热电偶零温端插入零温瓶，测温端插入土样中心，待其降温并通过智能可编程数据采集仪进行数据采集，土体冻结温度通过所得的温度与时间关系曲线判定。

2. 不同因素对起始冻结温度的影响

（1）土质的影响。由实验可知，土质不同时冻结温度不同。不同土质冻结温度的差异性是由于土的类别不同，其颗粒大小不同，一般情况下，颗粒越细冻结温度越低。因为颗粒越细，比表面积越大，土颗粒对水和盐的吸附作用较大，土颗粒外围水膜厚度也大，土体达到冻结状态的温度越低。表 2-1 为不同土质的冻结温度，淤泥质黏土颗粒最细，比表面积最大，土体达到冻结状态的温度最低；而土颗粒粒径较大时吸附力减小，尤其是砂质粉土，土颗粒周围水化膜较薄，土体在较高负温下便达到冻结状态。因此，在相近的含水率和密度条件下，黏性土的冻结温度低于粉土，即土颗粒粒径越小其冻结温度越低。

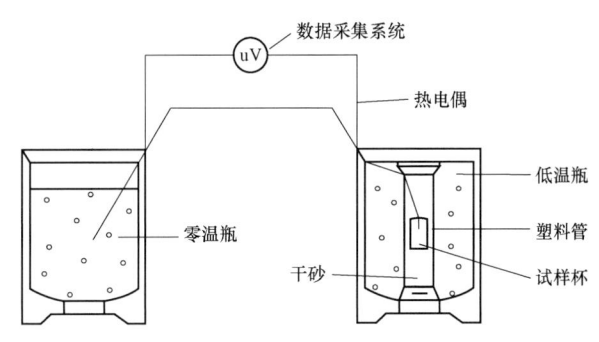

图 2-1 起始冻结温度实验装置示意图

表 2-1　　　　　　　　　　不同土质土体冻结温度

土样	密度（g/cm³）	含水率（%）	冻结温度（℃）
淤泥质黏土	1.87	33.48	-0.43
粉质黏土	1.87	35.40	-0.27
砂质黏土	1.87	30.20	-0.23

（2）含水率的影响。淤泥质黏土、粉质黏土含水率与冻结温度的关系曲线见图 2-2 和图 2-3。从图 2-2 和图 2-3 中可以看出，土样在干密度一定时，冻结温度随含水率的增加而升高。一般情况下，土样含水率的大小直接影响到土中自由水和矿物浓度；含水率大，自由水含量多，土中盐分等被稀释，土体冻结温度则高，土的冻结温度越接近 0℃；含水率小，自由水含量少，土中盐分等矿物质浓度相对较高，土体冻结温度则偏低。且冻结温度随含水率的变化近似呈线性增长趋势。

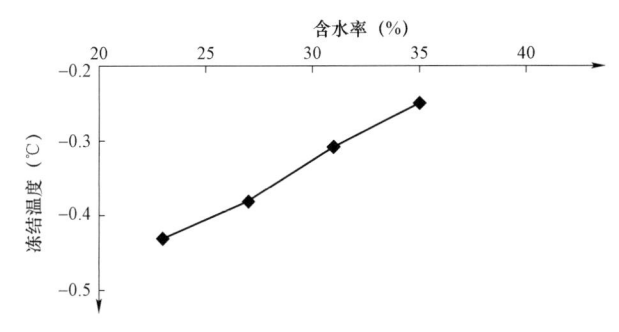

图 2-2　淤泥质黏土含水率与冻结温度的关系曲线

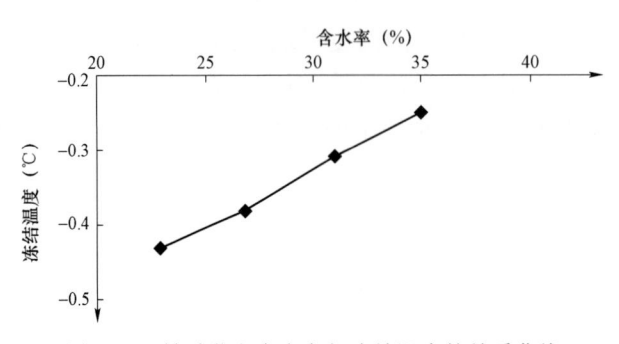

图 2-3　粉质黏土含水率与冻结温度的关系曲线

淤泥质黏土、粉质黏土砂、质黏土干密度与冻结温度的关系曲线见图 2-4～图 2-6。从图 2-4～图 2-6 中可以看出：土样在含水率一定时，随干密度的增加，各土层冻结温度呈升高趋势，但通过数据对比可发现干密度对冻结温度的影响不大，这是由于土样的干密度只改变土中孔隙的分布，并没有改变土样的含水量，对土样冻结时形成冰晶核未产生较大影响。

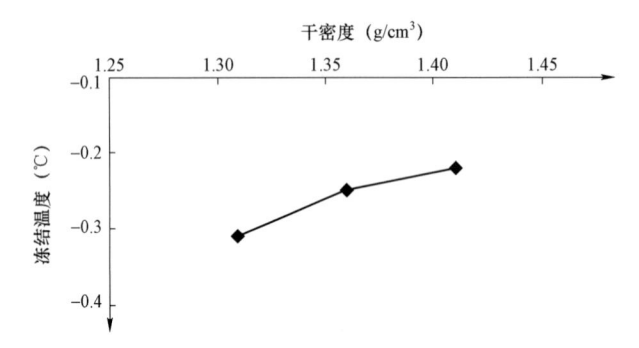

图 2-4　淤泥质黏土干密度与冻结温度的关系曲线

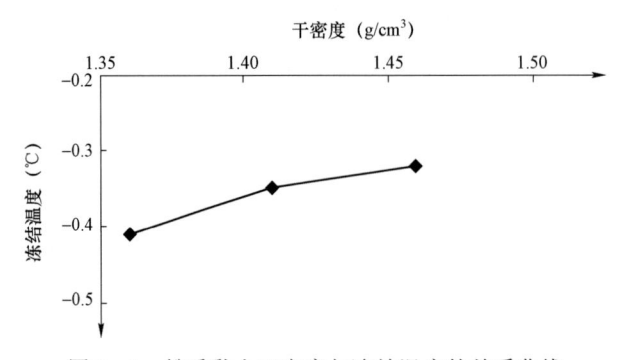

图 2-5　粉质黏土干密度与冻结温度的关系曲线

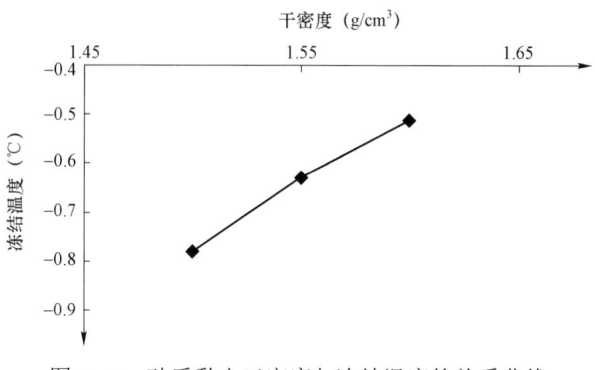

图 2-6 砂质黏土干密度与冻结温度的关系曲线

2.1.2 导热系数

土的导热系数是表示在温度梯度的作用下岩土的热传导能力,其大小决定着冻结温度场的变化快慢。导热系数反应冻土对温度变化的敏感程度,是物质基本热物性的重要参数之一。在物体内部垂直于导热方向取两个相距 1m、面积为 $1m^2$ 的平行平面,若两个平面的温度相差 1K,则在 1s 内从一个平面传导至另一个平面的热量就规定为该物质的导热系数 W/(m·K)。其物理含义可按式(2-1)表达。

$$\lambda = \frac{QL}{S(T_2-T_1)t} \tag{2-1}$$

式中 λ——导热系数,W/(m·℃);
Q——通过的热量,J;
L——土层厚度,cm;
S——热流通过面积,cm^2;
T_2-T_1——土层相对应的两个面的温度差,K;
T——热流通过的时间,s。

1. 试验方法

国外学者在 20 世纪开展导热系数研究,有美国的瞬态平板法、加拿大的圆柱探针法、苏联的热流计法和平板探针法。目前,对于导热系数的研究主要采用室内实验法和数值反分析法。室内试验研究导热系数,试样多数为重塑土,由于改变了土的初始应力状态与结构性,故导热系数的准确性不能得到保障;数值反分析法以数值分析为基础,结合理论方法对导热系数进行研究,相对而言其更有工程和学术意义。

2. 影响因素

(1) 原状土层导热系数。图 2-7 为原状土层导热系数,从图中可以看出,粉砂的导热系数最大,由于粗颗粒土的总孔隙度要比细颗粒的小,故粗颗粒的导热系数比细颗粒土的大。但无论是淤泥质粉质黏土、粉质黏土还是粉砂,在-10℃下导热系数要比常温条件下大 1.5 左右,其中淤泥质粉质土负温较常温的变化量最为明显,这是由于冰的导热系数为 2.24W/（m·℃），而水的导热系数为 0.56W/（m·℃）。

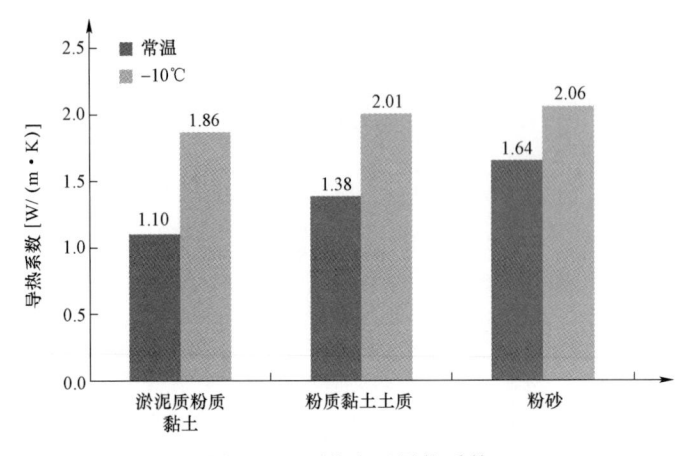

图 2-7 原状土层导热系数

（2）含水率对导热系数的影响。淤泥质粉质黏土、粉质黏土导热系数与含水率的关系曲线见图 2-8 和图 2-9，从图可以看出，常温时不同土质导热系数均随含水率增加基本呈线性规律增大，且增长速度随水率变化而不同；-10℃时，干密度一定时，土样的导热系数随含水率的增加而增加，只是增加的趋势不明显。-10℃条件下的导热系数均是常温时的 2 倍左右，其中淤泥质粉质黏土在含水率较低时，-10℃条件下比常温的导热系数略大，而在含水率较高时的导热系数相差很大，说明了土的含冰量对导热系数的影响较为显著。

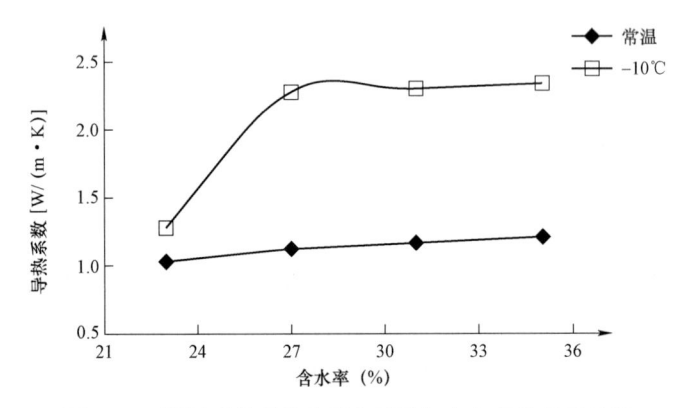

图 2-8 淤泥质粉质黏土导热系数与含水率的关系曲线

（3）干密度对导热系数的影响。淤泥质粉质黏土、粉质黏土、粉砂导热系数与干密度的关系曲线见图 2-10～图 2-12。由图 2-10～图 2-12 可以看出，含水率一定时，不论是常温土还是冻土，土样的导热系数都随干密度的增大而增大，近似呈线性增大趋势，但并不显著。干密度对导热系数的影响，主要是由于土体内孔隙的形状、尺寸、分布规律以及排列方式等几何因素以及孔隙的连通性等因素。

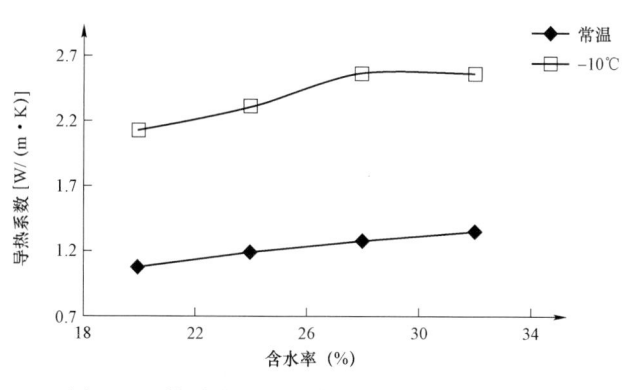

图 2-9　粉质黏土导热系数与含水率的关系曲线

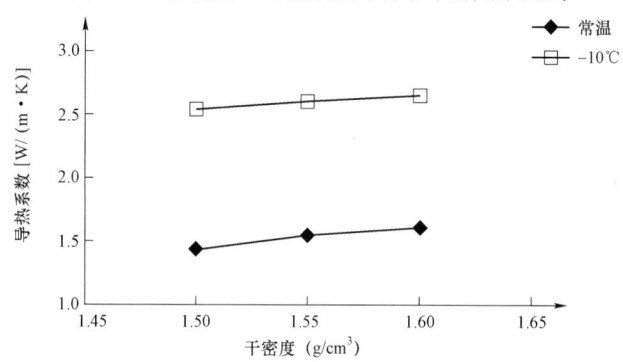

图 2-10　淤泥质粉质黏土导热系数与干密度的关系曲线

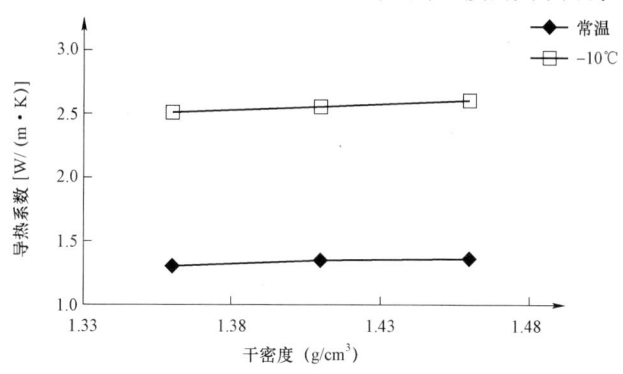

图 2-11　粉质黏土导热系数与干密度的关系曲线

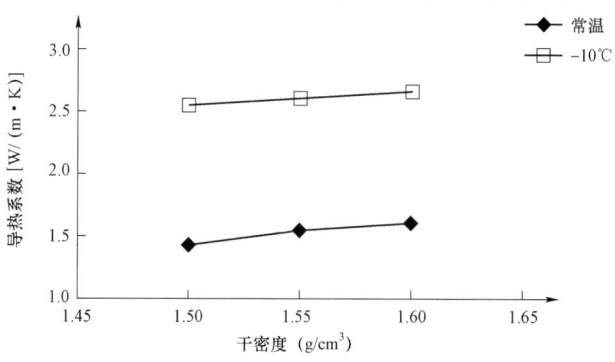

图 2-12　粉砂导热系数与干密度的关系曲线

2.1.3 计算方法

1. 比热

冻土的比热取决于各成分的比热和比例。当略去冻土中的气相成分时，冻土的比热按其物质成分的比热加权平均来计算，见式（2-2）。

$$c_M = \frac{c_p + (\omega - \omega_u)c_i + \omega_n c_w}{1 + \omega} \tag{2-2}$$

式中 c_M——冻土的比热，kJ/（kg·K）；
c_p——土颗粒的比热，kJ/（kg·K）；
c_i——冰的比热，kJ/（kg·K）；
c_w——水的比热，kJ/（kg·K）；
ω——含水率，%；
ω_u——未冻水含量，%。

2. 容积比热

单位体积的冻土温度变化 1K 所吸收（或放出）的热量定义为冻土的容积比热，单位为 kJ/（m³·K）。容积比热用式（2-3）计算：

$$c_v = \rho_s \frac{c_p + (\omega - \omega_n)c_i + \omega_u c_w}{1 + \omega} \tag{2-3}$$

式中 c_v——冻土的容积比热，kJ/（m³·K）；
ρ_s——冻土的干密度。

2.2 冻土的力学性质

2.2.1 冻土强度特性

冰与土颗粒胶结形成冻土后，其黏结力与内摩擦均有较大的提高，从而使其抗拉、抗压、抗剪等能力均较未冻结前土体有大幅度提升，人工冻土强度受温度、含水率、干密度、含盐量、水文地质等因素影响。抗压强度是冻土力学性质的重要指标，同时也是设计冻结壁时的关键参数。冻土属于弹性黏滞体，在外荷载与所处地区温度不变的情况下，其变形随时间的增加而增加。

1. 应力应变关系

在受到外力作用时，土体内部将产生应力和应变。因冻土中含有冰，而冰的流变性极强，故其应力-应变关系与外力作用时间或应变率有较大关系。Vialov 根据应变率压缩试验结果，提出了幂函数形式的应力-应变关系：$\sigma = A\varepsilon^m$。式中，A，m 为参数。该方法被广泛应用。但在不同土质、含水量、温度及应变率条件下应力应变关系并不完全相同，故冻土的应力应变关系受土质、含水量、温度及应变率的影响。

依照试验资料分析得，应力应变性状分为两种不同类型。即黏弹塑性（viscoelasto-plastic，VEP）性状和弹塑性（elastic-plastic，EP）性状。

（1）VEP 性状。应力应变曲线呈连续的应变硬化-软化，没有明显的弹性屈服。含水量饱和冻结中砂的应力-应变曲线起初切线模量与应变率无关；低含水量饱和冻结粉土的应力-应变曲线起初切线模量与应变率有关。不同土质在不同应变率下的应力-应变曲线如图 2-13 所示。

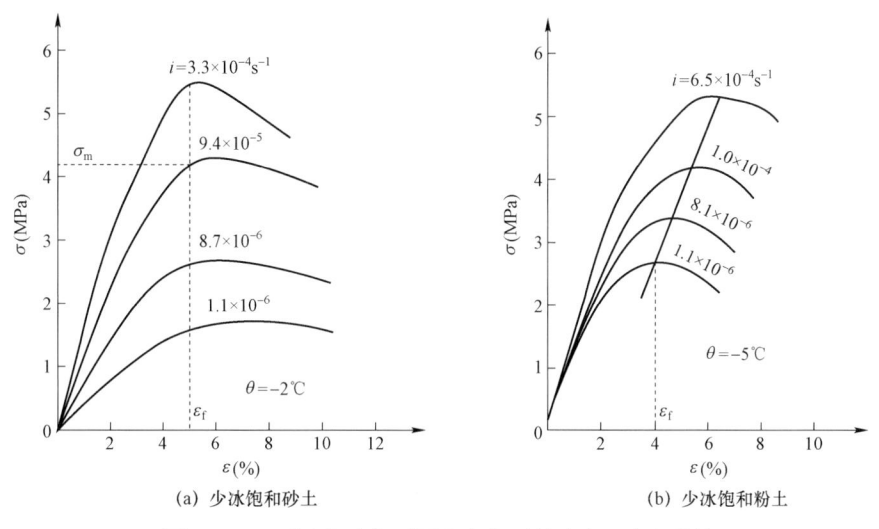

图 2-13　不同土质在不同应变率下的应力-应变曲线

（2）弹塑性（EP）性状。应力-应变曲线具有明显的弹性屈服点，其又可分为三亚类：弹性-应变硬化（EP-Ⅰ）型性状、弹性-理想塑性（EP-Ⅱ）型性状、弹性-应变软化（EP-Ⅲ）型性状。典型的弹塑性应力-应变曲线和弹性-应变硬化应力-应变曲线如图 2-14 和图 2-15 所示。

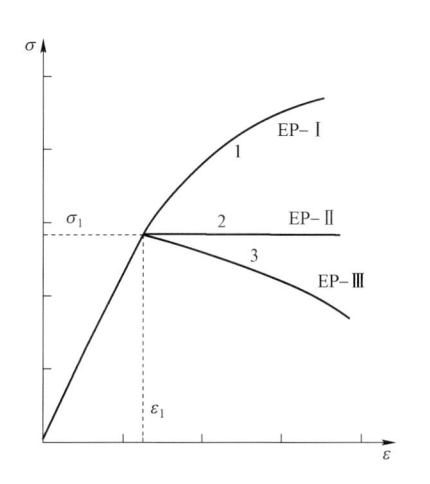

图 2-14　典型的弹塑性应力-应变曲线

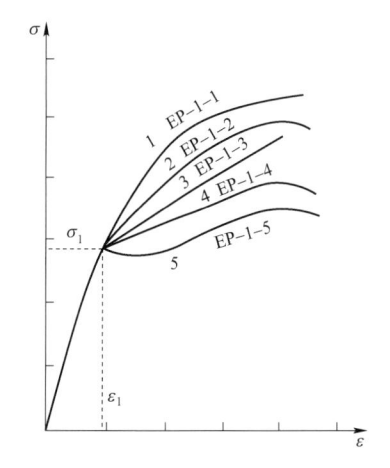

图 2-15　弹性-应变硬化应力-应变曲线

2. 单轴抗压强度特性与方法

(1) 试验设备与方法。冻土单轴抗压强度试验所用仪器为微机控制多功能冻土压力试验机 WDT-100B，该机器具有加载和控温精度高、范围广的优点，其加载方式拥有三种形式，分别为恒试验力、恒位移、恒应变，具有无级调速、在任一加载速率值上恒定等特点。试验全过程通过计算机控制，产生的数据由计算机自动记录。

试验操作过程需严格按照 MT/T 593.4—2011《人工冻土物理力学性能试验 第 4 部分：人工冻土单轴抗压强度方法》具体规程进行试验。结果以轴向应力为纵坐标，轴向应变为横坐标，绘制应力-应变曲线，取最大轴向应力作单轴抗压强度，抗压强度的一半与其对应的应变值之比为冻土的弹性模量。

(2) 冻土单轴抗压强度及其影响因素。具体内容如下：

1) 土质影响。土质对冻土的抗压强度和弹性模量有较大的影响。在温度相同的情况下，各土层单轴抗压强度的大小为：粉砂＞粉土＞粉质黏土＞黏土。土颗粒中含有结合水的数量影响冻土抗压强度，故土颗粒越粗，其冻土强度越高，反之越低，不同土质下-10℃时应力-应变曲线如图 2-16 所示。

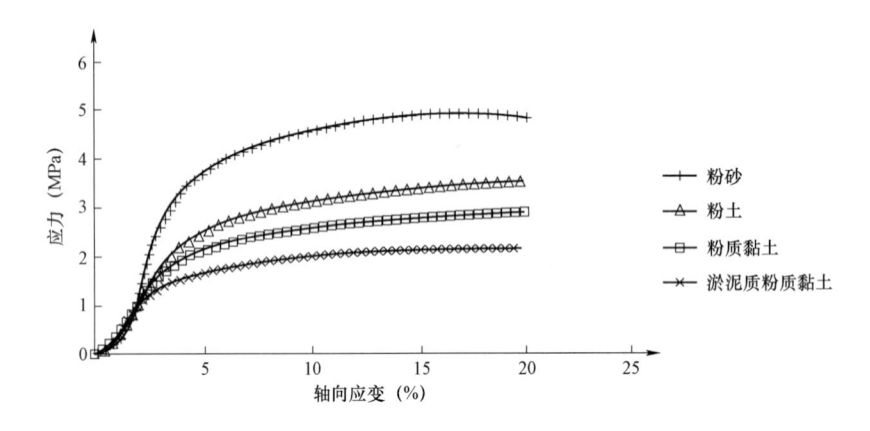

图 2-16　不同土质下-10℃时应力-应变曲线

2) 温度的影响。冻土抗压强度最主要的影响因素为冻土的温度，同一土质在温度为-15～-5℃范围内，冻土单轴抗压强度与弹性模量随温度减低而增大，曲线呈较好的线性，而温度低于-20℃时，其关系曲线不再呈线性关系。单轴抗压强度和弹性模量与温度关系曲线如图 2-17 和图 2-18 所示。

3) 含水率影响。含水率对冻土的单轴抗压强度有较大的影响。未饱和土体随含水率增加单轴抗压强度不断增加；土体含水率饱和后，单轴抗压强度达到最大；含水量超过饱和含水量后，单轴抗压强度逐渐减小。冻土单轴抗压强度与含水率呈此关系曲线的原因是土颗粒、盐晶体、冰晶体之间相互作用的状态在最佳含水率时达到最好状态，其单轴抗压强度达到最大；含水率较低时，随着含水率的增加，冰与固体颗粒间胶结能力增强，冻土单轴抗压强度增加；含水率过高时，冰体冻胀破坏土骨架，减弱冰与固体颗粒之间的胶结能力，单轴抗压强度减小。

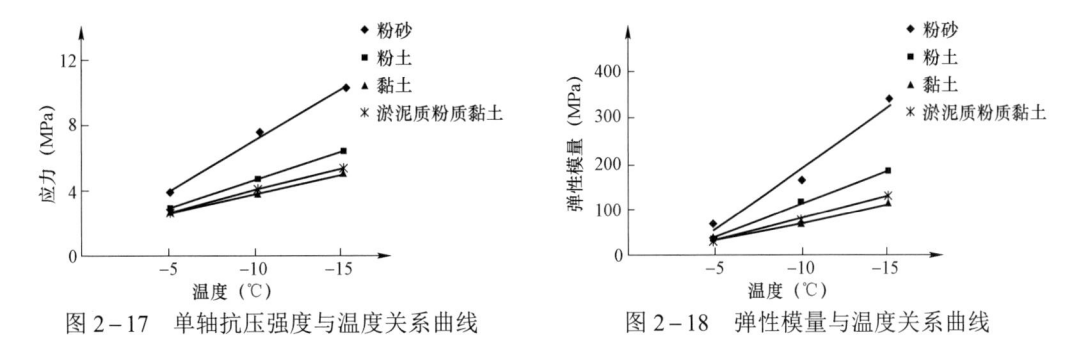

图 2-17 单轴抗压强度与温度关系曲线

图 2-18 弹性模量与温度关系曲线

4）干密度的影响。-10℃冻土单轴抗压强度与含水率关系曲线如图 2-19 所示，单轴抗压强度与干密度的关系曲线如图 2-20 所示。土体单轴抗压强度随干密度的增加而增加，冻结后土骨架的黏结力增大。

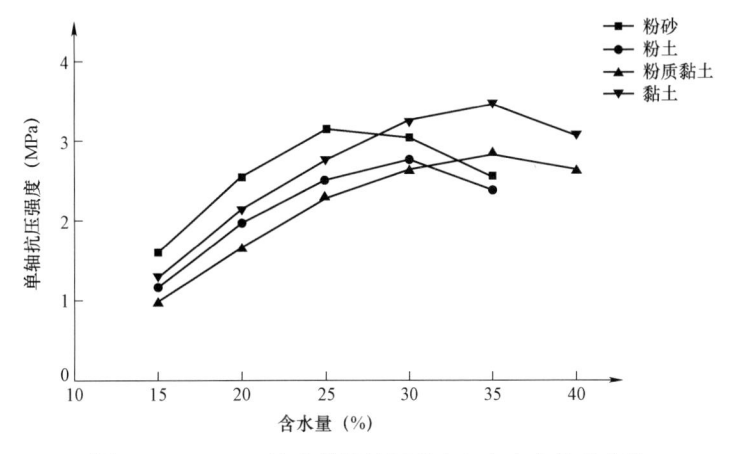

图 2-19 -10℃冻土单轴抗压强度与含水率关系曲线

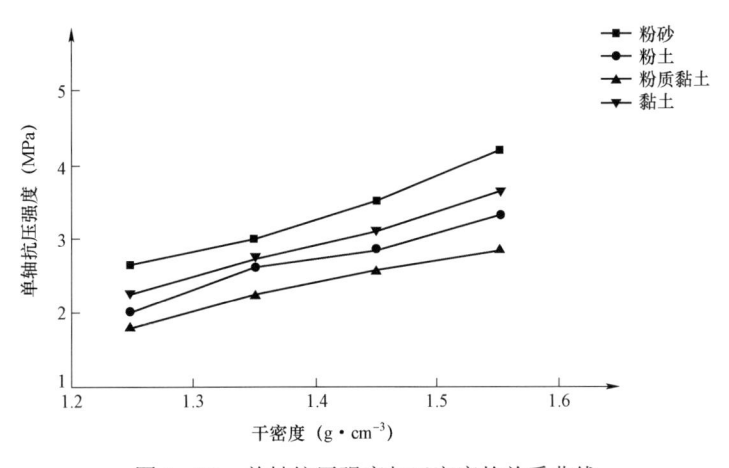

图 2-20 单轴抗压强度与干密度的关系曲线

5）含盐量的影响。土体中含盐量对冻土单轴抗压强度的影响较大。单轴抗压强度随土体含盐量的增加而线性减小，粉质黏土强度、黏土强度与含盐量的关系如图2-21和图2-22所示。

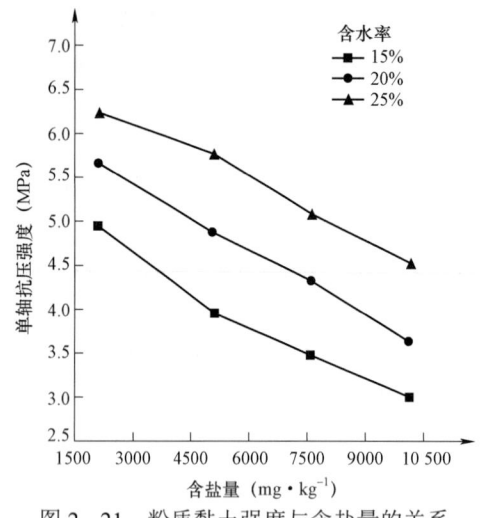

图2-21 粉质黏土强度与含盐量的关系

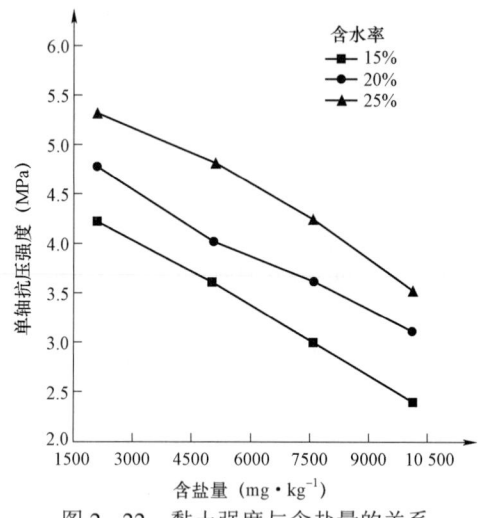

图2-22 黏土强度与含盐量的关系

3. 冻土抗折强度特性

（1）试验设备与方法。试验设备采用冻土压力试验机WDT-100B，试验过程与试验数据全程由计算机自动控制并采集。目前我国人工冻土抗折试验主要依据MT/T 593—2011《人工冻土物理力学性能试验 第1部分：人工冻土试验取样及试样制备方法》中抗折试验部分，该抗折标准参考了DL/T 5150《水工混凝土试验规程》中混凝土抗弯试验部分，加载方式主要采用三点式加载和四点式加载。不同尺寸试样记载方式示意图如图2-23所示。粉质黏土的抗折强度随加载速率增大呈线性提高。

（2）三点式加载方式。三点加载荷载与挠度关系曲线见图2-24，粉质黏土的抗折强度随加载速率增大呈线性提高。由图2-24可知：① 四种速率下，挠度小于总挠度的1/5时，荷载与挠度的关系近似呈线性增长；② 挠度大于总挠度的1/5后，荷载与挠度的关系曲线不再呈线性增长，挠度的增长速率增大；③ 荷载在达到顶峰后急剧下降，试件破坏，表示土的破坏呈明显的脆性破坏特征，且加载速率对土的破坏特征无明显影响；④ 粉质黏土随加载速率的增大而增大，且呈线性增大趋势。

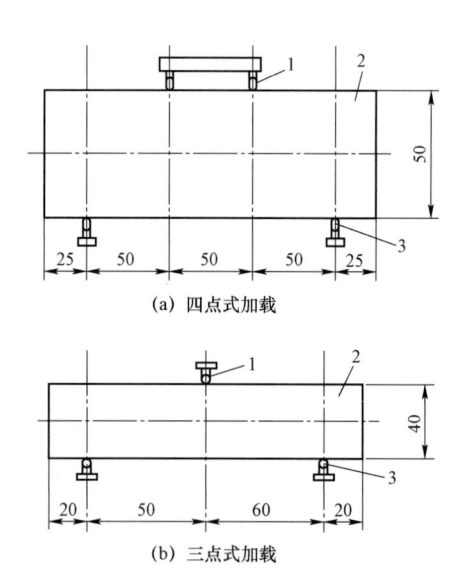

图2-23 试样加载受力受力示意图（单位：mm）
1—加压头；2—试样；3—支座

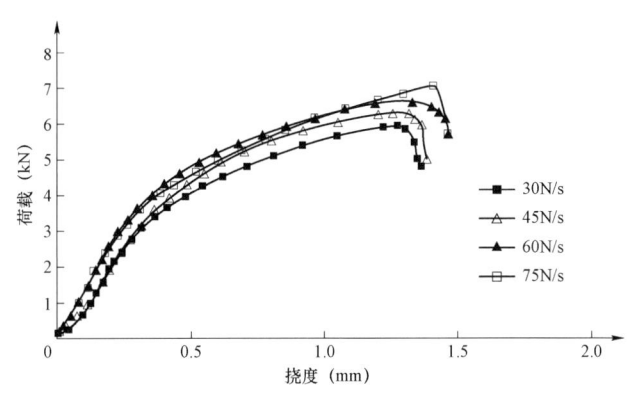

图 2-24 三点加载荷载与挠度关系曲线

（3）四点式加载方式。四点式加载方式，加载速率对抗折强度的影响较小，且试样在各速率加载作用下的抗折强度均小于三点式加载下的试样。图 2-25 为四点式加载下荷载与挠度关系曲线。

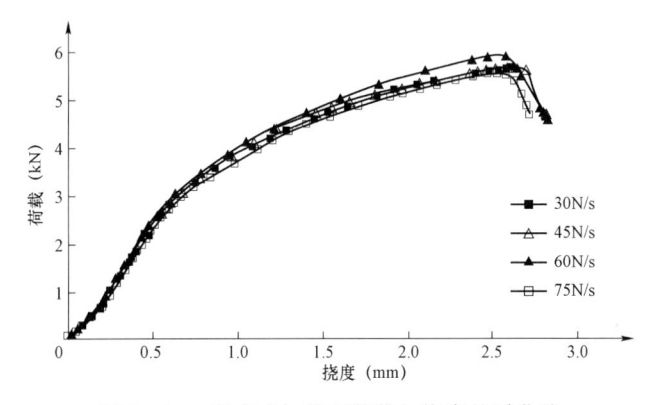

图 2-25 四点式加载下荷载与挠度关系曲线

由图 2-25 可知：① 四种速率下，挠度小于总挠度的 1/5 时，荷载与挠度的关系近似呈线性增长，小于三点式加载；② 挠度大于总挠度的 1/5 后，荷载与挠度的关系曲线不再呈线性增长，挠度的增长速率增大；③ 荷载在达到顶峰后急剧下降，试件破坏，表示土的破坏呈明显的脆性破坏特征，且加载速率对土的破坏特征无明显影响；④ 跨中相对挠度基本不受加载速率的影响，四点式加载下试样跨中最大相对挠度在各加载速率下均小于三点式加载下的试样。

对比两种加载方式结果表明：四点式加载方式下加载速率对抗折强度与试件破坏时跨中最大相对挠度均的影响可忽略不计；三点式加载方式下抗折强度与试件破坏时跨中最大相对挠度均随加载速率呈线性增长。产生该种差异的原因主要为：三点式和四点式加载下冻土梁受力情况不同。三点式加载为非纯弯曲受力，既存在剪力又存在弯曲，其破坏情况可分为弯曲破坏和剪切破坏；四点式加载为纯弯曲受力，只存在弯曲而不存在剪力，其破坏只能是弯曲（抗折）破坏。

2.2.2 冻土动力学特性

冻土动力学是冻土力学与动力学的交叉学科，其主要研究内容为：冻土在动荷载作用下的变形和强度特征及稳定性，通过测定冻土的动力学特性确定冻土的动弹性模量、动泊松比，计算土体在小变形条件下引起的位移、加速度、速度、应力随时间的变化。

1. 冻土动应力-应变关系

分离式霍普金森压杆（split Hopkinson pressure bar，SHPB）试验是一种常用的材料动力学性能研究方法，在1914年由霍普金森提出，可以获得材料在高应变率下的动态力学性能，其方法在混凝土、金属、高分子材料等领域已有广发应用。SHPB试验系统由动力加载单元、速度计时单元、数据采集和处理单元等部分组成，其示意图如图2-26所示。

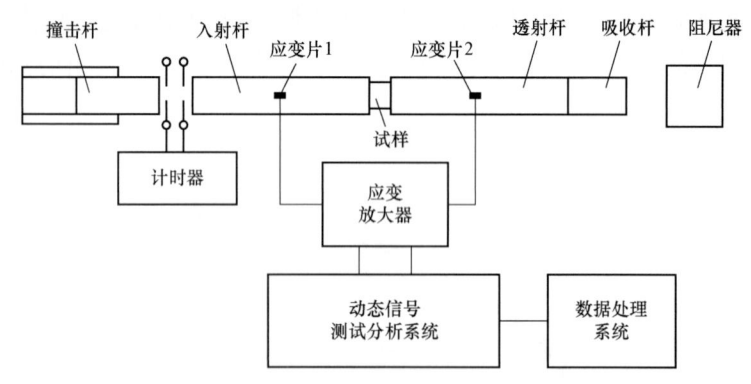

图2-26 SHPB试验装置示意图

（1）冻土的时温等效性。时间温度等效原理常被用于高分子材料的力学响应问题，对于温度敏感性的人工冻土来说，也具备时温等效性。应变率一定时，不同温度的应力-应变图如图2-27所示，温度一定时，不同应变率的应力-应变图如图2-28所示。

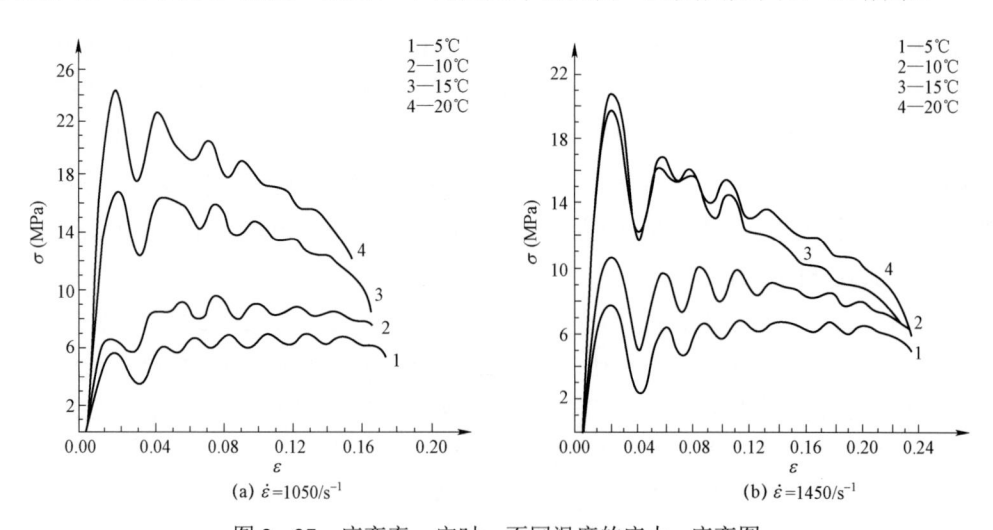

图2-27 应变率一定时，不同温度的应力-应变图

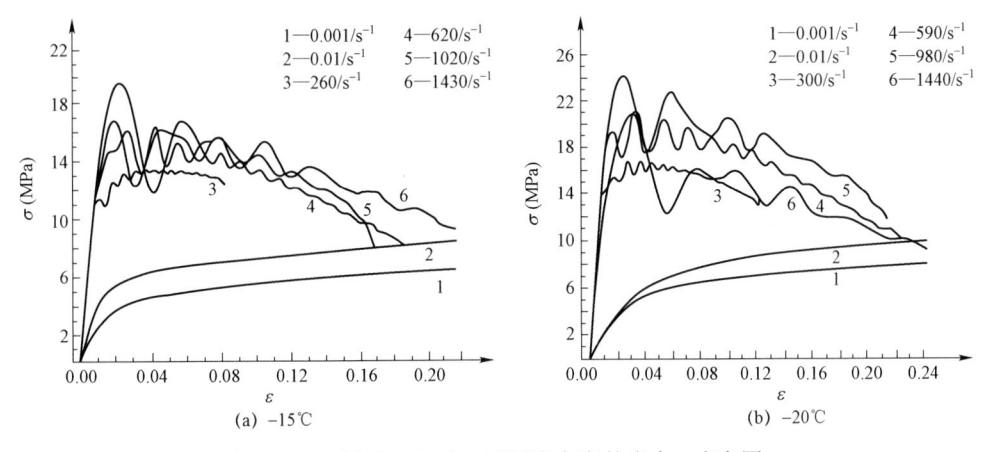

图 2-28 温度一定时，不同应变率的应力-应变图

由图 2-27 和图 2-28 可以看出：在应变率相同的情况下，冻土的流动应力随温度的降低而增加，表现出显著的温度效应，动态应力应变曲线呈汇聚趋势，且随应变率的提高而更为显著；在温度相同的情况下，冻土的流动应力随应变率的增加而增加，表现出显著的应变率效应，动态应力应变曲线也有汇聚趋势，且随温度降低而更为显著。

综上所述，冻土具有典型的时温等效性，低温对应高应变率，高温对应低应变率，应力应变曲线在温度降低与应变率升高均呈汇聚现象，说明冻土材料的冻脆性与动脆性。

（2）冻土动应力-应变曲线。在等效正弦循环荷载作用下，不同温度下冻土的动应力-应变曲线如图 2-29 所示，其计算见式（2-4）。

$$\sigma_d = \frac{\varepsilon_d}{a + d\varepsilon_d} \tag{2-4}$$

式中 σ_d——动应力幅值，N/mm^2；

ε_d——动应变幅值；

a、d——试验参数（受温度影响大）。

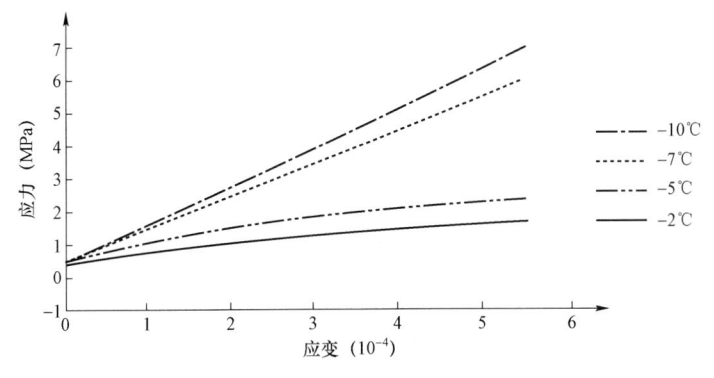

图 2-29 不同温度下动应力-应变关系曲线

2. 冻土动力学基本参数

（1）动弹性模量。弹性模量是衡量材料产生弹性变形难易程度的指标，在一定荷载作用下，弹性模量越大，其产生弹性变形越小。定义动荷载作用一个周期内动态弹性模量的最大值为冻土的动弹性模量，即动模量，如图2-30所示。定义式为：

$$E_d = \frac{\sigma_d}{\varepsilon_d} = \frac{|CN|}{|CH|} \tag{2-5}$$

式中　σ_d ——各个时刻的动应力值；
　　　ε_d ——各个时刻的动应变值。

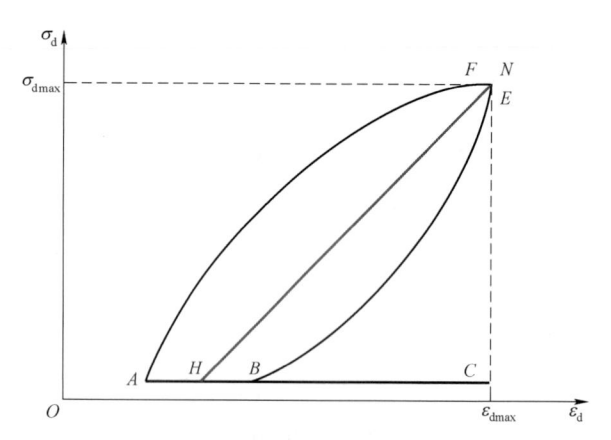

图2-30　循环荷载作用下一个周期内的滞回曲线

动弹性模量最大值见式（2-6）：

$$E_{dmax} = \sqrt{(c\omega)^2 + E^2} \tag{2-6}$$

式中　c ——黏滞系数；
　　　ω ——振动荷载圆频率；
　　　E ——弹性系数。

（2）动泊松比。土体泊松比反应土体侧向变形的重要参数，也是研究应力应变关系时需要考虑的重要参数。泊松比的取值影响土体的强度与变形特征，依照二维波动理论，土体泊松比可以表示为：

$$\frac{E}{E_c} = \frac{(1+\mu)(1-2\mu)}{1-\mu} \tag{2-7}$$

式中　μ ——动泊松比；
　　　E ——无侧限弹性模量；
　　　E_c ——有侧限弹性模量。

（3）动剪切模量。剪切模量是在剪切应力作用下，在弹性变形比例极限范围内，切应力与切应变的比值，是衡量冻土动力学性能的重要参数，理想的动剪应力—剪应变关系曲线如图2-31所示。

冻土动剪切模量关系式为：

$$G_d = \frac{\tau_d}{\gamma_d} \quad (2-8)$$

式中　τ_d——动剪应力；

　　　γ_d——动剪应变。

若冻土弹性模量与动泊松比均已知，其表达式可以表示为：

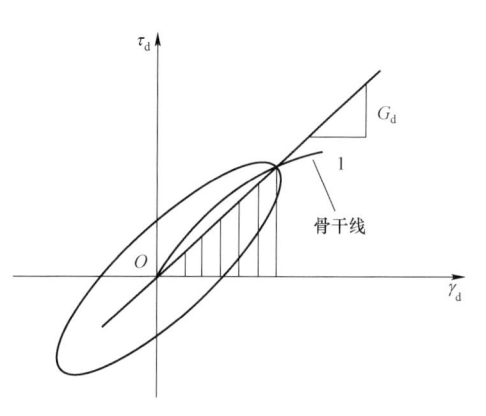

$$G_d = \frac{E_d}{2(1+\mu)} \quad (2-9)$$

定义动剪应变 γ_d 趋于 0 时所对应的剪切模量为冻土的最大动剪切模量 G_{dmax}。试验的骨干曲线近似双曲线，经移项可转化为线性函数。

图 2-31　理想的动剪应力—剪应变关系曲线

（4）动阻尼比。动阻尼比是衡量冻土吸收地震能量的尺度，是分析地震动的重要参数，其公式为：

$$\delta = \frac{\Delta W}{4\pi W} \quad (2-10)$$

式中　ΔW——阻尼耗能；

　　　W——等效应变能。

在荷载频率相同时，冻土的阻尼比随冻土负温的降低而逐渐减小；冻土负温相同时，阻尼常数随荷载频率的增加而降低，冻土负温对阻尼常数影响较大。动弹性模量与阻尼比关系密切，使弹性模量降低的因素常使阻尼比增，不同因素对阻尼比的影响如图 2-32 所示。

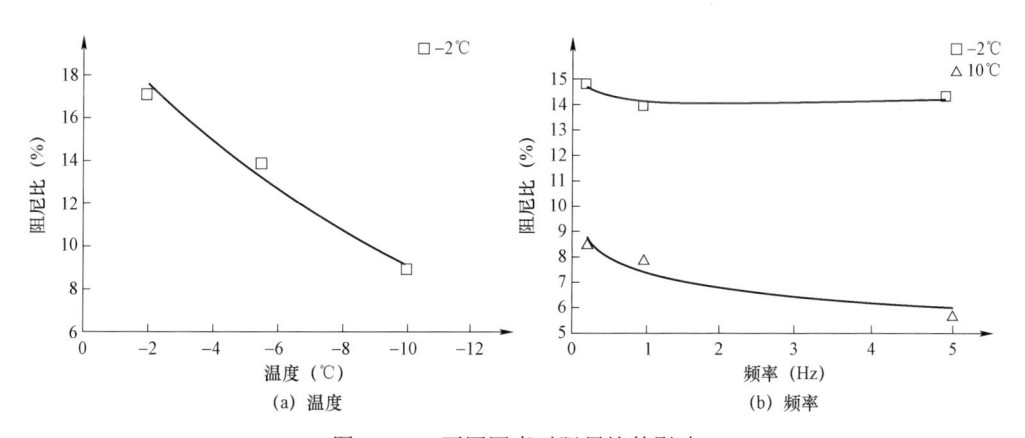

图 2-32　不同因素对阻尼比的影响

2.3　冻土的流变性

在外荷载作用下，冻土中的应力和应变随时间变化的特性称为冻土的流变性。一般说来，土体作为一种非连续分散介质，都有一定的流变性。只是一般土体因流变引起的应力、应变和强度效应比较微小，工程中多忽略不计。与一般土体不同，冻土流变效应非常明显，特别是高含冰量高温冻土，因流变引起的强度衰减和应变蠕变量惊人，往往成为影响冻土区工程稳定的关键因素。冻土流变性是冻土的重要性质，包括：① 外荷载为常量时，其变形随时间延长而继续发展的性能为蠕变；② 当应变为常数时，其应力随时间延长继续衰减的性能为应力松弛；③ 冻土的强度随作用荷载的时间延长而逐渐降低。

2.3.1 冻土的蠕变

冻土的蠕变及强度性能是冻土力学中最重要的内容之一，它是寒区工程建设中地基和地基建设的基本依据。由于寒区军事与民用建设的需要，苏联早在20世纪30年代初，北美在20世纪50年代初，我国在20世纪60年代初就开始进行了这方面的研究，并逐步建立了冻土的蠕变及强度理论。60多年来，国内外学者在大量试验工作基础上，已经对冻土在不同温度下的蠕变特性有了较全面的认识，并且为工程设计提供了一些较可靠的计算理论。同时，为了对受载冻土体进行可靠的力学稳定性计算，Ladanyi（1972）等研究了冻土蠕变过程中强度降低的问题给出了蠕变强度、破坏时间和破坏应变之间的关系式。

2.3.2 冻土的应力松弛

冻土流变包括冻土蠕变和冻土应力松弛两个方面。前者指应力不变时变形随时间的发展，后者指应变不变时应力随时间的衰减。应力松弛表征变形恒定后土体内应力逐渐释放的过程。在滑坡过程中，滑动带土体的松弛效应会加剧边坡失稳过程；在寒区岩土工程中，应力松弛会导致粒间连接弱化和水–冰平衡系统破坏可能导致路基边坡失稳；在地基设计中，可采用现场松弛试验确定冻土的强度和变形特性参数。因而，在岩土工程中，尤其是寒区岩土工程中需要对土体的应力松弛特性具有清晰的认识。

近年来，对于土体松弛特性的研究主要集中于常温土体，即未冻土。然而，由于冻土和未冻土由于物理力学性质的巨大差异，这些基于未冻土的试验结果和理论并不能简单应用于寒区岩土工程中。为探讨寒区岩土工程中冻土的应力松弛特性，Vyalov 提出蠕变–松弛耦合试验用于确定冻土的长期强度；Ladanyi 等发现围压在 100kPa 到 300kPa 时对冻结砂土的松弛特性影响很小；吴紫汪等发现温度降低侧限松弛程度降低，初始应变增大，松弛程度提高；Vyalov 进一步研究发现，应力松弛会明显影响冻土的物理力学性质，表现在应力松弛弱化孔隙冰与土粒间连接作用，促使冰相塑性流动，应力集中处孔隙冰融化和未冻水的重新分布，最终导致孔隙水压力上升；与此同时，微观裂隙向宏观裂纹发展也进一步加剧。高温冻土由于物理力学性质较弱，应力松弛导致的弱化效应可能更加明显。

2.4 冻土的冻胀与融沉

2.4.1 冻胀基本理论

1. 吸附-薄膜理论

Taber 根据使用冻结时体积缩小的液体实验,证明了冻胀现象不只依赖土中存在的水冻结膨胀,而是以冻结过程中发生的水分迁移作为主要根源。Beskow 基于若干过程联合作用提出"吸附-薄膜理论",通过实验揭示出冻胀速度依赖于上部荷载和毛细管力,根据他们之间的关系可以判定土体冻胀性的大小。

2. 毛细理论

毛细理论也称第一冻胀理论,由 Everett 在 20 世纪 60 年代首先提出:使土中水分向冻结前缘移动、积聚而构成冰透晶体的推动力是毛细压力;冻胀受热析出速度、孔隙大小、未冻土的渗透性及压缩性、冰透镜体所支撑的物质能量等因素影响。虽然从某种意义上毛细理论解释了水分迁移的源动力,但是后来经研究发现,该理论低估了细颗粒土中胀压力,并且毛细理论不能解释非连续冰透镜体是如何产生的。

3. 第二冻胀理论

Miller 克服毛细理论不足,提出了饱和粒状材料的冻胀理论,即第二冻胀理论,在新形成并继续增长的冰透镜体与冻结锋面之间存在一个低含水率、低导湿率和无冻胀的区域,被称为冻结缘。冻结缘理论克服了毛细理论的不足,得到了广大学者的广泛认可。

2.4.2 融沉基本理论

冻土融化时,冰晶融化成水,体积缩小,产生融沉变形。同时冻土在融化过程中未冻水含量随着温度升高而增加,直至达到相变温度点,冰全部变成水,当未冻水含量增加到足以摆脱静电作用时,土体在重力和上覆荷载作用下发生排水固结,土中孔隙变小压密,直至土体固结沉降达到稳定状态。

融沉压缩时,土体孔隙中的水在土层表面汇集,向四周流失,孔隙体积增大,土体强度降低,压缩性增大。后期冻土融化将会造成一定范围的地层融化沉降变形,城市地下工程中过量的融沉会对周围环境产生不良影响。因此,对土体在冻胀后期自然环境下的融沉系数与各因素之间的变化规律进行研究具有重要的工程价值。

2.4.3 冻胀与融沉计算

1. 冻胀率

采用冻胀率描述土体在各因素试验条件下的冻胀量的大小,冻胀率为单位冻结深度的冻胀量,计算公式如下:

$$\eta = \frac{\Delta h}{H_f} \times 100 \qquad (2-11)$$

式中 η ——冻胀率，%；

Δh ——冻胀量，mm；

H_f ——冻结深度，不包括冻胀量，mm。

2. 融沉系数

根据 GB/T 50123《土工试验方法标准》，计算土体融化下沉系数与融化压缩系数公式如下：

（1）融沉系数。

$$\alpha_0 = \frac{\Delta h_0}{h_0} \times 100 \qquad (2-12)$$

式中 α_0 ——融沉系数，%；

Δh_0 ——冻土融化下沉量，mm；

h_0 ——冻土初始高度，mm。

某一压力稳定后的单位固结变形量：

$$S_i = \frac{\Delta h_i}{h_0} \qquad (2-13)$$

式中 S_i ——某一压力范围内的单位固结变形量，cm/mm；

Δh_i ——某一压力下的土样变形量，mm。

（2）某一压力范围内的冻土融化系数。

$$\alpha_{ic} = \frac{S_{i+1} - S_i}{P_{i+1} - P_i} \qquad (2-14)$$

式中 α_{ic} ——融化压缩系数，kPa^{-1}；

P_i ——某级压力值，kPa。

2.4.4 冻胀与融沉的影响因素

1. 含水率对冻胀特性的影响

淤泥质黏土和粉质黏土冻胀率均相对较高，因为其均属于细颗粒土。土颗粒的大小对土体冻胀性有着显著影响，土颗粒越细，其颗粒的比表面积越大，与水相互作用的能量也就越高，直接影响了土冻结过程中的水分迁移能力。

当干密度一定时，淤泥质黏土与粉质黏土在单向冻结温度场上冻胀率随着含水率的增加而增加。这是因为随着含水率的增加，土中含水量增大，温度降低时，水冻结成冰，试样的体积随之膨胀。淤泥质粉质黏土和粉质黏土含水率对冻胀率的影响如图 2-33 和图 2-34 所示。

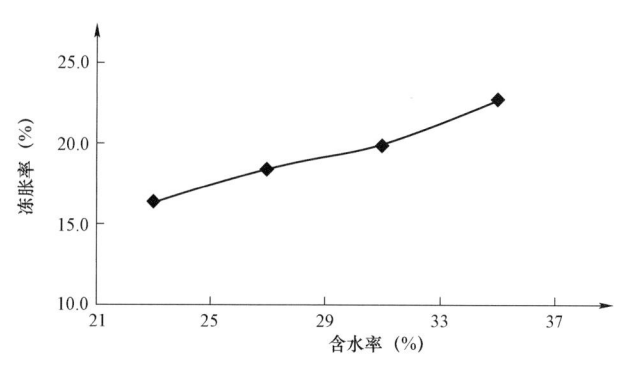

图 2-33 淤泥质粉质黏土含水率对冻胀率的影响

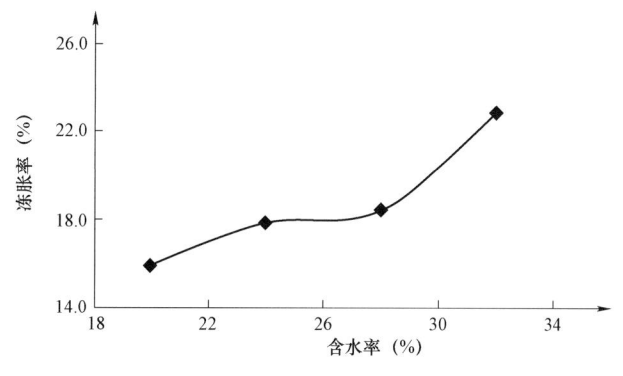

图 2-34 粉质黏土含水率对冻胀率的影响

2. 干密度对冻胀特性的影响

当含水率一定时，减小土体的干密度，土体的空隙随之增大，从而土体的饱和度降低。干密度较小的土体冻结时，有充足的孔隙空间供冰膨胀，较小的土体颗粒将分离和位移，因此土体的冻胀率较小。

淤泥质粉质黏土、粉质黏土与粉砂含水率一定时，在单向冻结温度场上冻胀率随干密度的变化并不显著。随干密度的增加，冻胀率的变化出现拐点，存在临界干密度。淤泥质粉质黏土、粉质黏土、粉砂干密度对冻胀率的影响如图 2-35～图 2-37 所示。

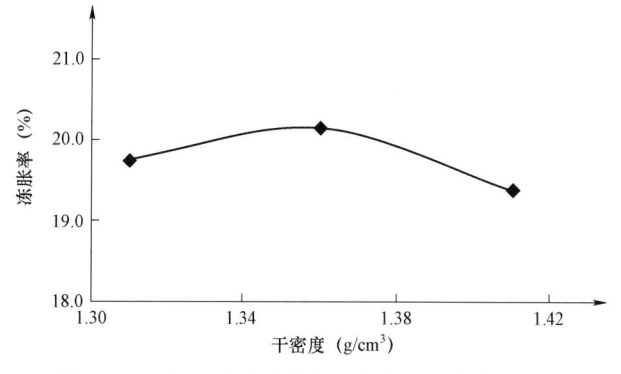

图 2-35 淤泥质粉质黏土干密度对冻胀率的影响

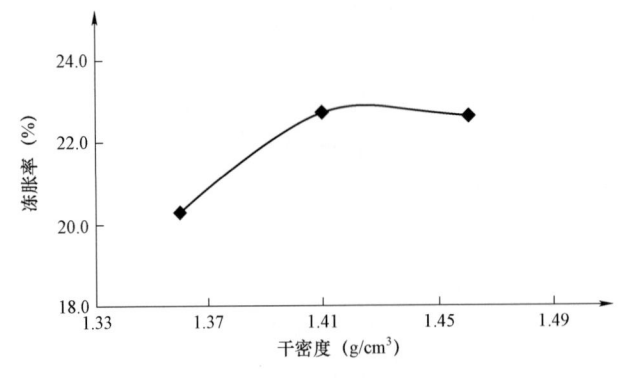

图 2-36 粉质黏土干密度对冻胀率的影响

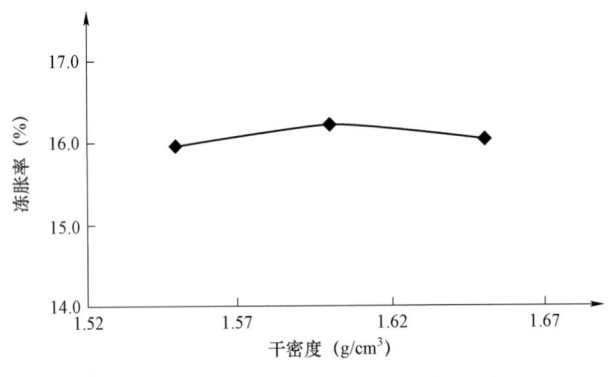

图 2-37 粉砂干密度对冻胀率的影响

3. 含水率对融沉特性的影响

土样的融沉系数均随含水率的增加而增加，这是因为随着含水率的增加，有冰填充的空隙也随之增加，当温度上升时，冰融化成水，在自重应力作用下将有更多的水被排出。淤泥质粉质黏土、粉质黏土含水率对融沉系数的影响如图 2-38 和图 2-39 所示。

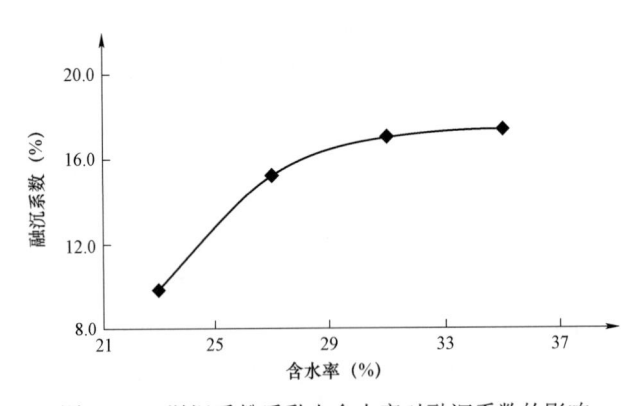

图 2-38 淤泥质粉质黏土含水率对融沉系数的影响

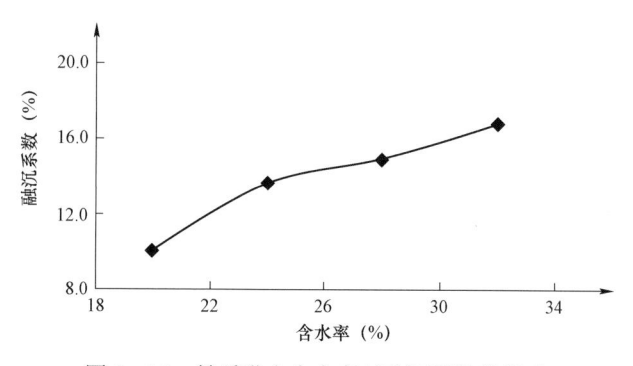

图 2-39　粉质黏土含水率对融沉系数的影响

4. 干密度对融沉特性的影响

含水率一定且融沉过程中无外荷载的作用时,土样融沉系数与干密度的变化均出现拐点,即存在临界干密度,且拐点时均为饱和状态。土样干密度增加到饱和状态时,融沉系数增加,而随干密度的继续增加,土体的融沉系数呈减小的趋势。淤泥质黏土、粉质黏土、粉砂干密度对融沉率的影响如图 2-40～图 2-42 所示。

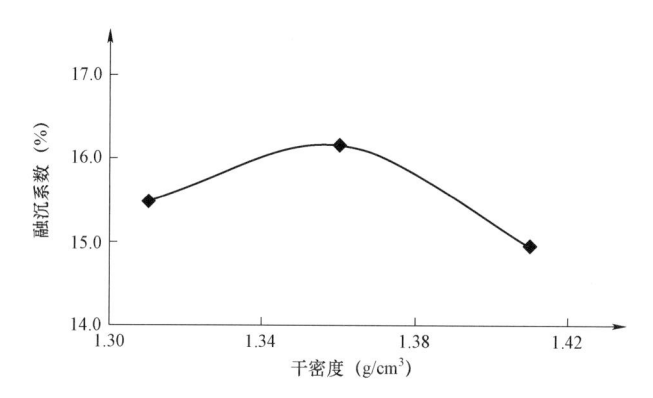

图 2-40　淤泥质黏土干密度对融沉率的影响

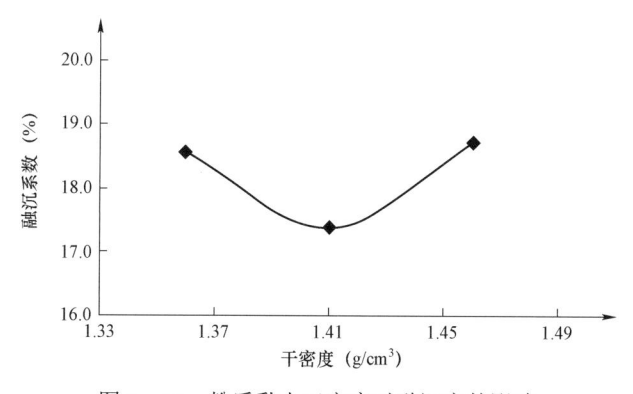

图 2-41　粉质黏土干密度对融沉率的影响

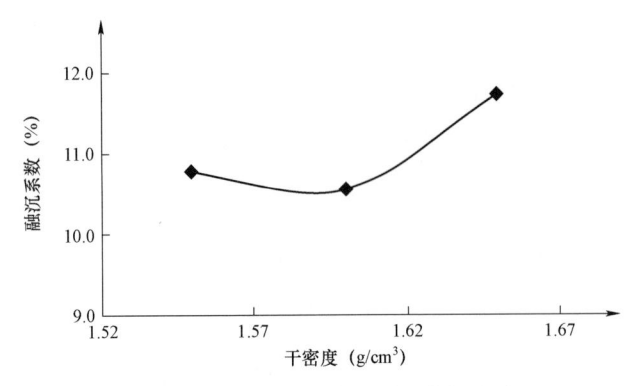

图 2-42 粉砂干密度对融沉率的影响

参考文献

[1] 杨国清,杨平,何文龙,等.海相人工冻土热物理特性试验研究[J].南京林业大学学报（自然科学版）,2017（41）:176.

[2] 李康.天津滨海新区典型地层人工冻土的试验特性研究[D].天津:天津大学,2016.

[3] 中华人民共和国住房和城乡建设部.土工试验方法标准:CB/T 50123—2019[S].北京:中国计划出版社,2009.

[4] 孙谷雨.南京地铁典型土层冻土热物理力学特性研究[D].南京:南京林业大学,2013.

[5] 贺俊.苏州地铁典型土层冻土物理力学特性研究[D].南京:南京林业大学,2010.

[6] 吴镇,岳祖润,王天亮.哈齐客专细圆砾土冻结温度测试分析[J].石家庄铁道大学学报（自然科学版）,2013,26（1）:37-40.

[7] 方蕾蕾.不同冻结温度下人工冻土热力学性质及蠕变特性试验研究[D].淮南:安徽理工大学,2015.

[8] 张秋瑾.人工冻土地基温度场模型试验及特性分析[D].淮南:安徽理工大学,2017.

[9] 杨平,杨婷.城市地下工程人工冻结法理论与实践[M].北京:科学出版社,2015.

[10] 姚兆明,潘旋,张秋瑾.人工冻土温度场模型试验及冻土导热系数反分析[J].科学技术与工程,2019.

[11] 原喜忠,李宁,赵秀云,等.非饱和（冻）土导热系数预估模型研究[J].岩土力学,2010,31（9）:2689-2694.

[12] 奥兰多.B.安德斯兰德,布兰科洛达尼.冻土工程[M].北京:中国建筑工业出版社,2011.

[13] 朱元林,张家懿,彭万巍,沈忠言,苗丽娜.冻土的单轴压缩本构关系[J].冰川冻土,1992（3）:210-217.

[14] 刘子昕,张潮潮,周艳.滨海软土地层人工冻土力学特性试验研究[J].四川建材,2018,44（8）:79-80.

[15] 江汪洋,杨平,陈斌,等.宁波海相软弱土层人工冻土强度特性试验[J].林业工程学报,2017,

2（5）：126－131.

[16] 徐立，刘干斌，叶俊能. 海相沉积软土地区人工冻土强度特性试验研究［J］. 水文地质工程地质，2011，38（2）：73－78.

[17] 郑波，张建明，常小晓，等. 广州地铁隧道冻结工程冻土力学特性试验研究［J］. 地下空间与工程学报，2007（5）：893－897＋908.

[18] 樊良本，丁伯阳，王纪峰，等. 人工冻结的杭州饱和软土的单轴抗压强度特性［J］. 浙江工业大学学报，2000（4）：40－42＋46.

[19] 闫澍旺，李康，邱长林. 天津滨海新区人工冻结粉质黏土强度特性试验研究［J］. 科学技术与工程，2017，17（3）：282－287.

[20] 孙立强，路江鑫，李恒，等. 含水率和含盐量对人工冻土强度特性影响的试验研究［J］. 岩土工程学报，2015，37（S2）：27－31.

[21] 韩圣章，李超，孙立强. 天津地区含水量和干密度对人工冻土强度特性的影响研究［J］. 天津建设科技，2014，24（4）：36－38.

[22] 刘彬. 人工冻土抗折试验技术及抗折特性研究［J］. 勘察科学技术，2017（4）：1－5＋10.

[23] 张春进，朱峰，杨平，等. 加载速率及方式对人工冻土抗折强度的影响［J］. 南京林业大学学报（自然科学版），2015，39（3）：179－182.

[24] 陈义民，潘殿琦. 冻土动力学性的研究现状及研究方向［J］. 长春工程学院学报（自然科学版），2007（4）：11－14.

[25] 刘志强，柳家凯，王博，等. 冻结黏土动态力学特性的 SHPB 试验研究［J］. 岩土工程学报，2014，36（3）：409－416.

[26] 吴志坚. 温度对动荷载作用下冻土动力特性影响的试验研究［D］. 兰州：兰州地震研究所，2002.

[27] 许阳，朱占元. 冻土路基粉质粘土动力学特性试验研究［J］. 山西建筑，2014，40（9）：39－42.

[28] 关国生. 冻土路基的施工工艺［J］. 散装水泥，2005（2）：48－49.

[29] 董连成，张公，赵淑萍，潘卫东，李广影. 冻土蠕变指标试验研究［J］. 冰川冻土，2014，36（1）：130－136.

[30] 朱元林. 我国冻土强度与蠕变研究［J］. 冰川冻土，1988（3）：332－337.

[31] 王松鹤，齐吉琳. 排水和不排水条件下高温冻土松弛特性研究［J］. 冰川冻土，2011，33（4）：833－838.

[32] 维亚洛夫 Ｃ Ｃ. 土力学的流变原理［M］. 杜余培，译. 北京：科学出版社，1987.

[33] Ladanyi B，Beny amina M B. T riaxial relaxation testing of fro-zen sand［J］. Can. Geotech. J. 1995，32：496－511.

[34] 吴紫汪，马巍. 冻土强度与蠕变［M］. 兰州：兰州大学出版社，1994.

[35] 维亚洛夫Ｃ Ｃ. 冻土流变学［M］. 刘建坤，刘尧军，徐艳，译. 北京：中国铁道出版社，2005.

[36] Harris J S. Ground Freezing in Practice［M］. London: Thomas Telford Publishing, 1995.

[37] Beskow G. Soil freezing and frost heaving with special applieation to roads and railroads Swedish Geol Survey Yearbook, 1935, 26(3): 375－380.

[38] Everett D. H. Te thermodynamics of frost damage to porous solids. Trans,Faraday Soc, 1961, 57: 1541–1551.

[39] Miller R D. Freezing nad heaving of suatrated and unsaturated soils [J]. Highway Reseaerh Record,1972.

[40] H. A. 崔托维奇. 冻土力学 [M]. 北京：科学出版社，1985.

[41] 孙谷雨. 南京地铁典型土层冻土热物理力学特性研究 [D]. 南京：南京林业大学，2013.

[42] 范孟华.《土工试验方法标准》(GB/T 50123—1999)学习体会及建议[J]. 建筑技术开发，2010(1)：16–16.

第3章 郑州地铁黄河迎宾馆站工程概况

3.1 工程地质概况

3.1.1 工程概况

郑州市轨道交通 7 号线一期工程北起惠济区东赵北,南止于二七区南部大学路与规划豫一路路口,工程全长约 26.81km,均为地下线,设车站 20 座(其中换乘车站 11 座)。其中黄河迎宾馆站—英才街站区间左线起点里程 ZDK1+663.764,终点里程 ZDK2+418.680,右线起点里程 YDK1+660.712,终点里程 YDK2+418.680,左线长 754.916m,右线长 757.883m(短链 0.085m),总长度 1512.799m,黄河迎宾馆站为 2 号线与 7 号线换乘车站,始发井口在黄河迎宾馆站南端头。

3.1.2 水文地质概况

本区间线经过黄河迎宾馆站、英才街路站,地貌单元为黄河冲洪泛滥平原(Ⅰ区),地面基本平坦,地面标高在 89.48~90.14m,最大高差 0.66m。

1. 地质情况

(1) 地层特性。根据场地钻探 60.0m 深度范围内揭露,结合郑州市区域地质资料,施工范围地层自上而下依次由人工填土层、第四系全新世冲积层、第四系上更新世冲积层等构成。其中 30.0m 以上主要为全新统(Q_4)地层:表层为人工土堆积的杂填土,其下为黄河冲积形成的褐黄色、灰黄色粉土、粉质黏土层;黄河河漫滩形成的静水相或缓流水相的沉积形成的灰色~灰黑色粉土、粉质黏土组成以及黄河沉积形成的灰色~褐黄色粉细砂、粉土组成。30.0m 以下为第四系上更新统(Q_3)地层:由棕红、褐黄色的粉质黏土、粉土、粉细砂组成,普遍含钙质结核、铁质锈斑,局部钙质结核富集。详细地层岩性特征见表 3-1。

表 3-1　　　　　　　　地 层 岩 性 特 征

序号	地层类别	地层性质
1	1:人工填土 第①₁层:杂填土(Q4ml)	杂色,松散,成分杂乱,为新近堆积,均匀性差,主要由市政道路路面、建筑垃圾、炉渣、粉土、粉砂和植物根系组成
2	2:全新统冲洪积层 第②₃₁层:黏质粉土(Q4-3al)	褐黄色,湿,中密,偶见小姜石,含蜗牛壳碎片,摇振反应迅速,干强度低,韧性低。局部夹薄层粉质黏土

续表

序号	地层类别	地层性质
3	第②$_{32}$层：黏质粉土（Q4-3al）	黄褐色~浅灰色，湿，中密，含铁锈质氧化物斑点和细粒姜石，摇振反应迅速，干强度低，韧性低。局部夹浅灰色可塑状粉质黏土
4	第②$_{32}$层：粉质黏土（Q4-3al）	黄褐色~浅灰色，稍湿~湿，稍密~中密，含铁锈质氧化物斑点和细粒姜石，摇振反应迅速，干强度低，韧性低，局部夹薄层粉土
5	第②$_{22}$层：粉质黏土（Q4-2l）	灰褐色~浅灰色，软塑~可塑，含少量姜石和蜗牛壳碎片，稍有光泽，干强度中等，韧性中等，局部夹淤泥质粉质黏土
6	第②$_{33}$层：黏质粉土（Q4-2l）	灰褐色，湿，中密，偶见蜗牛壳碎片，摇振反应迅速，干强度低，韧性低，局部夹粉质黏土
7	第②$_{33c}$层：粉砂（Q4-3al+pl）	灰黄色~灰色，饱和，中密~密实，矿物成分以石英、长石、云母为主，颗粒级配不良
8	第②$_{23}$层：粉质黏土（Q4-2l）	灰褐色、灰黑色~浅灰色，软塑~可塑，含少量铁锰质氧化物结核、蜗牛壳碎片，稍有光泽，干强度中等、韧性中等、土质不均，局部夹灰褐色粉土和淤泥质粉质黏土
9	第②$_{34}$层：黏质粉土（Q4-2l）	浅灰色~灰褐色，稍湿，密实，含钙质条纹和铁锰质斑点，摇振反应中等，干强度低，韧性低，黏粒含量高，局部夹薄层可塑~硬塑塑状粉质黏土
10	第②$_{42}$层：粉砂（Q4-3al+pl）	浅灰色，饱和，中密~密实，矿物成分以石英、长石、云母为主，颗粒级配不良。局部夹灰褐色密实状粉土
11	第②$_{51}$层：细砂（Q4-1al+pl）	灰黄色~灰色，饱和，密实，矿物成分以石英、长石、云母为主，颗粒级配不良。局部夹薄层粉土。该层下部局部夹少量卵砾石
12	3：上更新统冲洪积层 第③$_{21}$层：粉质黏土（Q3al）	浅灰色~黄褐色，可塑~硬塑，含铁锰质氧化物结核、钙质结核、（钙质结核粒径1~6cm），有光泽，干强度高，韧性高
13	第③$_{31}$层：黏质粉土（Q3al）	黄褐色~棕黄色，湿，密实，含铁锰质氧化物结核、钙质结核（钙质结核粒径1~6cm），局部钙质结核富集，摇振反应中等，干强度低，韧性低。局部夹薄层粉质黏土。该层在场地内普遍分布
14	第③$_{31}$D层：细砂（Q3al+pl）	黄褐色，饱满、密实，矿物成分以石英、长石、云母为主，颗粒级配不良
15	第③$_{22}$层：粉质黏土（Q3al）	黄褐色，硬塑，含铁锰质氧化物结核、钙质结核（钙质结核粒径1~4cm），局部钙质结核胶结成层，有光泽，干强度高，韧性高
16	第③$_{33}$层：黏质粉土（Q3al）	黄褐色~棕黄色，稍湿~湿，中密~密实。含铁锰质氧化物斑点、钙质结核（钙质结核粒径1~4cm），局部钙质结核富集，摇振反应中等，干强度中等，韧性低
17	第③$_{23}$层：粉质黏土（Q3al）	黄褐色~棕黄色，硬塑，有光泽，干强度高，韧性高，含铁锰质氧化物斑点、钙质结核（钙质结核粒径3~9cm），局部钙质结核胶结成层，局部夹薄层黏质粉土

（2）特殊岩土及不良地质。根据现场勘察和区域资料分析，沿线场地范围内对工程有不利影响的特殊岩土除填土层分布外，未发现特殊岩土分布，局部钙质胶结发育。沿线普遍分布有人工填土层，为杂填土①$_1$层，土质不均，工程性质差，一般厚度为1.7~3.5m。该层土固结程度差，结构松散，基坑开挖过程中易造成浅部坍塌、围护桩成桩时孔口坍塌，另外厚层状填土增大了支护结构的侧壁土压力，存在上层滞水的可能性大，局部可能存在水囊，对基坑整体稳定性有不利影响。

根据区域地质资料和勘察结果，盾构穿越地层主要有②$_{22}$粉质黏土，②$_{33}$黏质粉土，

②$_{42}$ 粉砂，②$_{51}$ 细砂。水位埋深 8.3～9.1m。洞门冻结加固区地层从上到下依次为②$_{42}$ 粉砂，②$_{51}$ 细砂。始发洞门距离地面约 17m，水位埋深 8.3m。区间纵断面图如图 3–1 所示。

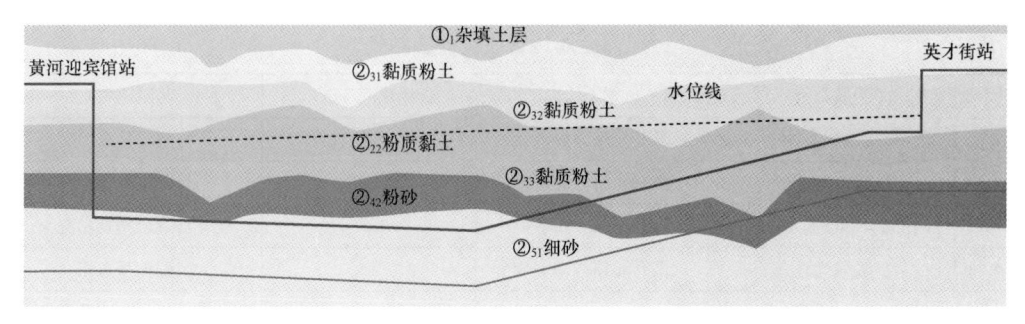

图 3–1　区间纵断面图

冻结区主要地层描述如下：

第②$_{42}$ 层：粉砂（Q4–3al+pl）：浅灰色，饱和，中密～密实，矿物成分以石英、长石、云母为主，颗粒级配不良。局部夹灰褐色密实状粉土。该层在场地内普遍分布。层厚 1.20～6.00m，平均层厚为 3.26m；层底深度 17.00～20.80m，平均埋深 18.16m；层底标高 69.03～73.10m，平均标高 71.61m。主要物理力学指标建议值：天然重度 λ = 20.0kN/m³，压缩模量 E_s=16.5MPa，属低压缩性土。实测标准贯入试验平均锤击数 N=27.7，渗透系数 7m/d。

第②$_{51}$ 层：细砂（Q4–1al+pl）：灰黄色～灰色，饱和，密实，矿物成分以石英、长石、云母为主，颗粒级配不良。局部夹薄层粉土。该层下部局部夹少量卵砾石。该层在场地内普遍分布。层厚 5.00～13.50m，平均层厚为 9.37m；层底深度 25.10～31.50m，平均埋深 27.53m；层底标高 58.39～64.92m，平均标高 62.25m。主要物理力学指标建议值：天然重度 γ= 20.0kN/m³，压缩模量 E_s=24.0MPa，属低压缩性土。实测标准贯入试验平均锤击数 N=42.7，渗透系数 15m/d。

2. 水文情况

郑州市轨道交通 7 号线一期地表水较发育，勘探深度内含水层分为两层，即上层的潜水和下层的承压水。潜水主要赋存于②$_{32}$ 层黏质粉土中，属弱透水层，主要受大气降水补给和地下水开采的影响；承压水主要赋存于②$_{42}$ 层粉砂和②$_{51}$ 层细砂中，属强透水层，具有微承压性，与上部潜水有一定水力联系，承压水补给来源主要是潜水越流补给，排泄主要为人工开采。

上层潜水稳定水位埋深为 8.3～9.1m，稳定水位标高为 80.4～81.5m；下层承压水水位测定采用变口径专用钻孔测量，稳定 24h 后量测的承压水静止水位在地面以下 11.0m 左右，绝对标高 78.5m 左右，承压水头约 1.0～8.0m。地下水（潜水）年变幅约 1～2m。近 3～5 年最高水位约 5.0m，历史最高水位标高约为 89.5m。

3. 周边环境及地下管线

黄河迎宾馆站南端头位于文化路与开元路交叉口。冷冻加固区上方管线分布有

47

DN700 钢材质污水管一根,埋深 3.38m;1800×1200mm 混凝土雨水箱涵一道,埋深 1.33m;DN1200 钢材质热力管两道,埋深 4.48m,加固区周边管线具体参数见表 3-2。

表 3-2　　　　　　　　　加固区周边管线具体参数

序号	管线类型	位置及走向	管线埋深（m）	与隧道关系
1	DN1200 热力管	沿开元路方向敷设	4.48	与隧道垂直相交
2	DN700 污水管	沿开元路方向敷设	3.38	与隧道垂直相交
3	1800×1200 雨水箱涵	沿开元路方向敷设	1.33	与隧道垂直相交
4	通信光缆	沿开元路方向敷设	2.5	与隧道垂直相交
5	DN325 天然气	沿文化路东侧敷设	0.88	在本区间与隧道平行
6	DN1100 雨水管	沿文化路敷设	1.44	在本区间与隧道平行
7	DN600 给水管	沿文化路敷设	1.9	在本区间与隧道平行
8	DN600 污水管	沿文化路敷设	3.15	部分位于区间隧道上方
9	1800×1000 雨水箱涵	沿文化路东侧敷设	1.62	在本区间与隧道平行

3.2　始发井结构

黄河迎宾馆站为 2 号线与 7 号线换乘车站,始发洞门位于 2 号线黄河迎宾馆站负三层换乘节点内,2 号线黄河迎宾馆站为两层三跨,局部三层结构,围护结构为 1000mm 厚地连墙,7 号线线路与 2 号线线路斜交,夹角为 80°,洞门环与地连墙之间的空隙使用与侧墙同标号的混凝土回填,如图 3-2～图 3-4 所示。

图 3-2　始发洞门实拍图

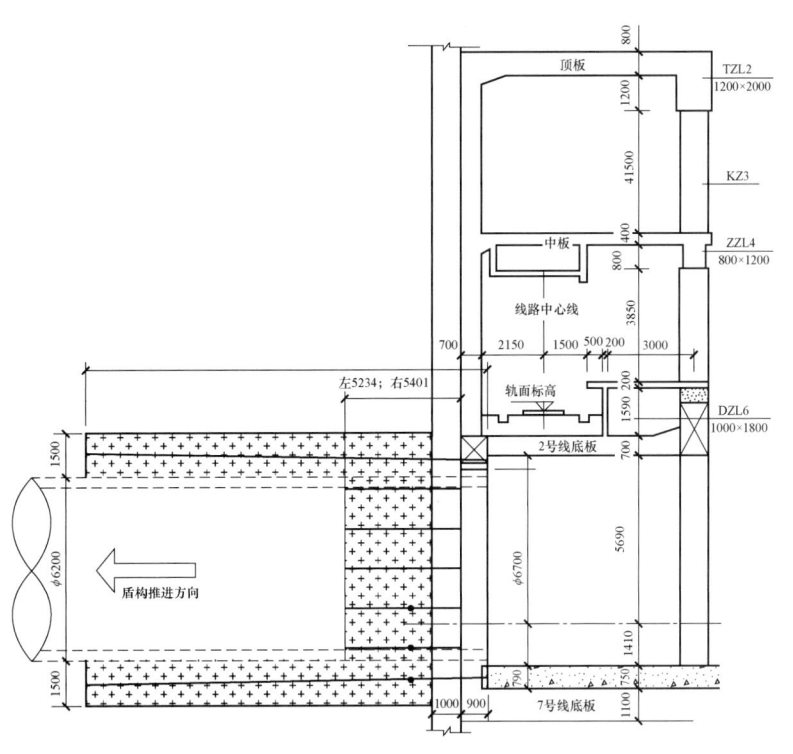

图 3-3 始发洞门结构纵断面图（单位：mm）

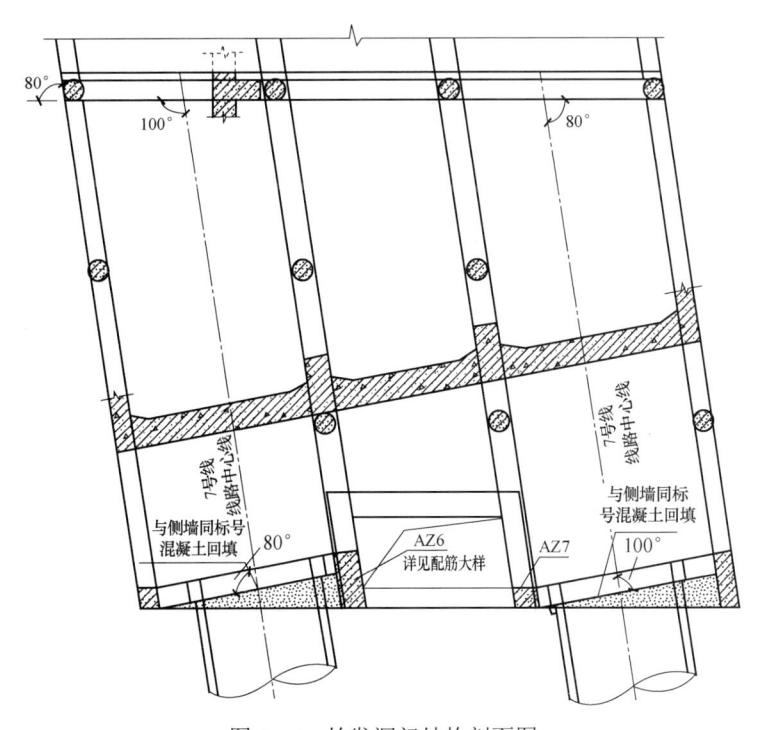

图 3-4 始发洞门结构剖面图

始发井预留 9.0m×7.5m 的盾构机吊装孔，盾构施工时用于出土、下料；右线底板始发井净空 40.1m×8.70m，左线底板始发井净空 37m×8.70m，始发井底板比标准段底板低 1.6m。黄河迎宾馆站南端盾构始发位于直线段，线路纵坡坡度为 2‰。

3.3 施工平面布置

黄河迎宾馆站—英才街站区间始发井口在黄河迎宾馆站南端，车站顶板上方及两侧主要布置 45T 龙门吊、渣坑、充电池、管片存放场、油脂与杂料堆放场、库房、监控室及施工便道；中板上布置冷却水塔、循环水池、循环水泵、通风机、砂浆存储罐；井口底板上布置沉淀水池、道岔。

龙门吊配备：场地配备 2 台 45 龙门吊，主钩 45t，副钩 10t。分别用于左、右线管片装卸、下井、施工辅料吊装、出渣等工作。

渣土坑布置：渣土坑位于场地 6 段~13 段的顶板上；渣坑计划存储方量约 2300m³，可一次存放约 37 环的渣土量（盾构掘进 1 环土方约 49m³，改良后按 1.3 的系数为 63.7m³）。渣坑上布设两道钢便桥为挖机平台。

砂浆系统布置：由于场地限制及项目部整体规划，场地内不设置砂浆拌和站，均使用商品砂浆，在中板放置 20m³ 的砂浆罐临时储备商品砂浆。

管片存放场地：左右线管片存放场位于 13 段~17 段顶板回填硬化；管片场存储量 33 环。

油脂、材料堆放：在 45t 龙门吊提升范围内存储盾构掘进常用材料和钢轨、管材、走道板、栏杆、钢材、盾尾油脂、泡沫剂、润滑油等材料。

电瓶车充电池：充电池布置在盾构吊装井北侧的顶板硬化地面上，一台盾构机配 2 台电瓶车编组，每个电瓶车配 3 组备用电池。充电池如图 3-5 所示。

图 3-5 充电池实拍图

3.4 盾构机及管片设计

3.4.1 隧道管片设计

本区间盾构隧道的断面形式为圆形断面,其结构形式为单层衬砌预制装配式混凝土管片,如图 3-6 所示。管片衬砌内径为 5500mm,外径为 6200mm,混凝土管片强度为 C50,抗渗等级为 P12,管片厚度为 350mm,管片衬砌宽度为 1500mm,管片为通用楔形环,最大楔形量为 40mm;管片衬砌环采用错缝拼接,每环管片由 3 个标准块、2 个邻接块和 1 个封顶块组成;管片之间的环向接缝和纵向接缝均采用弯螺栓连接。

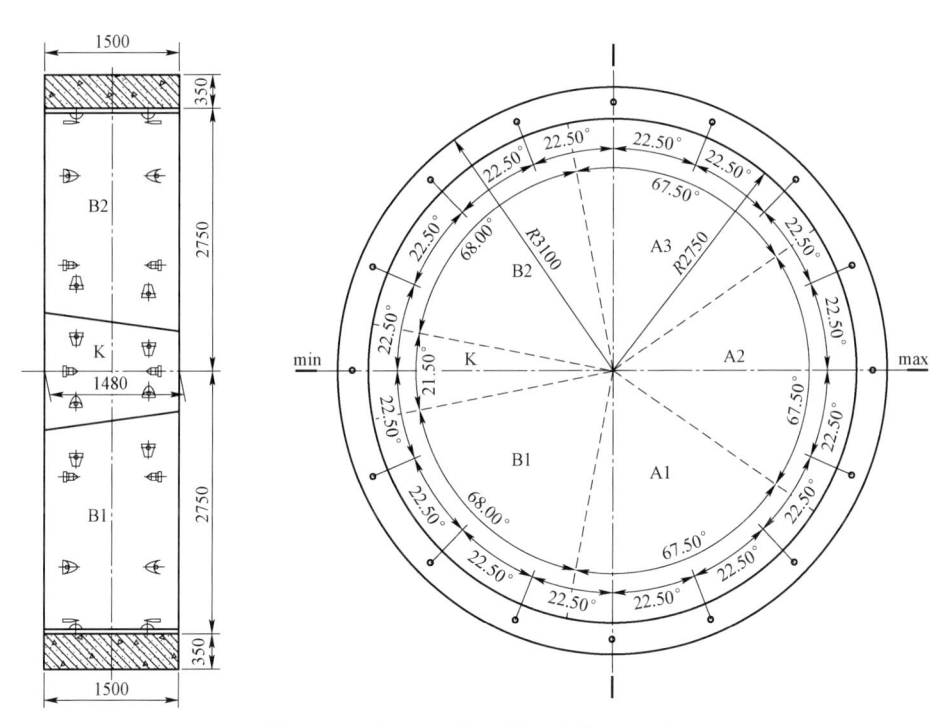

图 3-6 衬砌圆环构造图(单位:mm)

3.4.2 盾构机概况

根据本区间总体施工筹划安排 2 台盾构机进行区间施工,1 号盾构机负责黄河迎宾馆站—英才街站区间右线施工,2 号盾构机负责黄河迎宾馆站—英才街站区间左线施工,性能参数见表 3-3 和表 3-4。

表 3-3　　　　　中铁装备 CTE6440 219 号盾构机主要性能参数表

序号	名称	性能/参数
1	最小转弯曲线半径	250m
2	最大坡度	5%
3	整机总长	约 82m
4	总重（主机＋后配套）	约 450t
5	开挖直径	ϕ6460mm
6	前盾外径	ϕ6440mm
7	中盾外径	ϕ6430mm
8	盾尾外径	ϕ6420mm
9	最大掘进速度	80mm/min
10	最大推力	4255T
11	刀盘开口率	60%
12	装机功率	1696kW
13	拖车数量	6 节

表 3-4　　　　　中铁装备 CTE6410 368 号盾构机主要性能参数表

序号	名称	性能/参数
1	最小转弯曲线半径	250m
2	最大坡度	5%
3	整机总长	约 80m
4	总重（主机＋后配套）	约 500T
5	开挖直径	ϕ6430mm
6	前盾外径	ϕ6410mm
7	中盾外径	ϕ6400mm
8	盾尾外径	ϕ6400mm
9	最大掘进速度	80mm/min
10	最大推力	4258T
11	刀盘开口率	45%
12	装机功率	1452.45kW
13	拖车数量	6 节

第4章　盾构水平冻结法进洞的设计与施工

4.1　冻结设计一般规定

4.1.1　冻结设计应具备的资料

1. 勘察资料

（1）周边地面及地下的建（构）筑物结构、设备、管线特征及其与拟建工程的位置关系，建（构）筑物、设备和管线等的特殊保护要求；

（2）勘察孔坐标位置、孔口高程和深度、勘察孔主要施工工艺及主要施工过程、勘察孔全深范围内的土层分布图、土层名称、层顶标高、层厚、取样点位置、土体性状、包含物及物理特征；

（3）含水层埋深、厚度、渗透系数、地下水水位、地下水氯离子含量及其变化幅度，以及含水层与地表水体的水力联系。当工程附近含水层地下水活动频繁、地下水流速度有可能超过 2m/d 时，应提供该含水层的地下水流向，流速等资料；

（4）土层的密度（容重）、含水率、含盐量、塑性指标、颗粒组成、内摩擦角和黏结力、膨胀量和承载力等常规物理力学特性指标。

2. 冻土实验资料

人工冻结法在具体实施时，要在当地选取土样进行冻结实验，因此，应具备下列资料：

（1）原始地温、冻结温度、导热系数、比热、冻胀率和融沉率等土层的热物理特性指标；

（2）弹性模量、泊松比、抗压强度、剪切强度、抗折强度、蠕变参数等冻土的物理力学特性指标。

3. 结构资料

（1）联络通道结构施工图或拟建地下冻结工程结构施工图；

（2）车站端头井处围护与主体结构施工图；

（3）盾构始发接收处地基加固图；

（4）其他与联络通道或拟建地下冻结工程、始发接收冻结加固设计、施工有关的资料。

4.1.2　一般规定

（1）地层冻结加固设计应以保证土方开挖和结构施工的安全，并使周围环境、地下管网和建（构）筑物不受损害为原则。

（2）冻结壁应作为临时结构，开挖暴露后应及时设立初期支护结构或保温层封闭冻结壁，隔绝暴露冻土与空气的接触，形成复合承载体系或封水体系。

（3）采用人工冻结法施工的联络通道，其二次衬砌结构应按承受全部外荷载进行设计。

（4）当冻结壁表面直接与大气接触，或通过导热物体与大气产生热交换时，应在冻结壁或导热物体表面采取保温措施。

（5）在冻结壁形成期间，冻结壁附近200m范围内的透水砂层中不应采取降水措施。必须降水施工时，冻结设计应考虑降水产生的不利影响。

（6）地层冻结加固设计应包括：冻结壁结构形式与选择；冻结壁的承载力和变形验算（Ⅰ类冻结壁除外）；冻结孔、泄压孔、测温孔布置与设计；冻结壁形成预计；冻结制冷系统；对冻结壁的检测、监测与保护要求；对周围环境和建（构）筑物产生的影响分析及监测与保护要求。

（7）冻结壁的荷载确定。土压力和水压力对砂性土宜按水土分算的原则计算、对黏性土宜按水土合算的原则计算，也可按经验公式计算。

垂直土压力按计算点以上覆土重量及地面建（构）筑物荷载、地面超载计算；侧向土压力按主动土压力计算，可采用朗肯土压力理论计算；基底土体反力按主动土压力计算，也可按静力平衡计算；

侧向土压力经验公式如下：

$$P_s = KP_t \qquad (4-1)$$

式中　P_s——侧向土压力，kPa；

　　　P_t——计算点的垂直土压力，kPa；

　　　K——测压系数。（可按照DB29-202-2010《天津市建筑基坑工程技术规范》中规定取值）

4.2 水平杯形冻结设计与施工

4.2.1 水平杯形冻结设计

水平杯形冻结设计内容包括冻结壁平均温度、冻结壁厚度、冻结管孔位置分布、测温孔布置、冻结参数设计等内容。

1. 冻结壁平均温度

冻结壁的平均温度是计算冻结壁厚度的基本参数之一。在实际工程中常以冻结壁平均温度为-10℃时作为强度控制指标，故在进行水平冻结设计时需要确定相应土层冻土强度指标。因此，需综合考虑冻结壁承载力大小、冻结壁变形对周围环境的影响的大小、施工难度、经济合理与否来确定冻结壁温度。

冻结壁的平均温度取决于冻结壁厚度、冻结管直径、冻结孔间距、盐水温度。冻结壁平均温度随冻结壁厚度的增大而降低；随盐水温度的降低而降低；随冻结孔间距的增大而增大；随冻结管直径的增大而降低，但冻结管直径对冻结壁平均温度的影响较小。

2. 冻结壁厚度

冻结壁的厚度应按其功能进行设计，对于仅作止水功能的冻结壁按止水要求进行设计；对承载力有要求的冻结壁应按照其承载力要求进行设计。杯型冻结壁杯底厚可按力学计算方法进行计算，一般情况下杯身厚度取 1.2～1.6m，杯底厚度取 1.8～2.5m。

杯型冻结壁的杯身长度应可以完全包裹盾构机以确保盾构始发与接收的安全，设计盾构始发冻结壁时应按受压结构设计，其长度一般取 9～10m，而接收冻结壁杯身长度取 6～7m。

3. 冻结孔布置设计

冻结孔布置设计主要包括冻结孔布置圈径、冻结孔开孔与成孔控制间距、冻结孔深度、冻结孔偏斜精度等。

冻结孔布置圈径是确定冻结孔数、积极冻结期的重要因素，其大小取决于掘进直径、冻结壁内外侧厚度比值、冻结深度与冻结孔偏斜率，可按式 4-2 进行计算。

$$D = D_1 + 2m_1 E + 2\theta H_f \tag{4-2}$$

式中　D_1——盾构隧道直径，m；

　　　m_1——冻结壁内侧厚度占设计厚度的比值，可取 0.55～0.6；

　　　E——冻结壁计算厚度，m；

　　　θ——冻结孔允许偏移率，%；

　　　H_f——冻结厚度。

冻结孔成孔控制间距应综合考虑冻结壁厚度、盐水温度、冻结壁平均温度、冻结工期等因素来设计，且间距不应大于冻结壁设计厚度。最内圈为一个孔，内部冻结孔成孔间距为边孔的 1.3～1.4 倍，且孔圈距应保持一致，冻结孔数由布置外圈径确定；开孔间距应小于成孔控制间距与冻结孔最大偏斜之差。

4. 测温孔设计

测温孔的布置应选在冻结孔间距较大的冻结壁界面上或冻结薄弱处，满足判断冻结壁的质量要求。每圈冻结孔最大间距界面处共应布置不少于 7 个测温孔，不少于 4 个测温孔深度与杯身长度相近，不少于 3 个测温孔深度与杯底冻结孔长度相近，在与盾构壳体同一圈径处应布置至少 2 个与圆桶壁长度相近的测温孔。在埋设测温孔后对其进行测斜，每孔每米设置一个测点，冻结壁与槽壁交界内外 5cm 处各设置一个测点。

5. 冻结参数设计

（1）低温盐水温度。一般情况下，在实际工程中当槽壁破除前冻结壁平均温度 ≤-10℃时可以满足工程加固的需要，积极冻结期间盐水温度为-32～-28℃。当温度下降较快时，冻结管会断裂，故在积极冻结期间盐水温度应逐步下降，施工一般要求在积极冻结 7d 时温度应降到-18℃以下，在 15d 时温度应降到-24℃以下。当冻结壁的厚度与强度要求满足设计要求后进行维护冻结,保证盾构推进期间确保冻结壁厚度与强度保持不变,且去、回盐水温差不超过2℃。冻结壁与围护结构交界处温度不高于-5℃。

(2)冻结时间。冻结时间是指冻结壁形成期不少于预计冻结壁厚度和平均温度达到设计要求的时间。冻结壁扩散厚度计算公式为:

$$E_{yj} = v_{pj} t \tag{4-3}$$

式中　E_{yj} ——预计冻结壁厚度,m;
　　　v_{pj} ——冻结壁平均扩展速度,m/d;
　　　t ——冻结时间,d。

冻结壁交圈时间计算公式为:

$$t_{jq} = \frac{S_{\max}}{v_{pj}} \tag{4-4}$$

式中　t_{jq} ——预计冻结壁交圈时间,d;
　　　$S_{\max}$ ——冻结孔成孔控制间距。

冻结时间经验公式为:

$$\tau = \frac{\eta E_d}{v_{pj}} \tag{4-5}$$

式中　τ ——冻结时间,d;
　　　η ——冻结壁向冻结管布置圈径中心的扩散系数;
　　　E_d ——冻结壁设计厚度,m。

4.2.2　水平杯形冻结施工

1. 工艺流程

水平地层冻结加固和盾构进、出洞的主要施工工艺流程如图4-1所示。

2. 冻结孔、测温孔施工

冻结孔施工采用钻进法,采用二次开孔方法,为避免钻孔涌水喷砂现象,安装孔口密封装置。孔口管及孔口装置示意图如图4-2所示。

(1)冻结孔要求。

1)冻结孔开孔误差不大于100mm,最大允许偏差不超过150mm,所有钻孔均应进行终孔测斜,外圈孔不进入盾构开挖平面。

2)冻结孔深度不小于设计值,且不比设计值大50mm,不能循环盐水的管头长度不大于150mm。

图4-1　水平杯形冻结施工工艺流程

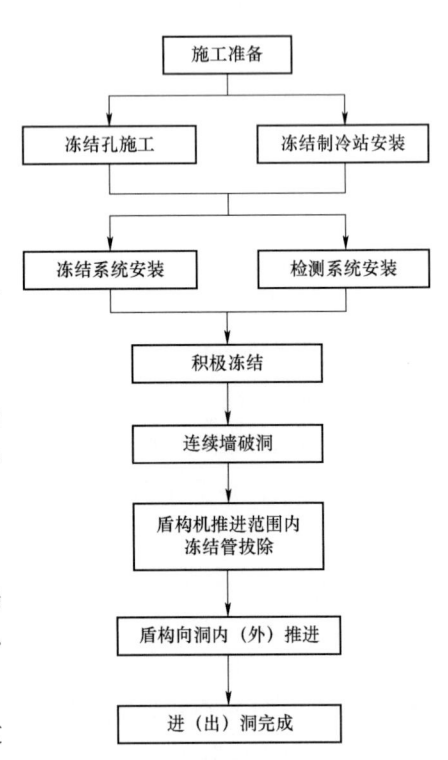

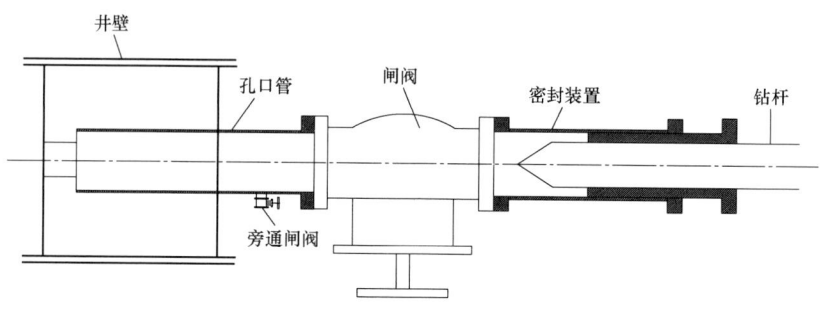

图 4-2 孔口管及孔口装置示意图

3) 冻结管采用低碳钢无缝钢管，耐压不低于 0.8MPa，清水试压是冻结盐水压力的 1.5～2.0 倍，且 15min 压力不变。

4) 施工冻结孔时水土流失量不大于冻结孔体积，否则应及时进行注浆阻止地层沉降。

（2）测温孔要求。

1) 测温孔管采用低碳钢无缝钢管，钻孔预埋并进行测斜。

2) 应测量冻结前的原始地温。

3) 温度测量精度应达到 ±0.5℃，测温元件与仪器应经过标定。

4) 在测温管内测温元件与电缆安装完成后，对测温管前端进行密封焊接，确保管内无渗水且测温元件与电缆未移动或损坏。

5) 温度检测应有记录，对温度监测结果进行定期分析冻结壁形成情况，评估冻结壁的安全性。

3. 水平冻结施工的技术要点

（1）冻结孔施工技术要求。

1) 冻结孔在开孔前应反复进行测量定位，开孔过程中进行多次测斜纠偏，埋设冻结管后应进行清水测压，设置孔口防喷装置，减少地层的水土流失。

2) 在联络通道钻孔施工前，需要对左右两通道的中线与腰线进行测量校核，确定在同一平面后再进行施工，以确保联络通道在施工过程中不出现偏差。

3) 测温孔的成孔方法与冻结孔的成孔方法一般相同，测温孔形成后应及时安装测温线，并及时安装孔口密封装置，以减少测温孔内空气与外界形成热交换。

4) 为减少地层的水土流失，采用密封圈和盘根双重密封装置；对孔口进行封堵注浆及地层充填注浆，防止地表沉降。

5) 针对不同地质条件下选用相应的钻头，钻头直径一般大于冻结管直径，及时对冻结管与孔壁之间的缝隙进行孔口封堵。

（2）积极冻结施工技术要求。

1) 冻结前对冻结管路进行串联，调节串联孔的长度，使每个冻结回路长度保持一致，保证各支路的供冷要求，从而保证冻结帷幕发展速度均衡。

2）在冻结帷幕形成交圈后 20~25d 时，应及时释放冻结土体的压力，防止隧道管片因压力过大而破坏。

3）冻结帷幕交圈（即 20d）前，在联络通道两端安装预应力支架，以防止隧道管片产生破坏。

（3）维护冻结施工技术要求。

1）维护冻结是在积极冻结完成后，保证设计加固效果至主体结构施工完成，维护冻结期间盐水温度为不高于 -28℃，并加强冻结管来去回路的保护。

2）在维护冻结期间做好应急准备措施，施工现场应安装备用的冻结系统与备用发电机，防止机械故障与断电情况下中断冻结。

（4）融沉注浆施工技术要求。

1）主体结构施工完成后停止冻结，土体开始自然解冻，在解冻过程中会产生地面沉降现象，为减少地面沉降造成的影响，应对联络通道预留的注浆孔进行补偿注浆。

2）浆液为单液浆液，注浆原则为少量多次，注入量依照地表沉降量和温度场监测结果进行适当调整；注浆压力可取 0.3~0.5MPa，且不高于联络通道及隧道结构设计允许值。

（5）盾构进出洞技术要求。

1）在确认冻结壁厚度、平均温度达到设计要求后便可以进行盾构进出洞。

2）盾构机进洞在距离冻结壁 1.0m 处停止推进，冻结壁与连续墙完全胶结，交界处测点平均温度小于 -5℃时方可进行槽壁破除。

3）基坑维护结构部分凿除，预留的连续墙厚度不小于 0.3m，确认冻结壁发展良好，连续墙后无未冻土后将剩余连续墙凿除。

4）拔出盾构机工作范围内的冻结管，盾构机向基坑连续墙方向进行推进，从冻结管拔除到盾构机进洞，总时间应控制在 3d 以内。

5）盾构出洞时，盾构机尽量靠近洞口，且应为拔管留够足够的空间（不小于 2m）。

（6）盾构接收技术要点。

1）在盾构推进至槽壁之前，开始接收洞口冻结孔的施工与积极冻结。通过测温孔测温确定冻结壁厚度、平均温度、胶结点处测点温度等达到设计要求后，进行连续墙部分的凿除，且预留的连续墙厚度不小于 0.3m，并保留外排钢筋。

2）通过管片预留的注浆孔进行跟踪注浆以减少融沉。

3）冻结施工前，应采用水平注浆来增加土体的自稳能力，同时减少土体冻胀与融沉。

4.3 盾构始发重难点

盾构始发是指盾构从组装调试，到盾构完全进入区间隧道并完成试进为止的施工过程。始发施工工艺流程如图 4-3 所示。

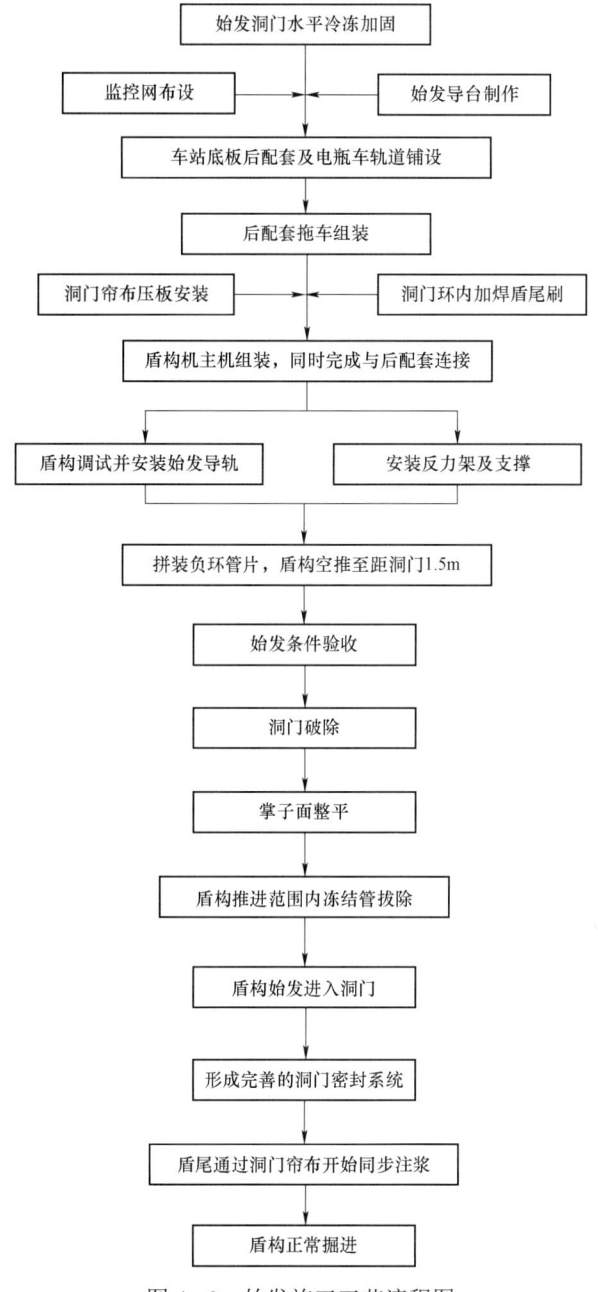

图 4-3 始发施工工艺流程图

1. 盾构始发掘进准备工作

为保证盾构机顺利始发,需进行一系列的准备工作,主要包括:端头加固,洞门凿除及环板安装,地面相关配套设施安装调试,盾构机托架及反力架安装,轨道铺设,盾构机下井、组装调试等。

(1)端头加固。在盾构始发前,端头加固土体须具有良好的稳定性和防水性,以确保盾构机始发时端头土体不坍塌、不渗漏,通常要对洞口地层的稳定情况进行综合评价,并

59

采取针对性的处理措施。端头加固方法主要有深层搅拌桩、旋喷桩、素混凝土连续墙、人工冻结法、注浆法、新型水泥土搅拌桩墙（soil mixing wall，SMW）工法等。加固方法的确定主要根据具体地层情况来确定，并严格控制整个施工过程。

（2）洞门凿除。在洞门破除前，需要在洞门范围内打梅花型孔，深度在 1.5~2.0m 左右，间距约为 1m，通过观察有无渗水、漏砂来辨别洞门施工安全。若无明显渗漏水，则洞门凿除分区、分块自上而下人工凿除。

（3）地面相关配套系统。系统主要包括渣土、管片等运输系统、搅拌站注浆系统、电瓶车充电系统、隧道通风系统、通信系统等。

（4）托架安装。盾构需以一定的坡度始发，但考虑到盾构在始发掘进过程中，由于盾构机自身重心靠前，始发掘进时容易产生向下的"磕头"现象，托架标高需高于设计标高 20~30mm。盾构机托架安装时应根据盾构机计划姿态进行设置，垂直于洞门方向进行摆放，托架由型钢加工而成，现场拼装。

（5）反力架安装。盾构反力架由钢环、后盾框及钢支撑组成，盾构向前掘进时的反向力通过反力架传递至主体结构的底板和顶板上，盾构反力架应垂直于托架，即垂直于盾构机姿态摆放。

（6）轨道铺设。在始发阶段盾构机台车未进入隧道之前，先铺设临时轨道，供电瓶车和台车使用。

（7）盾构机下井、组装与调试。

1）盾构机下井。

盾构机由主体和后配套系统组成，主体由刀盘、前体、中体、盾尾 4 件组成；后置配套设备有连接桥、管片拼装机、螺旋机、拖车组成。其主体设备部分大而重，需采用 250t 履带式起重机作为盾构机主体的主力吊机进行吊装，入井作业顺序是先将拖车、连接桥等后配套设备吊装入井，再将中体、前体、盾尾（拼装机、螺旋机）、刀盘依次吊装入井。

2）盾构机调试。

盾构机调试分为空载调试和负载调试。空载调试：盾构机拼装和连接完毕后，即可进行空载调试，空载调试主要是检查设备是否正常运转。主要调试内容为：液压系统、润滑系统、冷却系统、配电系统、变速系统、管片拼装机以及各种仪表。负载调试：通常试掘进时间即为对设备负载调试，负载调试时将采取严格的技术和管理措施保证工程安全、工程质量和线型精度。

2. 盾构始发掘进施工关键技术

（1）始发阶段掘进参数的选择。盾构始发技术中，掘进参数的确定最为关键。在初始掘进段内，由于反力架的刚度和强度的要求以及考虑洞门密封所能承受的最大水压，总推力不宜过大，因此对盾构的推进速度、土仓压力、注浆压力均应作相应的降低。

（2）盾构掘进姿态控制。由于刀盘切削开挖面土体产生的扭矩大于盾构壳体与隧道洞壁之间的摩擦力矩，盾构会产生滚动偏差；受土层界面起伏大、强度不均等原因，盾构也会产生方向偏差；过大的滚动旋转和方向偏差会影响管片的拼装，也会引起隧道轴线的偏斜。因此，需要对盾构的姿态进行实时监测。

（3）盾构平移施工技术。在盾构掘进施工完某区间隧道后到达接收井，通常需要将盾构平移吊出，转场进行下一个区间的掘进。

（4）盾构法隧道施工中的端头土体加固。盾构法隧道施工中，端头土体加固是盾构机始发、到达技术的一个重要组成部分，端头土体加固成功与否直接关系到盾构机能否安全始发、到达。盾构进出洞端头地层处理不当，盾构机在进出洞时工作面可能会产生突然涌水、涌砂，不能及时形成压力平衡，容易导致地面大幅度沉陷、盾构机被掩埋、工作井周边构筑物损坏等事故。

端头土体加固与一般地基加固的不同之处是不仅要有强度要求，还要有抗渗透性要求。在此基础上，还要考虑经济的要求，这主要由加固长度、宽度、加固方法的选择决定的。

（5）盾构进出洞的安全。盾构进出洞的安全是盾构法隧道施工一个非常重要的环节，目前，国内盾构法隧道多起事故均发生在盾构进出洞上，主要表现在盾构进出洞端头地层的加固效果不良、盾构进出洞时洞口涌水、盾构姿态的控制困难、良好的泥水平衡没有尽快建立、洞口密封破坏等方面。洞门密封效果不佳，将导致大量泥水外溢及涌砂等后果，因此，洞门密封也是工程的关键点之一。

（6）盾构机偏离设计轴线，姿态不良的风险。与小直径盾构相比，大直径盾构在推进过程中如果偏离设计轴线或姿态不良，造成的后果会更为严重。因为小直径盾构由铰接千斤顶连接，而大直径盾构的盾尾和盾体是刚性连接，盾构机一旦偏离设计轴线，其纠偏过程将十分缓慢，若急于纠偏则易于造成盾构姿态不良，盾体与管片在轴线上形成夹角，导致盾尾间隙不均匀，严重时会导致管片被盾尾挤破，甚至下一环管片无法拼装。若产生这种情况，则需要长时间停机进行特殊处理。

3. 盾构始发掘进控制措施

盾构始发技术是盾构法施工的首要环节，也是盾构施工重难点之一，涉及端头加固质量、盾构机组装调试、反力架刚度及稳定性、盾构机姿态、试掘进施工及地质条件的认识等难点、重点。因此，在掘进施工中从以下几个方面重点控制。

（1）建立盾构始发监理控制程序，采取两方盾构始发的复核机制，重点控制反力架安装定位精度控制、洞门定位精度复核、反力架受力分析和工作性能核算；并通过分析地质情况、盾构机性能和作业人员水平，制定盾构始发方案并加强技术交底的管理，保证盾构施工质量得到有效控制。

（2）要对盾构托架安装进行验收，不能有过大的变形与位移；钢轨中心线应相交于盾构机中心，同时钢轨应按隧道坡度铺设，且预留盾构进入土体的沉降量。

（3）反力架安装宜采用门式反力架，尺寸不宜过大，并应对安装质量进行确认。

（4）盾构机的组装及调试应考虑破洞门及安洞门密封圈的空间。组装完毕应进行验收。

（5）由于破除洞门有一定危险性，所以要事先对端头加固质量进行确认，破除洞门不应采用爆破施工。

(6) 对土体加固质量进行验收，应包括：加固土体的连续性、均匀性、加固体强度及渗透系数必须符合设计要求；应进行探水检测，要求探孔深度2.5m，呈米字型布置9孔，探水打孔72h后进行验收，无涌水、涌砂现象方能满足盾构始发要求。

(7) 检查负环管片的安装质量，并保证负环管片的圆度与稳定性，管片底部与托架钢轨的空隙要填实。

(8) 初始段掘进长度宜定为100m。利用螺旋机向土仓加注黏性土，来平衡前方土压，并根据土体压力计算值和地表监测情况及时设定掘进土压力；采用低速、小推力、小扭矩的方式掘进；及时进行管片壁后注浆，注浆材料、配合比注浆量及注浆应符合要求。

4．盾构始发掘进注意事项

(1) 始发前检查地层加固的质量，确保加固土体强度和渗透性等符合要求。

(2) 始发基座导轨必须顺直，严格控制其标高及中心轴线。

(3) 盾构组装质量和安全是控制的重点，特别是构件间的连接、焊接和各密封系统要专人控制。

(4) 洞门密封的安装要保证质量。始发前在刀头和密封装置上涂抹油脂，避免刀盘上刀头损坏洞门密封装置；在盾壳、管片通过洞门密封的阶段要加强管理，确保其密封效果。

(5) 在拼装第一环负环管片时，由于上半部的管片没有约束，为防止两邻接块失稳，可在管片拼装机归位之前，在反力架上焊接两个"L"型构件以稳定管片，管片拖出盾尾后要及时约束，避免大的变形。

(6) 负环钢管片与反力架间要保证受力均匀，反力支撑要牢固可靠。

(7) 洞门凿除要快速，避免掌子面长时间暴露。

(8) 盾构组装完毕之后，始发台的端部与洞口围岩还有一定的距离。为保证盾构机在始发时不至于因刀盘悬空而造成盾构机"叩头"，在始发洞口内安设一段型钢作为始发导轨。在导轨末端与洞口围岩之间，应留出刀盘的位置，以保证始发时，刀盘可以旋转；在盾壳上焊接防扭装置，防止盾构机旋转，并在进入洞门密封前将其割掉。

(9) 加强盾构机姿态的测量，如发现盾构有较大转角，可以采用刀盘正反转的措施进行调整，推进速度要放慢。严格控制盾构机操作，调节好盾构推进千斤顶的压力差，防止盾构发生旋转、上飘或叩头。

(10) 始发试掘进过程中要加强监测，及时分析、反馈监测数据，动态地调整盾构掘进参数，并为后续正常快速施工提供依据。

5．盾构掘进施工难点及对策

(1) 施工难点。端头加固效果不好时容易出现渗水、坍塌；盾构机头离开始发托架时易发生下沉；洞门密封不好、漏浆，隧道口几环管片容易出现错台和破损；盾构破洞以后由于盾构机不能提供足够反力，管片接缝易产生漏水。

(2) 解决方法。在端头加固方面，冷冻法当然是一种比较好的办法，但成本过高。可以采用素混凝土钻孔桩挡土，桩间和桩后高压旋喷桩止水。特别要注意的是素混凝土钻孔桩和始发井原围护结构之间的土需进行压密注浆固结。如果这部分土没有处理好，可能使始发工作无法进行，更严重情况会使端头加固前功尽弃，造成重大事故。

在洞门底部将砂包垫至盾构底部高度，同时盾构应抬高3～4cm始发，预留下沉量。

为避免漏浆，始发时应在盾尾快接近洞门时多压注盾尾密封油脂，一方面可以填补管片外表面凹凸不平，另一方面使管片和橡胶环板间接触更紧密。同时注意始发姿态，保证盾构外周与洞门间隙均匀非常重要。

破洞盾构到达接收井时，应在密封环板内环向安设海绵条防水，同时应采用双液注浆。为了能使弹性密封橡胶压紧，应在盾构前端安设挡块，为盾构千斤顶增加反力。

适当降低盾构的推进速度和推力，严格控制刀具的切入量；提高注浆量，正确选用和安装管片，加强盾尾密封油脂注入，可以有效防止管片破损和错台；以控制出土量为原则控制地层的沉降。

4.4 黄河迎宾馆站始发端头冻结加固方案

4.4.1 端头土体加固设计

由于黄河迎宾馆站始发洞门上方无水泥系加固的条件，故采用水平冻结法地基加固施工方案，即利用水平冻结孔冻结加固地层，使盾构机洞口范围内土体冻结成强度高、不透水的板块，为破洞门提供条件。经过积极冻结后，通过测温孔观测计算，确定冻结满足洞门凿除条件后，开始破除洞口地连墙，拔出冻结管，盾构始发。

黄河迎宾馆站始发洞门冻结加固，设计采用"杯形"冻结壁进行土体加固，杯壁厚度≥1.5m，杯底厚3.0～3.562m，杯长12m。冻结壁设计平均温度为不高于$-10℃$；经加固土体无侧向抗压强度3.6MPa，抗拉强度不小于2MPa，抗弯强度不小于1.8MPa，抗剪强度不小于1.5MPa（$-10℃$）。

1. 冻结孔的布置

黄河迎宾馆站盾构始发洞门水平冻结孔为三层环形布置，中心孔位于冻结帷幕中心，中心圈层间距为1.35m，最外圈层距1.2m。中心孔为N8，内层N1～N7，中层Z1～Z15，外层W1～W34，在需凿除冻土位置补B1冻结孔，共计58个。黄河迎宾馆站—英才街站区间左线及右线始发洞门冻结孔参数见表4-1和表4-2。

表4-1　　黄河迎宾馆站—英才街站区间左线始发洞门冻结孔参数

编号	数量	单孔长度（m）	水平偏角（°）	垂直偏角（°）	规格	地层条件
N8	1	5.234	0	0	$\phi 89 \times 8$	②$_{51}$细砂
N1～N7	7	5.234	0	0	$\phi 89 \times 8$	②$_{51}$细砂
Z1～Z15	15	5.234	0	0	$\phi 89 \times 8$	②$_{51}$细砂
W2～W6	5	15.134	0	0	$\phi 89 \times 8$	②$_{51}$细砂
W10～W15	6	15.134	0	0	$\phi 89 \times 8$	②$_{51}$细砂

续表

编号	数量	单孔长度（m）	水平偏角（°）	垂直偏角（°）	规格	地层条件
W20～W33	14	15.134	0	0	$\phi 89 \times 8$	②$_{51}$细砂
W8	1	15.134	0.7	0	$\phi 89 \times 8$	②$_{51}$细砂
W7、W9	2	15.134	0.5	0	$\phi 89 \times 8$	②$_{51}$细砂
W17、W18	2	15.134	0	−0.7	$\phi 89 \times 8$	②$_{51}$细砂
W16、W19	2	15.134	0	−0.5	$\phi 89 \times 8$	②$_{51}$细砂
W1、W34	2	15.134	0	0.6	$\phi 89 \times 8$	②$_{42}$粉砂、②$_{51}$细砂
B1	1	3.500	0	0	$\phi 89 \times 8$	②$_{51}$细砂
合计	58	638.438				

表 4-2　黄河迎宾馆站—英才街站区间右线始发洞门冻结孔参数

编号	数量	单孔长度（m）	水平偏角（°）	垂直偏角（°）	规格	地层条件
N8	1	5.401	0	0	$\phi 89 \times 8$	②$_{51}$细砂
N1～N7	7	5.401	0	0	$\phi 89 \times 8$	②$_{51}$细砂
Z1～Z15	15	5.401	0	0	$\phi 89 \times 8$	②$_{51}$细砂
W2～W6	5	15.301	0	0	$\phi 89 \times 8$	②$_{51}$细砂
W10～W15	6	15.301	0	0	$\phi 89 \times 8$	②$_{51}$细砂
W20～W33	14	15.301	0	0	$\phi 89 \times 8$	②$_{51}$细砂
W8	1	15.301	0.7	0	$\phi 89 \times 8$	②$_{51}$细砂
W7、W9	2	15.301	0.5	0	$\phi 89 \times 8$	②$_{51}$细砂
W17、W18	2	15.301	0	−0.7	$\phi 89 \times 8$	②$_{51}$细砂
W16、W19	2	15.301	0	−0.5	$\phi 89 \times 8$	②$_{51}$细砂
W1、W34	2	15.301	0	0.6	$\phi 89 \times 8$	②$_{42}$粉砂、②$_{51}$细砂
B1	1	3.500	0	0	$\phi 89 \times 8$	②$_{51}$细砂
合计	58	647.957				

2. 测温孔的布置

黄河迎宾馆站—英才街站区间盾构始发洞门冻结帷幕共布置 7 个测温孔。测温管均选用 $\phi 89 \times 8$mm 无缝钢管，管前端焊接密封，并确保管内不渗水。测温孔具体参数见表 4-3 和表 4-4。

表 4-3　黄河迎宾馆站—英才街站区间左线始发洞门测温孔参数

编号	数量（根）	单孔长度（m）	偏角（°）	规格	备注
C1	1	15.100	0	$\phi 89 \times 8$	
C2	1	15.100	0	$\phi 89 \times 8$	

续表

编号	数量（根）	单孔长度（m）	偏角（°）	规格	备注
C3	1	15.100	0	$\phi 89 \times 8$	
C4	1	15.100	0	$\phi 89 \times 8$	
C5	1	5.000	0	$\phi 89 \times 8$	盾构始发时需要拔除
C6	1	5.000	0	$\phi 89 \times 8$	盾构始发时需要拔除
C7	1	5.000	0	$\phi 89 \times 8$	盾构始发时需要拔除
合计	7	75.4			

表 4-4 黄河迎宾馆站—英才街站区间右线始发洞门测温孔参数

编号	数量（根）	单孔长度（m）	偏角（°）	规格	备注
C1	1	15.300	0	$\phi 89 \times 8$	
C2	1	15.300	0	$\phi 89 \times 8$	
C3	1	15.300	0	$\phi 89 \times 8$	
C4	1	15.300	0	$\phi 89 \times 8$	
C5	1	5.200	0	$\phi 89 \times 8$	盾构始发时需要拔除
C6	1	5.200	0	$\phi 89 \times 8$	盾构始发时需要拔除
C7	1	5.200	0	$\phi 89 \times 8$	盾构始发时需要拔除
合计	7	76.8			

3. 冻结壁设计

冻结壁主要技术参数见表 4-5。

表 4-5 始发洞门冻结壁冻结主要技术参数

序号	线路	参数名称	数值	备注
1	左线和右线	冻结壁设计厚度（m）	3.0～3.562	杯壁有效厚度≥1.5m，ϕ9200mm 圆形
2		冻结壁设计平均温度（℃）	≤-10	冻结壁与地连墙交界面平均温度≤-5℃
3		设计最低盐水温度（℃）	-30～-28	冻结 7d 盐水温度-18℃以下
4		冻结壁交圈时间（d）	18～25	
5		单孔盐水流量（m³/h）	5～8	
6		冻结孔开孔间距（mm）	765～1014	
7		冻结孔开孔误差（mm）	≤50	
8		冻结孔最大偏斜（mm）	≤150	
9		积极冻结时间（d）	暂估 25～30	施工过程中，应加强测温、辅助探孔、盐水状况等的监测，并以实际情况判断冻结帷幕形成状况
10		冻结管规格（mm）	$\phi 89 \times 8$	低碳无缝钢管

续表

序号	线路	参数名称	数值	备注
11	左线	测温管个数（个）	7	
12		测温管长度（m）	90.500	
13		冻结管个数（个）	58	
14		冻结管长度（m）	634.938	
15		冻结总需冷量（10⁴ kcal/h）	6.250	
16	右线	测温管个数（个）	7	
17		测温管长度（m）	92.100	
18		冻结管个数（个）	58	
19		冻结管长度（m）	644.457	
20		冻结总需冷量（10⁴ kcal/h）	6.344	

4.4.2 钻孔施工

钻孔施工流程如图 4-4 所示。

（1）钻孔前，使用全站仪对钻孔位置进行测量定位，孔位误差不大于 50mm；按冻结孔施工图布置冻结孔、根据各孔孔位在洞门上定位开孔。

（2）按冻结孔设计位置固定钻机，钻孔设备为 MD-80A 钻机 2 台，配用 BW250 型泥浆泵，以 $\phi 89 \times 8$mm 冻结管作钻杆。选用 J-200 型金刚石钻机，配 $\phi 133$mm 金刚石取芯钻头开孔，当开孔 25～30cm 时，用钢楔楔断岩心，取出岩心后安装孔口管。孔口管用 $\phi 133 \times 5$mm 无缝钢管，并在头部加工 250mm 长的鱼鳞扣。

先安装四个膨胀螺丝，然后在孔口管的鱼鳞扣上缠好麻丝或棉丝等密封物，将孔口管与膨胀螺丝连接，并装上 DN125 球阀，后用 $\phi 98$mm 金刚石钻头从阀内开孔，一直将洞门开穿。这时，若地层内的水砂流量过大，可及时关闭阀门，确保不会发生涌水、涌砂现象的发生，可起到防喷装置作用。

（3）冻结管下入钻孔内前要先配管，保证冻结管同心轴线重合，焊接时，焊缝要饱满，保证冻结管有足够强度，以免拔管时冻结管断裂。

（4）正常钻进时，采用现场加工的单向阀镶嵌钻头，优先采用无水钻进，可以减少水土流失，可

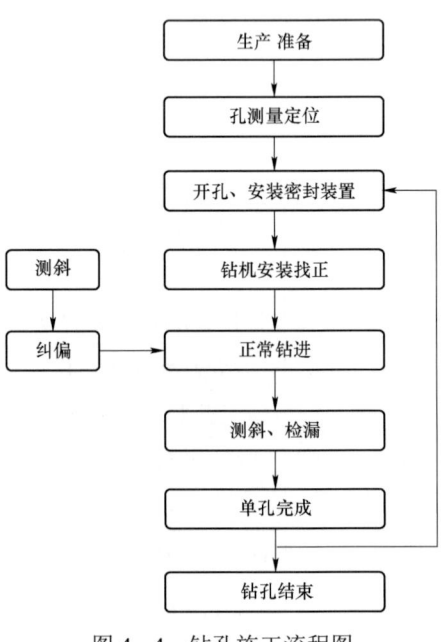

图 4-4 钻孔施工流程图

有效控制地面和隧道的沉降；如钻进困难，可采用带水钻进。冻结管到达设计深度后冲洗单向阀，并密封冻结管端部。

（5）钻进过程中，若发生水土流失，应依照每日的监测情况，及时通过安装在孔口管部位的旁通阀对土体进行补压浆，以单液浆为主（外圈孔进行压浆处理，为后期外侧冻结孔割除创造条件），以减小钻孔对周边环境的影响。

（6）钻进过程中严格监测冻结孔偏斜情况，偏斜过大及时纠偏，采取调整钻孔角度及钻进参数等措施进行纠偏，若纠偏后超过设计要求，则进行补孔。钻孔完成后，对冻结管长度进行复测，用灯光测斜仪测斜并绘制钻孔偏斜图，冻结管长度和偏斜合格后进行打压试漏。

（7）在冻结管内下入供液管，然后安装去、回路羊角和冻结管端盖。

（8）测温孔施工方法和要求与冻结孔相同。

4.4.3 冷冻站的安装与积极冻结

1. 安装总体要求

根据现场施工环境，拟安装 1 个冻结站。站内设备主要包括冷冻机组、盐水箱、盐水泵、清水泵、冷却塔及配电控制柜等。设备安装按照设备使用说明书进行。冷冻站内的盐水箱内侧有液面标尺，外侧有液面联通管，可直观的确认盐水水位的情况，并且安装水位报警器作为报警装置。

2. 设备安装、管路连接、保温

设备完全就位后，用膨胀螺栓将设备四脚全部可靠固定。

清水管路和盐水干管采用焊接，在需要调整的地方采用法兰连接。在盐水管路和冷却水循环管路上要设置阀门和压力表、测温仪测试组件等。盐水管路经试漏、清洗后用保温板或棉絮保温，保温层厚度为 40mm，保温层的外面用塑料薄膜包扎。集配液圈与冻结管用高压胶管连接，每组冻结管的进出口各装阀门一个，以控制盐水流量。冷冻机组的蒸发器及低温管路用棉絮保温，盐水箱和盐水干管用 40mm 厚的保温板或棉絮保温。

冻结帷幕发展区域车站内墙保温：由于混凝土相对于土层要容易散热得多，为加强冻结帷幕与连续墙胶结，采用保温板对冻结帷幕发展区域内墙进行隔热保温。

3. 积极冻结与维护冻结

（1）冻结系统试运转。设备安装完毕后进行调试与试运转。在试运转时，要随时调节压力、温度等各状态参数，使机组在有关工艺规程和设备要求的技术参数条件下运行。

（2）积极冻结。冻结系统运转正常后进入积极冻结，盐水温度使用水银温度计在去路干管上进行测量。积极冻结结束后为冻结帷幕的形成阶段，始发洞门设计冻结时间为 25~30d，冻结孔单孔流量取 5~8m³/h。积极冻结 7d 盐水温度应降至 −18℃ 以下，积极冻结 15d 盐水温度应降至 −24℃ 以下，洞门凿除时盐水温度降至 −28℃ 以下；去、回路温差不大于 2℃。若盐水温度和盐水流量达不到设计要求，应延长积极冻结时间。

（3）维护冻结。在积极冻结过程中，要根据实测温度资料判断冻结帷幕是否交圈和达到设计厚度，同时要监测冻结帷幕与地连墙的胶结情况，测温判断冻结帷幕交圈、达到设计厚度且与地连墙完全胶结后，可进入维护冻结阶段。维护冻结期温度为-28℃以下，冻结时间贯穿盾构机始发与洞门环梁的制作。

4.5 盾构始发与试掘进控制技术

4.5.1 地铁隧道盾构始发前的准备工作

地铁隧道盾构始发前的准备工作，分为加固端头土层和凿除洞门围护结构、密封洞口以及安装反力架等几个方面。

1. 对端头的土层进行加固防护

盾构始发前，需要依据自然条件等对端头土层进行加固处理，在加固确保无安全隐患之后，再进行洞门的施工。盾构始发的土层加固主要是为安全起点做准备。

2. 凿除洞门围护结构

在盾构设备组装、调试并下井投入使用的同时，需要对洞口围护结构探孔勘察来确认施工的地质条件以及其土层加固的质量，确保土层不渗水、不渗漏。除此之外，凿除洞门围护结构还需要根据进度安排，考虑吊装能力、吊装空间等方面的要求，对需要凿除的部分进行合理的分块施工。凿除围护结构之后，还需要针对所出现的问题进行补救处理。

3. 洞口密封

洞门密封装置是盾构始发时在洞门与盾构机、洞门与管片之间的一道密封系统。洞口密封按其安装种类可分为压板式和折叶式两大类，其中折叶式能适用于多种土层环境的，所以较为常见。密封洞口环节的施工过程一般分为两个部分，首先是在施工的过程中要提前做好洞口预埋的埋设工作；其次，在盾构正式始发施工之前，先清理洞口的碎土，然后再去对洞口进行密封保护。

4. 安装反力架

安装反力架是在盾构设备的主机和配套机器设备连接之前，反力架能使连接部位的间隙更为坚实，不至于渗漏。

4.5.2 地铁隧道盾构始发施工过程

地铁隧道盾构始发施工工作，主要分为对始发台、盾构等进行加固处理、对负环管片的安装准备工作和盾构的始发以及掘进等。

1. 对始发台的加固工作

由于盾构始发施工过程极为重要，始发台在盾构始发时不仅要承受各方面的压力、推力，还要对盾构旋转的扭矩工作进行约束，所以这就需要在盾构始发工作中对始发台的两侧进行更为细致的加固工作。

2. 安装负环管片

（1）负环管片的安装准备。为保证负环管片的适用性以及无损伤性，通常需要对负环管片和尾盾刷进行擦刷实验，保证安装的过程中负环管片在拼装完成后可以进行有效地向后推进工作而不会对尾盾刷产生不良的影响。如果在实验过程中有所影响，则需要在盾壳之内安设一定厚度的方木或型钢，而具体的厚度选取，则取决于盾尾间隙的大小。

（2）负环管片的后移工作。负环管片与盾壳联系较为密切，所以在负环管片后移的过程中要注意方木或型钢位置的影响，不可使管片从上面滑落。一般来说，将第一环的负环管片拼装完备之后，需要用4或5组的油缸来辅助管片的后移工作，并且在后移的过程中要严格控制油缸的推动大小，推进的行程长度差距应小于10mm。

（3）负环管片的拼装工作。负环管片的拼装一般采用的是错缝拼装的方法，不仅可以保证在施工的过程中能够有效地出渣、推进管片，还能保证快速地对负环管片进行撤除。负环管片的最终位置是以油缸行程的推进加以控制的。在连接的过程中，不论是否有渗漏的事故出现，一般常在负环管片与负环钢管片之间的缝隙用砂浆、钢板等填满。

3. 盾构的始发工作

盾构的始发工作主要包括盾构初始的掘进、盾构始发工作运行中的掘进和盾构机的掘进控制三个方面。

（1）盾构的初始掘进。盾构的初始掘进一般保持在开始掘进的45m左右，当掘进工作进程进行到90m时，则需要对负环管片进行拆除。初始掘进施工的主要目的是在了解和认识地质条件的基础上，以收集、整理、分析以及归纳总结各地层的掘进数据，制定适合该地质条件的盾构施工方法，确保后续正常掘进工作。

（2）盾构的正常掘进工作。由以上可知，在掘进45m之前属于初始掘进工作阶段的内容，主要是为了后续工作顺利开展所做的准备。如果初始掘进已经满足要求，则需要根据地质条件进一步优化掘进的各项参数，保证正常掘进工作的顺利开展。

（3）对盾构机掘进控制。在盾构机进行掘进工作的过程中，受多方面的地质条件的影响，盾构机的推力、出土量以及工作进行中的最佳速度等需要严格控制。所以在盾构机工作的过程中，应根据地形、地势、地质以及人群活动区间等对盾构机的掘进方向、推进路线等进行参数分析，保证掘进工作的顺利进行。

4.5.3　试掘段掘进参数选择

盾构始发时的掘进参数确定至关重要，合适的掘进参数的确定是保证掌子面稳定、地表沉降可控及地面建筑安全的基础，掘进参数主要包括土仓压力的控制、千斤顶推力与刀盘转速、出土量控制和同步注浆四个方面。

1. 土仓压力的控制

土仓压力需要根据地层情况和埋深，通过理论计算并结合经验参数修正后进行确定。扰动后的土体后期恢复初始平衡时会发生滞后沉降，实际施工过程中为了对这种后期的沉降进行补偿，结合盾构施工时盾尾沉降损失会引起沉降，通常会对理论计算的平衡压力进行调整，一般提高 0.01～0.02MPa，然后根据实际情况进行修正。

2. 千斤顶推力与刀盘转速

盾构掘进时千斤顶推力和刀盘转速应保持在合理的范围内，因为合适的转速和推力是保障盾构切削土体顺利的关键。如果推力过小，则不能保证刀盘对前方岩土体的切削和破裂效果，掘进速度缓慢；如果推力过大，则会在管片安装或者制造不均匀部位产生应力集中，造成局部管片破裂、渗水，影响隧道整体施工质量。

3. 出土量控制

出土量能够直观反映盾构掘进过程是否正常以及前方土层是否稳定，根据隧道断面大致可以推算出每环出土量，出现出土量偏大或者偏小，往往反映出盾构掘进出现异常，需要引起注意并及时采取措施。

4. 同步注浆

盾构施工对地层的扰动可以通过同步注浆进行一定程度的补偿，及时有效地同步注浆可以起到稳定隧道管片、控制变形、防止盾构管片错台的作用，同时可以保证盾构姿态的准确，提高施工速度。同步注浆要严格按照规范操作，合理控制注浆量和注浆压力，防止因注浆量过少造成地面过量沉降和压力过大造成涌砂涌水及隆起。通常情况下，注浆压力宜为 0.2～0.3MPa，当出现异常情况（喷涌、沉陷）时，可以根据需要适当提高注浆压力，如遇特殊情况，可以改变注浆材料或者配比，以确保盾构施工的安全。

4.5.4 工程实例

在始发工艺流程中，对既有运营地铁 2 号线黄河迎宾馆站造成可能产生影响的施工工艺有洞门密封系统、洞门凿除、盾构始发和洞门环梁施作等工艺。

1. 洞门密封、防水装置安装

（1）安装工艺。

1）洞门采用橡胶帘布、带翻板的圆环板用螺栓固定在预埋的洞门钢环上的方式进行洞门密封，盾构通过后翻板连同橡胶帘布共同作用对洞门进行密封，可起到密封洞门，控制涌砂，减少涌水的作用。

2）在车站主体结构施工时，安装洞门预埋钢环；预埋钢环加工时严格按照交底图纸说明进行，严格控制构件的加工精度以保证正常使用；预埋时由车站施工单位在车站主体结构施工时预埋，预埋时严格控制安装精度：洞门中心安装位置、垂直度等。避免因安装精度问题使洞门密封失效。

3）安装顺序为：洞门圈预埋钢环（车站施工时已预埋）→安设双头螺栓→帘布橡胶板→带翻板的圆环板→垫圈→螺母。

（2）洞门密封效果的保证。

1）加焊盾尾刷，形成油脂密封腔：始发前在洞门环上焊接两道盾尾油脂密封刷，并在车站内墙上打孔至洞门环内，形成一个泵送盾尾油脂通道，以此来形成一个盾尾油脂密封腔，可以起到控制涌水涌沙的作用。油脂注入孔钻孔时应避开冷冻管。洞门密封装置如

图 4-5 所示。

2）在洞门凿除后安装橡胶帘布、带翻板的圆环板、焊接盾尾油脂密封刷。避免洞门凿除时造成密封装置损坏。

3）为防止盾构机推进时，刀盘损伤橡胶帘布板，在盾构向前推进前应在帘布橡胶板外侧及边刀上涂抹黄油。

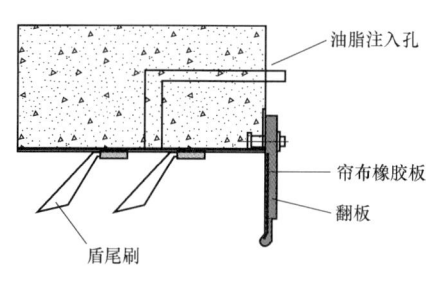

图 4-5 盾构始发段洞门密封结构示意图

4）在盾构机刀盘进入洞门环后，要密切关注密封装置，发现帘布橡胶板受损，要及时采取措施，使得翻板压好帘布橡胶板，以保证能起到良好的密封效果。

5）如在盾构始发过程中洞门密封失效，及时注入细砂填充控制，起到堵砂的作用。

2. 洞门凿除

（1）洞门凿除施工工艺。

1）洞门凿除前进行技术交底及安全交底，并对所有人员进行安全教育，施工时严格按照技术交底进行实施。

2）设专职安全员及技术人员，全天候观察洞门情况，一旦发现洞门土体有坍塌的迹象，应立即通知作业人员撤离，同时采取架设方木支护等措施，防止发生意外。

3）洞门凿除时凿除部分的冷冻体暴露在外，存在冷冻失效的风险，所以每班安排 5 人使用斗车等负责清运废渣，保证洞门凿除连续进行，减少洞门凿除时间，避免因洞门凿除时间变长而造成的冷冻失效。

4）洞门采用人工、分块进行凿除，将洞门划分为 9 部分，凿除时按编号顺序先上后下、先中间后两侧进行作业。洞门凿除顺序如图 4-6 所示。

5）墙内层钢筋割除完毕后，由工程部组织洞门验收，对洞门的稳定性进行评估，如果发现洞门掌子面有失稳的可能，则对洞门喷射混凝土进行支护，将掌子面封闭起来，喷射混凝土的厚度不小于 100mm。

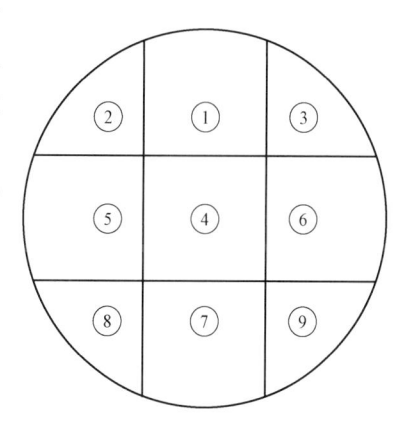

图 4-6 洞门凿除顺序示意图

6）地连墙凿除至割除最外（迎土面）一排钢筋后，以洞门中心为基准点，迅速对盾构刀盘西侧斜切面进行整平，使之与盾构推进方向垂直。

7）在中心圈冷冻管拔出、地连墙凿除完成之后，"杯底"位置冻结加固体直接暴露在外，所以在洞门凿除后需对冷冻体进行保温。

8）洞门凿除后，洞门环范围内铺设保温板进行保温。

9）加快盾构始发时间，减少冷冻加固体停冻暴露时间。

10）最外圈冷冻管持续冷冻。

（2）洞门破除对既有线的保护措施。

为保证洞门破除时加固已达到要求，不会产生水土流失、洞门失稳等事故，洞门圈范围内地连墙结构凿除需具备以下条件：

通过测温孔得知冻结壁厚度和平均温度达到设计要求。

1）通过测温孔观测计算，确认冻结帷幕达到设计厚度及强度，然后在冻结薄弱处打不少于9个探孔，以判断冻土与连续墙的胶结情况。采用测温仪进行量测，各探孔实测温度不大于-5℃。

2）盐水温度：-30～-28℃；盐水去回路温差≤2℃。

为保证洞门凿除时冻结效果，降低冷冻失效、洞门失稳的风险；也为避免冻结管破裂造成的冷冻失效以及后期拔管困难。在洞门凿除时应对冷冻管和测温管进行有效地保护，保证冻结效果的同时也为后续拔管做好保护措施。

1）洞门凿除前将冻结管用海绵等软质材料缠绕包裹，包裹厚度不小于15cm。

2）洞门凿除时，地连墙分层剥除，做到小块剥除施工，减轻混凝土对冷冻管的冲击。

3）因洞门凿除是分区分块进行，在凿除一块区域时，将下方及侧方区域用木模板与工作区域间隔开。

3. 洞门环梁施工

在盾构达到初始掘进长度后即离开既有运营地铁2号线黄河迎宾馆站控制保护区范围后，停机进行负环管片的拆除，并施工洞门环梁。洞门环梁施作完成后盾构施工对既有运营地铁2号线黄河迎宾馆站的影响可以忽略不计。

（1）为达到在洞门环片的拆除和洞门施工中隧道安全和防水的目的，应首先对洞门的隧道进行壁后注浆。

（2）在施作洞门环梁时，冷冻作业不停止，确保洞门环梁施工安全。

（3）采用外包式洞门环梁，避免拆除零环的风险。

4. 始发后阶段施工

（1）隧道二次注浆与融沉注浆。

在盾尾进入洞门环密封后，开始同步注浆，因同步注浆结束后，浆液在凝固的过程中会有1.4%左右的体积收缩，还有因浆液发生流失，在管片背面会形成空腔。所以造成此处地层易发生坍塌变形，引起地面沉降，对房屋建筑物造成影响。

融沉主要是冻土融化时排水固结引起的，滞后于冻土的融化，冻土融化时的沉降量与融层厚度、融层土的特性有关，根据以往经验，融沉注浆总量一般为冻土体积的20%左右。根据施工经验和土工试验，冻土融化后，其标高可能略低于原始地层的标高，为减少融沉量，解冻后，在隧道内进行适当的跟踪注浆，减小冻结对周边环境的影响。

通过二次注浆及时填充管片背面的空腔与冻土融化时的沉降量，使地层没有发生变形和积水的空间，同时同步注浆的凝结，可以有效地控制地面下沉，保护既有运营地铁2号线黄河迎宾馆站。同时二次注浆可以减小隧道后方未凝固的浆液对掘进及盾尾刷的影响。

1）加强二次注浆管理，及时清洗注浆管路，确保跟踪注浆的顺利实施。注浆材料主要以单液水泥浆,水灰比为(0.8~1):1,双液浆为辅(水泥水玻璃溶液配比为水泥浆与水玻璃溶液体积比例为1:1,其中水泥浆水灰比为1:1,水玻璃溶液采用 B35~B40 水玻璃加 1~2 倍体积的水稀释),可根据注浆压力情况进行调整。起初应增加监测频率,如果地面融沉过大,还需在地面对管线进行直接注浆加固。注浆时长 25~36min,注浆环数自第 4 环开始。

2)注浆位置。盾构始发前 21 环为Ⅲ型管片,5 块管片(除 K 块)均带有注浆孔,5 个位置均进行二次注浆,遵循少量多次的原则。二次注浆的顺序为隧道底板→隧道两侧→隧道顶板。

3)注浆压力。注浆压力控制在 0.2~0.4MPa 之间。

4)注浆工艺。在注浆前先选择合适的注浆孔位,戴上注浆单向逆止阀后,用电锤钻穿该孔位混凝土,接上三通及水泥浆管。注浆时,直接注入纯水泥浆液,在一个孔注浆完成后应等待 5~10min 后将该注浆头打开疏通查看注入效果,如果水量很大,应再次注入,至有较少水流出时可终孔,最后拆除注浆头并用快速水泥砂浆对注浆孔进行封堵,带上塑料盖,并进行下一个注浆孔。

5)注浆结束标准。二次注浆注浆以压力控制,结合监测反馈情况,在既有运营地铁 2 号线黄河迎宾馆站允许的情况下,终浆压力至少需达到 0.25MPa 以上。

(2)跟踪监测及地面排查。

待盾构始发完成后,必须对地面继续进行跟踪监测直至变形趋于稳定。变形趋于稳定,则不需要其他处理方式。若沉降累计值仍增大、沉降速率超标,必须立即启动应急预案。

如沉降累计值仍增大或沉降速率超标达到预警值的 2/3,需对管片进行壁后二次补强注浆。

4.6 土体冻胀的辅助管控措施

由于人工冻结法改变了地层原有温度场的分布,会引发一定范围内的地层产生冻胀变形。冻结过程中,冻土剧烈的分凝冻胀产生的冻胀量可达几十至几百毫米。冻胀效应会引起临近道路开裂、地下管线破坏、建筑物出现不均匀沉降等,甚至造成工程事故。因此,在环境效应要求严格的城市中采用人工冻结法施工,通常采用以下措施控制冻胀对周围环境造成的影响。

1. 土质改良

由于出入口结构顶部为砂质粉土层,透水性强、含水量高,极易产生较大冻胀,又由于覆土薄,冻胀效应更为显著。为降低地层透水性、减轻冻胀和融沉效应、提高地层抗冻胀和融沉的能力,钻孔施工前在工作井侧结构面均匀布置 20 个注浆孔,通过注入水泥-水玻璃双液浆对开挖面土体进行改良。

2. 钻孔施工

钻孔施工采用水平钻机和气动夯管锤成孔。管棚式冻结管选用 $\phi 108mm \times 8mm$ 低碳无缝钢管,其余冻结管规格选用$\phi 89mm \times 8mm$低碳无缝钢管,供液管选用$\phi 48mm \times 4.5mm$焊管。冻结孔经测斜和打压试漏验收合格后,通过由$\phi 159mm \times 5mm$低碳无缝钢管制成的盐水干管与制冷系统相连。

3. 积极冻结

从冻结开始到冻结壁达到设计厚度的时间称为积极冻结期。制冷设备调试后,冻结系统试运转,逐步调节制冷设备参数,并按照设计技术参数运行,开始进入积极冻结期,积极冻结期是冻胀控制的关键阶段。该阶段主要采取了以下几种技术措施:

(1)快速冻结。一方面,由于管棚式冻结管管径大,循环盐水流量大,冻结壁扩展速度快;另一方面,由于管棚式冻结孔间距小,交圈时间;且出入口顶部设计冻结壁厚度仅为1.6 m,故能较为快速地达到设计冻结壁厚度要求实现快速冻结。为使出入口顶部与底部及侧部同时达到冻结壁厚度,控制冻胀量,顶部冻结区域比底部及侧部推后10d开始循环盐水。

(2)及时泄压。积极冻结期内,需密切关注地表监测数据和泄压孔压力表读数。一旦发现地面出现持续隆起趋势或压力表读数持续增长,应立即打开泄压孔阀门进行泄压。泄压时,利用电子自动采集系统实时采集地表变形情况,以控制单次泄压量,并及时用清水冲洗泄压孔以防泄压孔堵塞。

(3)温控系统。通过温控系统设置的解冻孔、测温孔和泄压孔之间的相互配合,有效控制冻胀对地面及地下管线的不利影响。根据温控区测温孔的监测数据,如温控区温度低于-1℃时,应及时解冻温控区冻土,以保证泄压孔有效工作;当测温孔温度升至1℃时,应及时停止解冻,以防过度解冻破坏冻土帷幕。

4. 维护与停止冻结

通过分析温度监测数据,如果冻结结构达到设计实际要求即可进行开挖施工,在进入维护冻结期,通过部分或者间歇供冷的方法有效维护冻结壁。出入口通道开挖使用正台阶法完成,开挖过程中运用钢支架和木背板展开初期的支护处理。当通道顺利挖通后可以在其内侧设计钢丝网,并通过C20混凝土实施喷射处理。初次衬砌施工完成后开展全包防水处理,先在初衬表面设计土工布缓冲层,并利用乙烯-乙酸乙烯酯共聚物(ethylene-vinyl acetate copolymer,EVA)防水板热熔实现搭接,组成具有良好密闭效果的防水层。因出入口位置地层含水量比较丰富,因此需要在结构防水质量验证达标后开展下一道工序施工。出入口结构使用二次衬砌,结构底板使用强度为C40的混凝土。因侧墙和顶板混凝土所处浇筑条件比较差,这两个部位可使用C40自密实混凝土,从而提升浇筑的密实度,防止结构混凝土出现蜂窝、麻面等质量问题。在通道二次衬砌浇筑顺利完成后及时停止冻结处理。

参考文献

[1] 阮庆松,吴立,姚俊东,等. 地铁联络通道冻结法施工方案研究——以武汉轨道交通3号线为例[J]. 人民长江,2015,46(7):22-25.

第4章 盾构水平冻结法进洞的设计与施工

[2] 朱永涛. 饱和软土地层盾构始发冻结加固及稳定性研究 [D]. 福州：福建工程学院，2018.

[3] 彭益成，胡向东，丁文其. 多排管冻土帷幕平均温度特征与计算方法 [J]. 低温建筑技术，2009，31（10）：89-91.

[4] 陈文豹，汤志斌. 潘集矿区冻结壁平均温度及冻结孔布置圈径的探讨 [J]. 煤炭学报，1982（1）：46-52.

[5] 魏国强，李功洲，陈道翀. 深厚冲积层冻结孔布置及井帮温度设计探讨 [J]. 煤炭工程，2015，47（12）：18-21.

[6] 夏江涛，蔡荣，杨平，等. 水平冻结法施工杯型冻土壁温度场影响参数分析 [J]. 铁道建筑，2010，（12）：38-41.

[7] 王杰，杨平，王许诺，等. 盾构始发水泥土加固后水平冻结温度实测研究 [J]. 现代隧道技术，2011，（6）：99-104.

[8] 杜亚民，谭晶辉. 超深隧道水平注浆及水平冻结盾构推进施工技术 [J]. 城市建设理论研究（电子版），2012，（25）.

[9] 上海宝冶集团有限公司. 水平冷冻固结与钢套箱组合盾构进洞施工方法：CN201610988159.8 [P]. 2018-05-24.

[10] 杨平，张婷. 城市地下工程人工冻结法理论与实践. 北京：科学出版社，2015.

[11] 宣永祥. 水平冻结法在城市危楼环境下盾构进出洞施工中的应用 [J] 城市建设理论研究（电子版），2013，（21）.

[12] 许光，石雷. 水平冻结法在宁波轨道交通盾构进洞工程中的应用 [J] 城市建设理论研究（电子版），2013，（13）.

[13] 曾繁涌. 水平冻结法在超长地铁联络通道中的应用 [J]. 建筑工程技术与设计，2015，（7）：1850-1850.

[14] 祝和意，马晓华. 水平冻结法在苏州地铁盾构进出洞中的应用 [J]. 铁道建筑，2011，（8）：58-60.

[15] 许光明，翟春华. 天津地铁3号线盾构接收水平冻结关键技术研究 [J] 建筑工程技术与设计，2015，（7）：818-819.

[16] 竺维斌，鞠世健. 复合地层中的盾构施工技术 [M]. 北京：中国科学技术出版社，2006：1-11.

[17] 郭信君，闵凡路，钟小春，等. 南京长江隧道工程难点分析及关键技术总结 [J]. 岩土力学与工程学报：2012，31（10）：2154-2160.

[18] 刘建国. 深圳地铁盾构隧道施工技术与经验 [J]. 隧道建设，2012，32（1）：72-87.

[19] 樊立强. 软土地层中盾构法施工难点分析及监理控制措施 [J]. 科技风，2019（14）：109-110.

[20] 李大勇，王晖，王腾. 盾构机始发与到达端头土体加固分析 [J]. 铁道工程学报，2006（1）：87-90.

[21] 张建春. 地铁隧道盾构施工技术 [J]. 中国高新科技，2019（18）：66-68.

[22] 张良辉. 广州复合地层中盾构施工技术难点及应对措施 [J]. 施工技术，2005（6）：21-23.

[23] 辛维建. 地铁施工盾构法的施工技术探析 [J]. 城市建筑，2017（8）：86.

[24] 连文博. 地铁盾构始发技术及常见问题的预防与处理 [J]. 中外建筑，2019（6）：254-255.

[25] 杨立涛，武斌. 分析地铁盾构隧道旁高架桥桩基施工控制及技术手段 [J]. 门窗，2017（1）：102.

[26] 林伯华. 复杂地质条件下地铁盾构施工要点探究 [J]. 福建建材，2018（6）.

[27] 仲晓慧. 地铁区间隧道盾构施工安全风险管理的措施 [J]. 城市道桥与防洪，2017（8）：207－209.

[28] 王明亮. 地铁盾构始发安全控制关键技术 [J]. 国防交通工程与技术，2020，18（5）：66－70.

[29] 陈伟. 某地铁盾构始发段试掘进技术及控制 [J]. 企业科技与发展，2013（14）：81－82＋85.

[30] 张厚美. 盾构隧道的理论研究与施工实践 [M]. 北京：中国建筑工业出版社，2010.

[31] 敖松，韩圣铭. 浅覆土冻结法加固的冻胀控制技术应用 [J]. 城市轨道交通研究，2015，18（4）：107－110＋127.

[32] 吴玮. 地铁建设中浅覆土冻结法加固冻胀控制技术 [J]. 中国高新科技，2020（5）：107－108.

第5章 盾构冷冻始发的关键技术研究

5.1 工程概况

郑州地铁7号线黄河迎宾馆站盾构始发端位于既有2号线二期黄河迎宾馆站负三层换乘节点内，7号线线路与2号线线路斜交，夹角为80°，洞门环与地连墙之间的空隙使用与侧墙同标号的混凝土回填。盾构始发区以上主要管线分布有一根DN700钢材质污水管，埋深3.38m；一道1800×1200mm混凝土雨水箱涵，埋深1.33m；两道DN1200钢材质热力管，埋深4.48m。由于盾构始发洞土层分布与周边复杂情况，采用水平冻结法加固土体来保证洞口施工安全与质量要求，保障盾构顺利始发。黄河迎宾馆站平面位置及周边环境如图5-1所示。

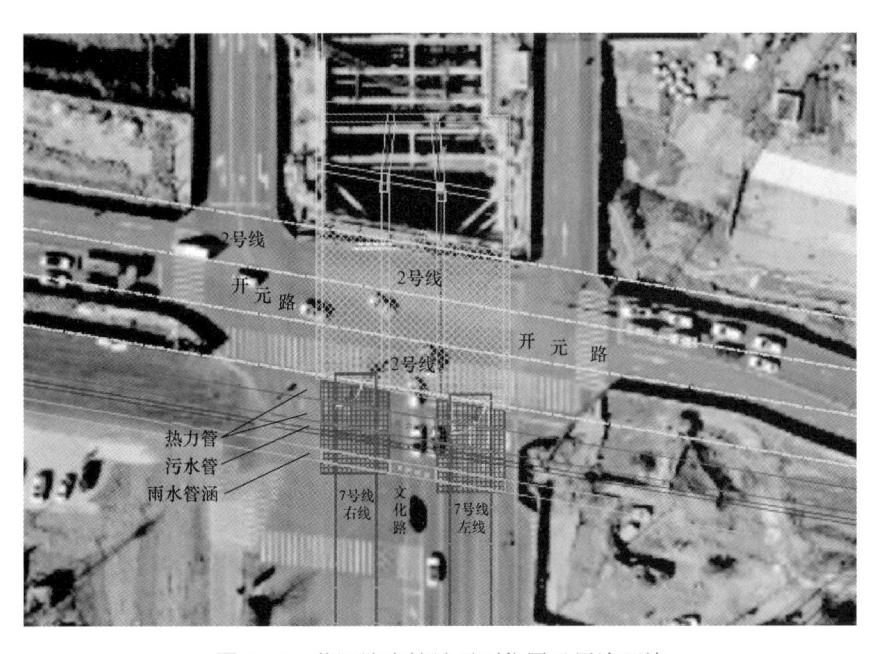

图5-1 黄河迎宾馆站平面位置及周边环境

盾构始发区地层从上到下依次为①₁杂填土、②₃₁黏质粉土、②₃₂黏质粉土、②₂₂粉质黏土、②₃₃黏质粉土、②₄₂粉砂和②₅₁细砂，始发洞门地质情况如图5-2所示。盾构始发处地质为全断面富水砂层，土层透水性强，存在涌水涌沙的风险；水位埋深 8.3～9.1m，通道上方地层中存在潜水和承压水层，距离盾构始发区顶部垂直距离分别为 6.05、4.15m 左右。

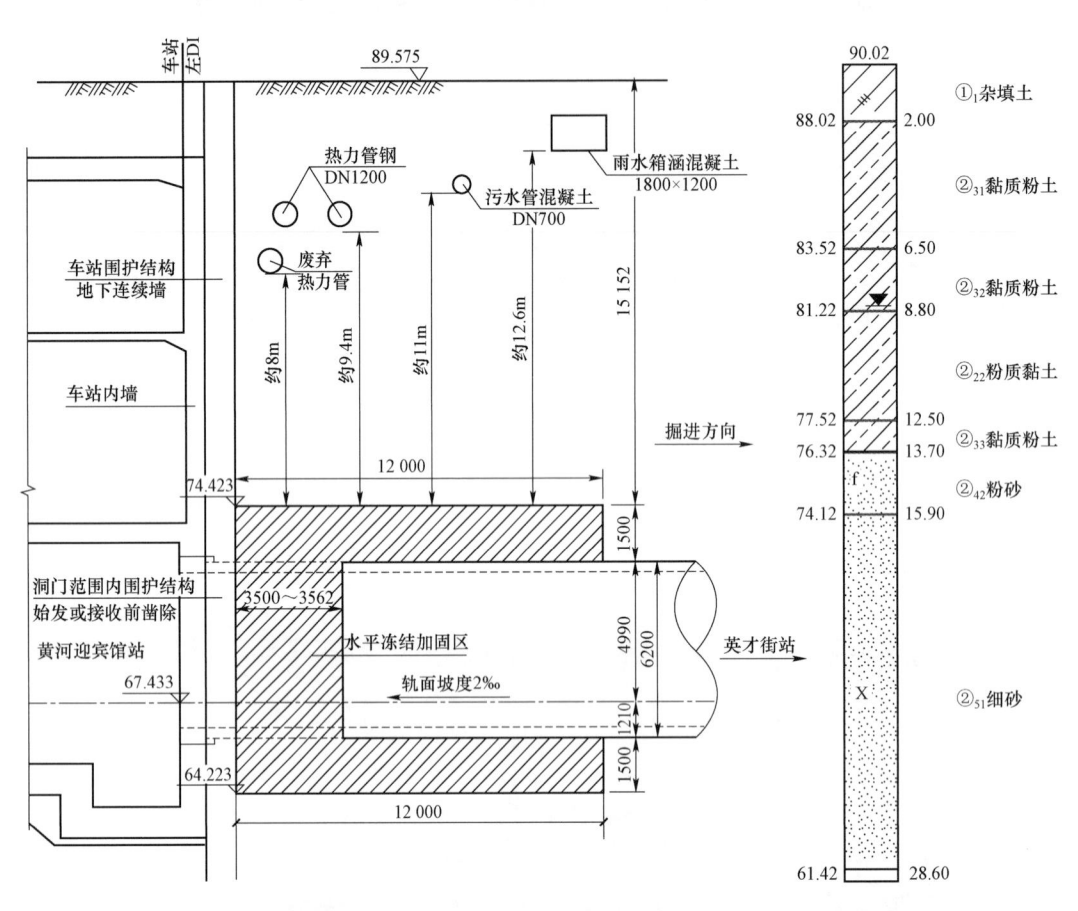

图 5-2 始发洞门地质情况（单位：mm）

始发洞门采用水平冻结法地基加固施工方案，冻结孔与测温孔位置如图 5-3 所示，其中包含依照冻结帷幕设计的 57 个冻结孔和在需凿除冻土位置补加一个冻结孔，共计 58 个冻结孔。水平冻结为三层环形布置，中心孔 N8 位于冻结帷幕中心，内层 N1～N7，中层 Z1～Z15，外层 W1～W34。中心圈层间距为 1.35m，开孔间距为 1.1171～1.123m，共 23 个冻结孔，长度为 5.234m，为杯底冻结孔；最外圈层间距为 1.2m，开孔间距为 0.815m，共 34 个冻结孔，长度为 15.134m，为杯壁冻结孔。此外，盾构始发洞门冻结帷幕共布置 7 个测温孔（C1～C7），单孔长度为 5～15.1m，每个测温孔中放置 3～6 个测温点，用于实时监控冻结帷幕不同位置温度发展情况，通过及时控制确保冻结质量与施工安全。结管和测温管参数见表 5-1 和表 5-2。

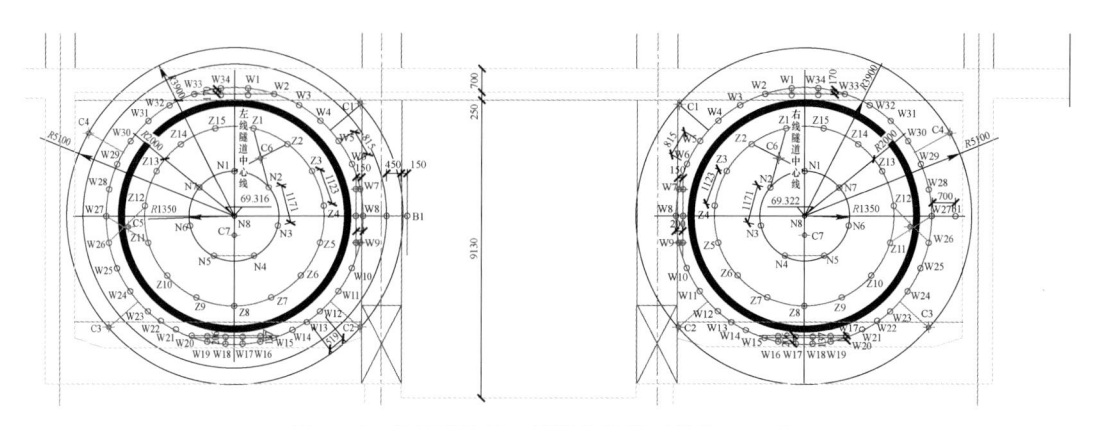

图 5-3 左线冷冻管、测温孔位置（单位：mm）

表 5-1　　　　　　　　　　左线（右线）始发洞冻结管参数

编号	数量	单孔长度（m）	水平偏角（°）	垂直偏角（°）	规格	地层条件
N8	1	5.234	0	0	$\phi 89 \times 8$	②$_{51}$细砂
N1～N7	7	5.234	0	0	$\phi 89 \times 8$	②$_{51}$细砂
Z1～Z15	15	5.234	0	0	$\phi 89 \times 8$	②$_{51}$细砂
W2～W6	5	15.134	0	0	$\phi 89 \times 8$	②$_{51}$细砂
W10～W15	6	15.134	0	0	$\phi 89 \times 8$	②$_{51}$细砂
W20～W33	14	15.134	0	0	$\phi 89 \times 8$	②$_{51}$细砂
W8	1	15.134	0.7	0	$\phi 89 \times 8$	②$_{51}$细砂
W7、W9	2	15.134	0.5	0	$\phi 89 \times 8$	②$_{51}$细砂
W17、W18	2	15.134	0	−0.7	$\phi 89 \times 8$	②$_{51}$细砂
W16、W19	2	15.134	0	−0.5	$\phi 89 \times 8$	②$_{51}$细砂
W1、W34	2	15.134	0	0.6	$\phi 89 \times 8$	②$_{42}$粉砂、②$_{51}$细砂
B1	1	3.500	0	0	$\phi 89 \times 8$	②$_{51}$细砂
合计	58	638.438				

表 5-2　　　　　　　　　　左线（右线）始发洞测温管参数

编号	数量（根）	单孔长度（m）	偏角（°）	规格	备注
C1	1	15.100	0	$\phi 89 \times 8$	
C2	1	15.100	0	$\phi 89 \times 8$	
C3	1	15.100	0	$\phi 89 \times 8$	
C4	1	15.100	0	$\phi 89 \times 8$	
C5	1	5.000	0	$\phi 89 \times 8$	盾构始发时需要拔除
C6	1	5.000	0	$\phi 89 \times 8$	盾构始发时需要拔除
C7	1	5.000	0	$\phi 89 \times 8$	盾构始发时需要拔除
合计	7	75.4			

参照相关工程施工经验,黄河迎宾馆站左线始发洞门冻结加固设计采用"杯形"冻结壁进行土体加固,杯壁厚度≥1.5m,杯底厚3.0m～3.562m,杯长12m。冻结壁设计平均温度为不高于-10℃,冻结壁与地连墙交界面平均温度≤-5℃;经加固土体无侧向抗压强度3.6MPa,抗拉强度不小于2MPa,抗弯强度不小于1.8MPa,抗剪强度不小于1.5MPa(-10℃)。

5.2 实测结果数据分析

5.2.1 实测冻土温度数据分析

1. 同一测温孔内各测温点温度实测分析

同一测温孔内各测温点温度纵向对比曲线如图5-4所示。从图5-4可知,各测温孔测点温度变化规律基本一致,温度变化都呈现出先陡后缓的趋势,在冻结起始7d,土层

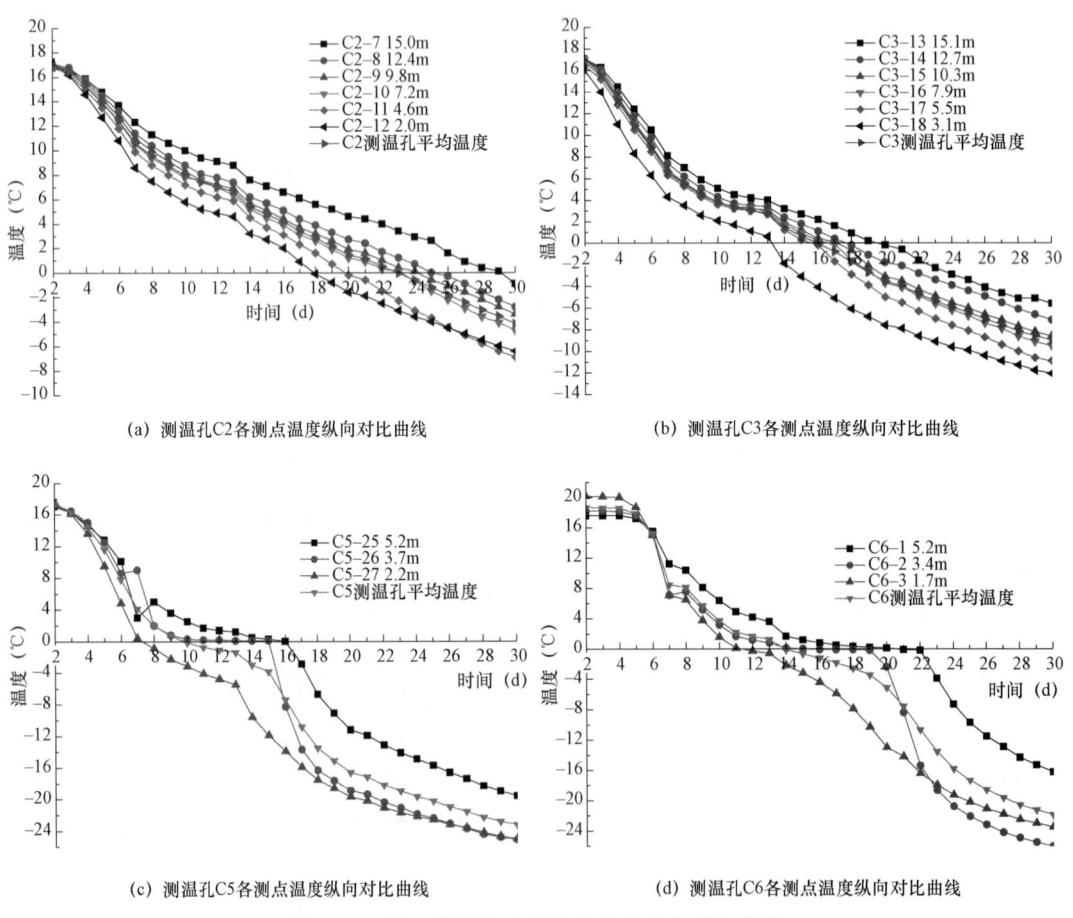

图5-4 同一测温孔内各测点温度纵向对比曲线

温度与冷冻管温度相差较大，土体温度下降明显；冻结 8～30d，土层温度下降速度趋缓。从 C5、C6 测温孔的各测点温度纵向对比曲线可以看出，在 8～13d，"杯底"冻结壁在形成的过程中发生水－冰相变，土体释放的潜热使得土体降温速度减缓，温度曲线呈"阶梯"状。随着冷冻时间的增长，一直到积极冻结期结束，各冻结柱逐渐交圈形成冻结壁，冻结壁温度逐渐降低，冻结壁强度逐渐提高。

2. 不同测温孔相近深度处测温点温度实测分析

不同测温孔相近深度处测温点温度对比曲线如图 5-5 和图 5-6 所示。

(a) 外圈测温点埋深12.5m处温度对比曲线

(b) 外圈测温点埋深10m处温度对比曲线

(c) 外圈测温点埋深5m处温度对比曲线

(d) 外圈测温点埋深2.5m处温度对比曲线

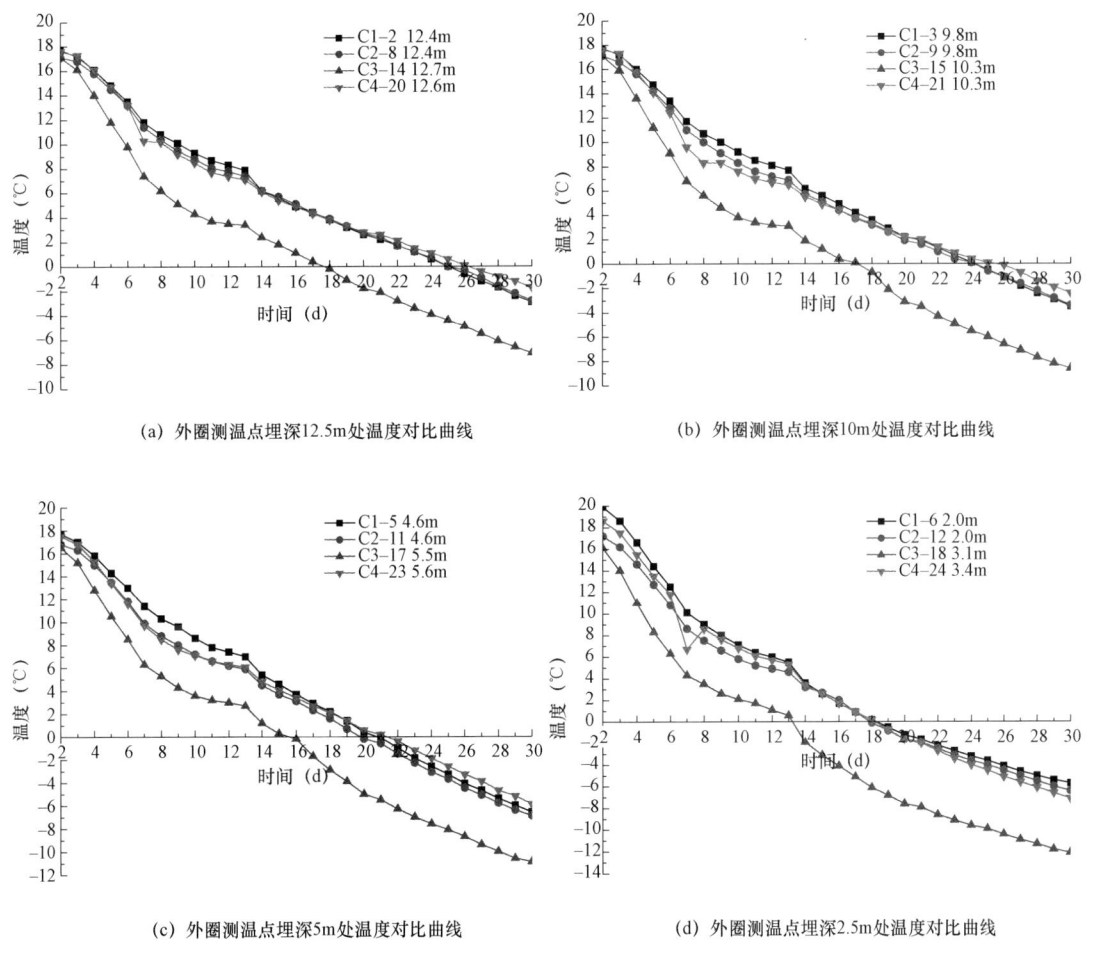

图 5-5　外圈 C1～C4 测温孔相近深度处温度对比曲线

由图 5-5 也可以看出，测温点相近埋深处，C3 实测温度与 C1，C2，C4 相比差距较大（温度分析时，C3 实测温度仅作参考）。C1、C2、C4 测温孔相近孔深度范围处各测点的降温趋势相似，冻结均匀发展的，外圈冻结壁冻结情况良好。

(a) 内圈测温点埋深5m处温度对比曲线

(b) 内圈测温点埋深3.5m处温度对比曲线

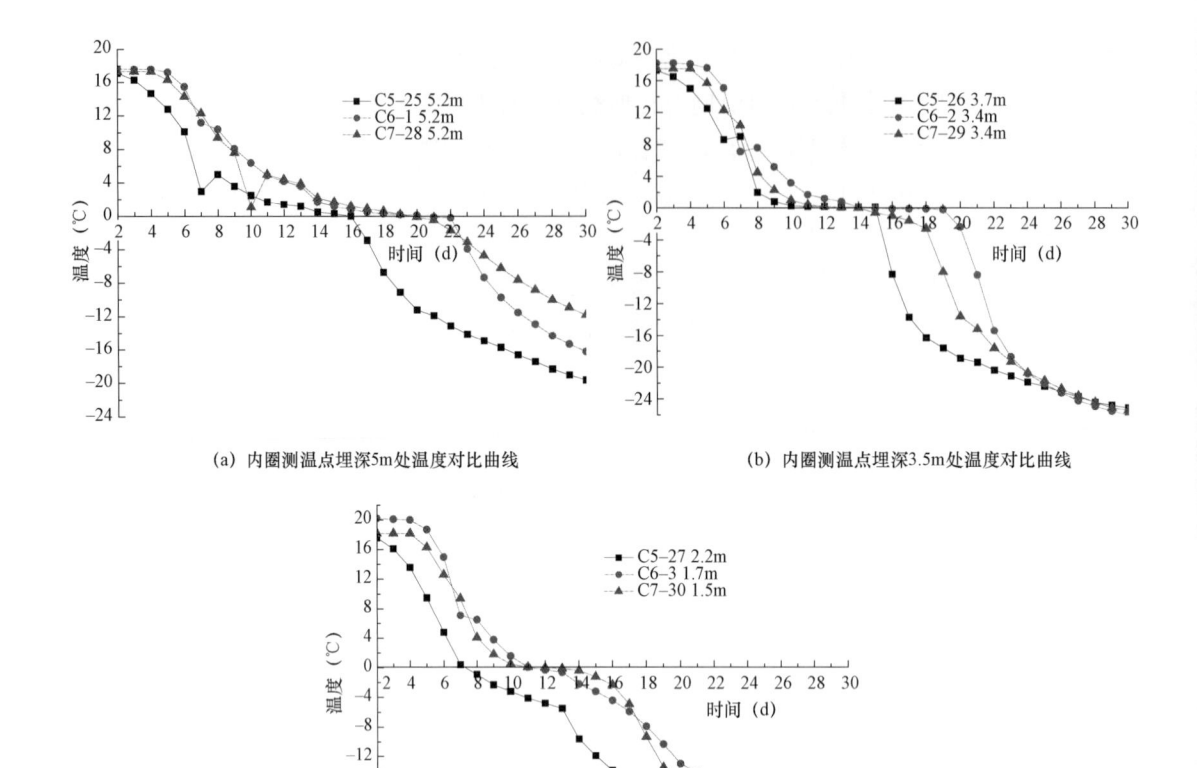

(c) 内圈测温点埋深2m处温度对比曲线

图 5-6　内圈 C5～C7 测温孔相近深度处温度对比曲线

通过对比图 5-5 和图 5-6 可知，测温点埋深相近时，由于测温孔 C1～C4 位于冻结圈外侧，受非冻结土体吸冷的影响，其温度普遍较高；测温孔 C5～C7 位于冻结圈内部，即冻结壁"杯底"处，受非冻结土体影响较小，其温度受多圈冻结孔冷量扩散的影响，温度偏低。

5.2.2　冻结壁厚度与冻结壁平均温度

1. 冻结壁厚度计算

由测温孔温度实测数据，不同区域冻结帷幕交圈时间及冻结壁发展速率分析结果详见表 5-3。

表 5-3　　　　　　　　冻结帷幕交圈时间及冻结壁发展速率

测温孔孔号	与最近冻结孔相距距离（mm）	测温孔降至负温所需时间（d）	冻土帷幕形成速度（mm/d）
C1	828	19	43.58
C2	828	19	43.58

续表

测温孔孔号	与最近冻结孔相距离（mm）	测温孔降至负温所需时间（d）	冻土帷幕形成速度（mm/d）
C4	828	19	43.58
C5	722	8	90.25
C6	889	12	74.08
C7	608	14	43.43

由表 5-3 可以看出，C1、C2、C4 测温孔处冻结壁发展速率最慢，平均每天发展 43.58mm，冻结壁"杯壁"最迟交圈时间为 27d，C5 测温孔处冻结壁发展速率最快，平均每天发展达 90.25mm，冻结壁"杯底"最迟交圈时间为 23d。

（1）冻结壁"杯底"厚度分析。依据 C5~C7 测温孔的温度，可分析出"杯底"冻结壁交圈时间。"杯底"的有效冻结厚度与冻结管的长度一致，"杯底"冻结孔的有效深度均大于 3.0m，因此杯底冻结厚度满足设计要求。

（2）"杯壁"冻结厚度计算。"杯壁"冻结厚度可根据 C1、C2 和 C4 测温孔的温度计算。冻结圆柱半径与"杯壁"冻结厚度 H 的关系如图 5-7 所示。以 C1、C2 和 C4 测温孔深度 12.5m 处为例计算冻结壁杯壁有效厚度。

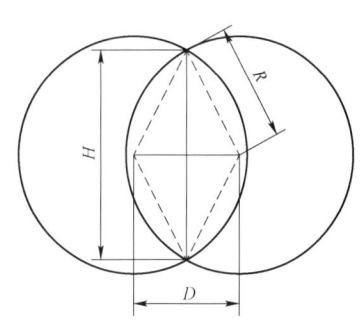

图 5-7 "杯壁"冻结厚度 H 示意图

冻结圆柱半径计算公式见式（5-1），以冻结壁发展速率 C1 测温孔为例，积极冻结 30d 冻结壁杯壁有效厚度计算结果见表 5-4。

$$R = \exp\left(\frac{T_1 \ln r - T \ln r_1}{T_1 - T}\right) \tag{5-1}$$

式中 R——冻结圆柱半径，m；

T_1——回路盐水温度，取 $-28.2°C$；

r——测温孔距冻结管距离，取 0.828m；

r_1——冻结管内半径，取 0.0445m；

T——测温孔温度。

表 5-4 　　　积极冻结 30d "杯壁"冻结厚度 H 计算结果

测温孔孔号	测温孔 7.2m 深度处温度（℃）	冻结圆柱半径（m）	冻结壁有效厚度（m）
C1	-2.4	1.06	1.957
C2	-2.2	1.04	1.914
C4	-1.2	0.92	1.650

由表 5-4 可以看出，冻结壁"杯壁"有效厚度最小值为 1.65m，大于设计值 1.5m，

达到设计要求。

2. 冻结壁平均温度

在冻结壁的设计中,冻结壁的平均温度是冻结壁承载力评估及安全状态评判的重要参数,为提高冻结壁的整体强度,需要较低的冻结壁平均温度。

(1)冻结壁"杯底"平均温度。以测温点深度 5m 附近处为例,根据测温孔实测温度及测温孔与冻结壁中心线距离关系如图 5-8 所示,按面积积分法得到积极冻结 30d 时"杯底"冻结壁平均温度为 -14.88℃,满足设计要求,杯底冻结状况较好。

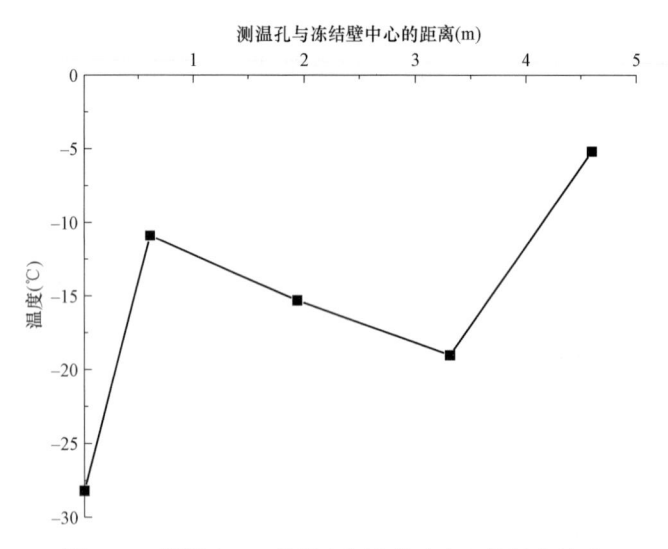

图 5-8 测温点 5m 处温度与冻结壁中心的距离关系

(2)冻结壁"杯壁"平均温度。采用单排管条件下的成冰公式计算"杯壁"平均温度,计算过程见式(5-2)和式(5-3)。

$$t_c = t_{0c} + \Delta t_n \tag{5-2}$$

$$t_{0c} = t_b\left(1.135 - 0.352\sqrt{L} - 0.875\frac{1}{\sqrt[3]{E}} + 0.266\sqrt{\frac{L}{E}}\right) - 0.466 \tag{5-3}$$

式中　t_b——回路盐水温度,取 -28.2℃;

t_c——"杯壁"平均温度,℃;

t_{0c}——按 0℃ 边界线计算的"杯壁"平均温度,℃;

t_n——冻结帷幕温度,取 -6℃;

E——冻结壁有效厚度,取 1.84m(见表 5-4 计算得到的冻结壁有效厚度平均值);

L——冻结孔最大间距,取 0.718m;

Δ——井帮冻土温度对冻结壁平均温度的影响系数,取 0.275。

由以上分析可得,冻结第 19d,"杯壁"处冻结壁开始交圈。积极冻结 30d,"杯壁"冻结厚度 1.65m＞设计值 1.5m,冻结壁平均温度 -10.26℃,符合设计要求。

5.3 冻结温度场模拟分析

5.3.1 模型建立

依据郑州地铁 7 号线黄河迎宾馆始发洞门地质情况、隧道结构、冻结管分布、冻结时间进行模拟。该地铁隧道双线水平冻结实际施工中，为尽可能减小土层的冻胀现象，左、右线隧道依次冻结，本节采用 ABAQUS 的热分析功能对左线冻结过程的温度场进行模拟分析。

人工冻结温度场是与时间和空间相关的瞬态温度场，根据郑州地铁 7 号线盾构始发人工冻结设计方案，考虑冻结温度场的影响范围，按照工程实际建立三维数值模型，模型高度取 51.8m，隧道开挖中心距地表 20.8m（所处地层自上而下为②$_{42}$粉砂和②$_{51}$细砂）；隧道中心距左右绝热边界 21m，沿隧道中心模型长度为 20m。按照与冻结管距离的远近进行网格划分，共划分为 708 493 个 DC3D8 实体单元，有限元模型如图 5-9 所示。采用 ABAQUS 中自有的热传递（heat transfer）单元类型对温度场进行分析。

人工冻结施工环境复杂，在满足工程需要的情况下，为便于进行有限元数值模拟分析，建立模型时采用以下假定：

图 5-9 有限元模型

（1）地表及各土层均水平分布，各土层均为热各向同性体，忽略不同土层之间热阻对热传导的影响；

（2）假设各土层具有相同的初始温度（20℃）；

（3）不考虑施工对土体冻结效果的影响；

（4）冻结管周边温度均匀，且不考虑冷量沿冻结管方向的损失；

（5）热量传递仅考虑热传导与对流两种方式，忽略热辐射；

（6）忽略地下水渗流对温度场的影响。

5.3.2 边界条件与参数选取

1. 温度初始条件

依照郑州当地气象资料和施工区域地质情况，土层及周围环境温度均取 20℃。冻结管盐水温度按照现场实测左线冻结管盐水回路温度进行取值，盐水温度随时间变化曲线如图 5-10 所示。

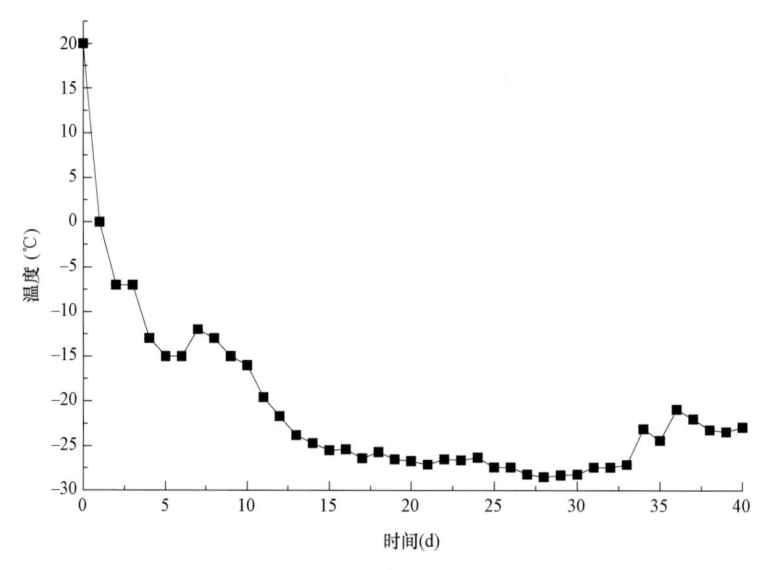

图 5-10 盐水温度随时间变化曲线

2. 热对流边界条件

在模型顶部（即地表），考虑大气与土体的对流换热边界条件，取大气温度为20℃，对流换热系数为175kCal/（m²·d·℃）；隧道开挖、衬砌构筑完毕后，考虑大气与混凝土的对流换热边界条件，对流换热系数为222kCal/（m²·d·℃）。

3. 位移边界条件

模型顶部为自由边界，底部进行完全约束，四侧分别对相应方向进行约束。

4. 土层物理参数

采用ABAQUS进行土体变形分析时，土体本构模型主要与密度、膨胀系数、比热、导热系数等物理参数有关，而土体的热物理参数随温度的变化而变化。因此模型中分段输入土体在不同温度下的热物理参数。土体物理参数见表5-5。

表5-5 土体物理参数

土层	密度/(kg/m³)	导热系数[kcal/(m·d·℃)] 常温(20℃)	导热系数 低温(-10℃)	比热[kcal/(kg·℃)] 常温(20℃)	比热 低温(-10℃)	膨胀系数(m/K) 常温(20℃)	膨胀系数 低温(-10℃)	备注
细沙	1637	29.7	45.8	0.5497	0.4445	0	-0.002	隧道开挖层，厚度12.7m
粉质黏土	1980	20.74	34.13	0.36	0.31	0	-0.002	

5.3.3 地层冻结的温度场演化规律

1. 测温点温度变化情况

冻结模拟计算中取1d为一个荷载步。为检验有限元模型的模拟效果，取5个测温点实测值与有限元分析值进行对比，实测温度与模拟温度对比分析如图 5-11 所示。其中 C1、C2 位于外圈冻结管外侧，C5 位于中圈冻结管外侧，C6 位于内圈冻结管外侧，C7 位于内圈冻结管内侧，设计冻结杯不同部位，对比结果更加可靠。

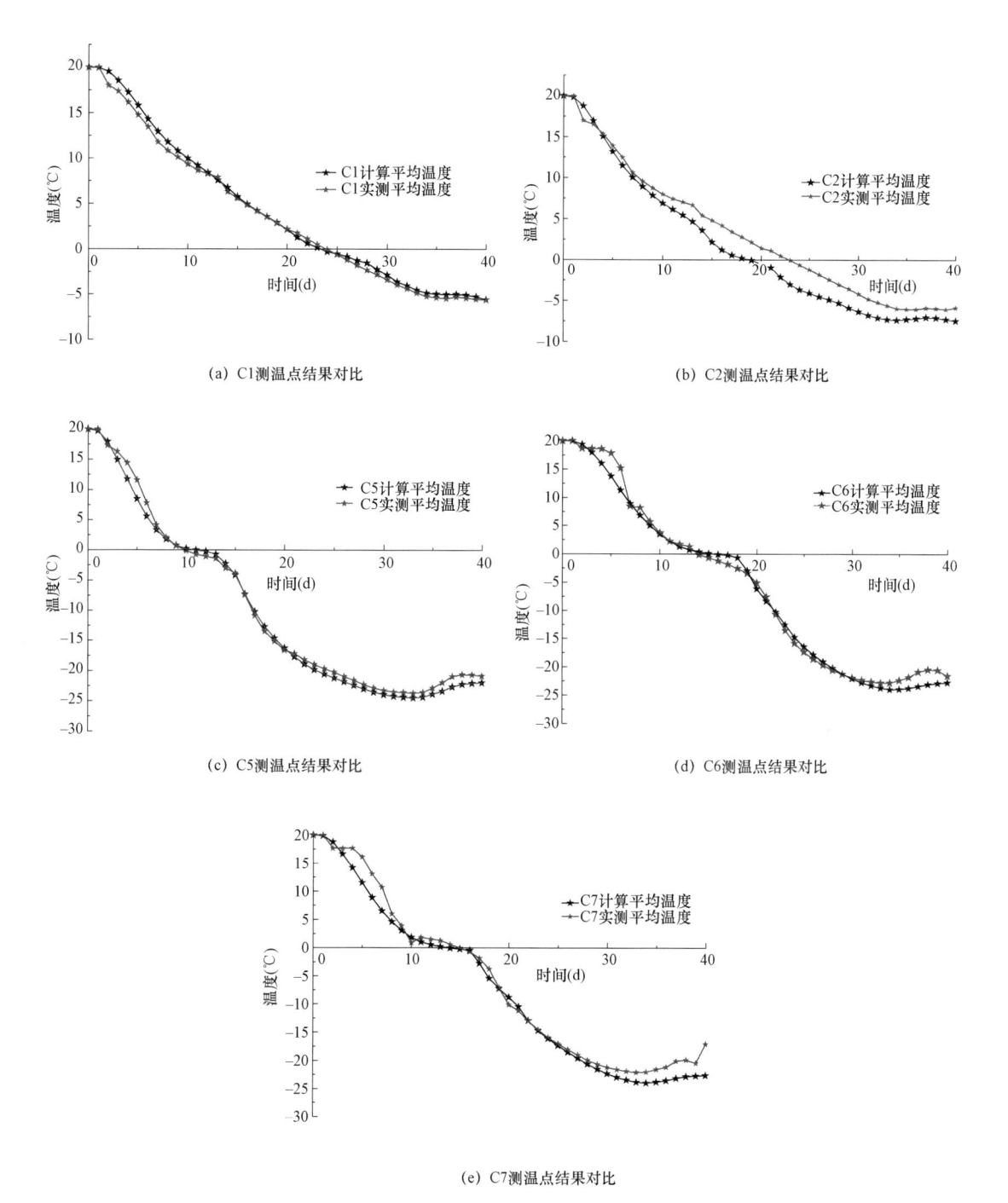

(a) C1测温点结果对比

(b) C2测温点结果对比

(c) C5测温点结果对比

(d) C6测温点结果对比

(e) C7测温点结果对比

图 5-11 实测温度与模拟温度对比分析

通过对不同区域工程实测温度与数值模拟结果的对比可以看出，实测值与模拟值发展规律基本一致，由于假设土体为均质的各向同性体，且未考虑冻结过程中水分的迁移作用，施工时冻结管与测温管产生的偏斜也会对结果产生影响。

总体来分析，数值模拟结果较好地反映了温度场的真实情况，利用有限元分析温度场的发展情况是可靠的。

2. 冻结壁发展情况

盾构始发洞门水平冻结加固工程积极冻结时间为30d，采用ABAQUS模拟分析的30d后温度场的总体分布如图5-12所示。

图5-12 冻结温度场分布图

以杯底部 1.0m 处（杯底与隧道中心线夹角为80°）截面为研究对象，选取其3、7、15、20、25、30d 的冻结壁杯底 1m 处温度分布云图（见图5-13），以便更加清晰地了解冻结壁随时间的演化情况。

从上图可以看出，在积极冻结前期［见图5-13（a）、图5-13（b）］，低温盐水冷量以冻结管为中心逐渐向四周扩散。随着盐水温度不断降低，土体温度也随之降低，各冻结管影响区域逐渐交接，由于外圈冻结管间距（1.2m）小于中圈和内圈（1.35m）冻结管间距，故外圈冻结管最先交接。积极冷冻20d后，冻结管圈内土体温度已降至0℃以下，土体逐渐转化为冻土。冻结管圈经内土体受多圈冻结管的影响，降温较快；圈经外土层仅受外圈冻结管影响，降温较慢。积极冻结30d后冻结区域土体温度大部分已降至-10℃以下，冻结杯壁形成，满足水平冻结设计要求。

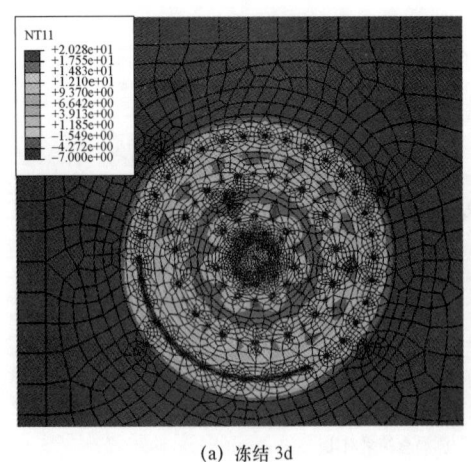

(a) 冻结3d

(b) 冻结7d

图5-13 冻结壁杯底1m处温度分布云图（一）

(c) 冻结 15d　　　　　　　　　　　　(d) 冻结 20d

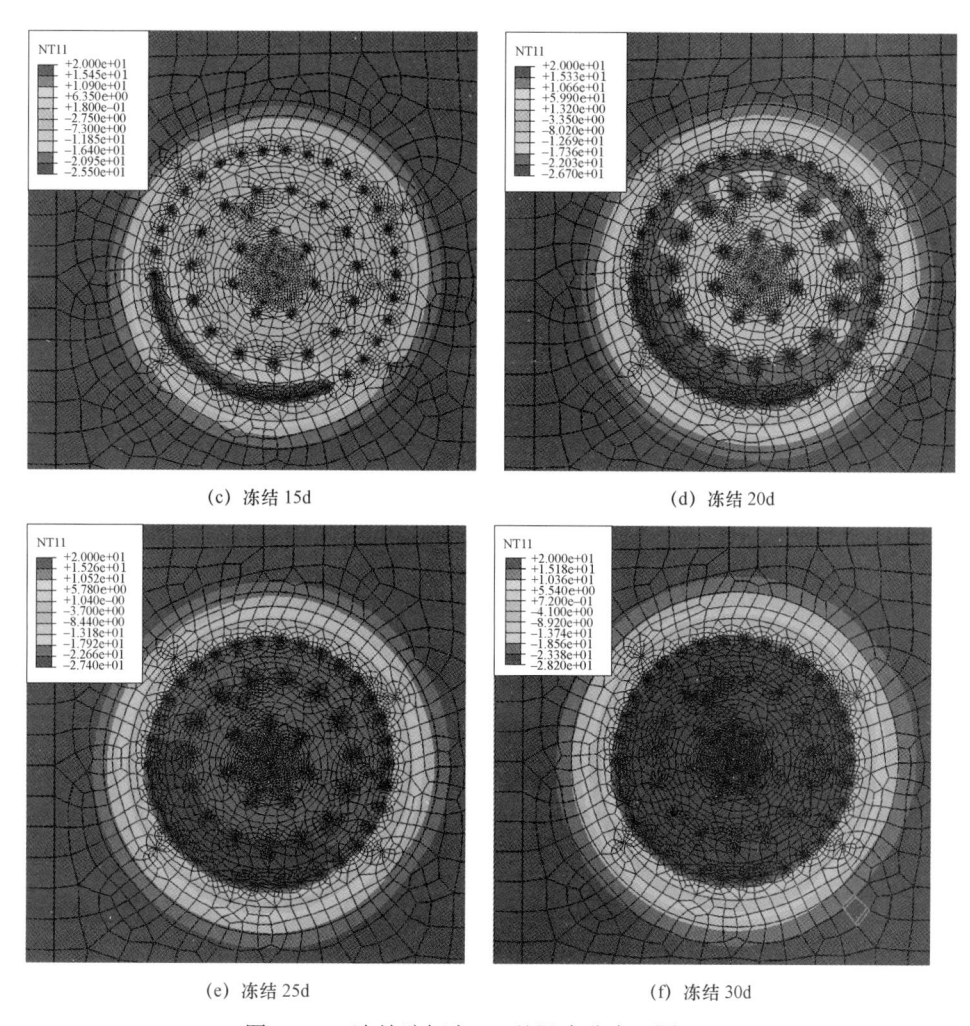

(e) 冻结 25d　　　　　　　　　　　　(f) 冻结 30d

图 5-13　冻结壁杯底 1m 处温度分布云图（二）

外圈冻结管长度（15.134m）与中圈和内圈冻结管长度（5.234m）不一，冻结壁的形成也有所不同。沿隧道开挖方向竖向切片，选取 3、7、15、20、25、30d 的冻结壁温度分布云图。由于外圈冻结管长度与中圈和内圈冻结管长度不一，冻结壁的形成也有所不同。沿隧道开挖方向竖向切片，选取 3、7、15、17、25、30d 的冻结壁隧道中心处温度分布云图（见图 5-14）。

由图 5-14 可知，沿隧道开挖方向，温度场以各自冻结管为圆心不断扩大。随着土体温度的不断降低，水平杯形冻结壁杯底部受多圈冻结管的影响，先一步发展为低温冻结区；冻结管底部土体由于受未冻土的不断吸冷，冻结发展速度及规模均慢于冻结壁杯底。冻结管圈内杯壁底部土体受多圈冻结管影响，降温速度高于冻结管圈外土体，圈外未冻土吸收较大的冷量，降温缓慢。

(a) 冻结 3d

(b) 冻结 7d

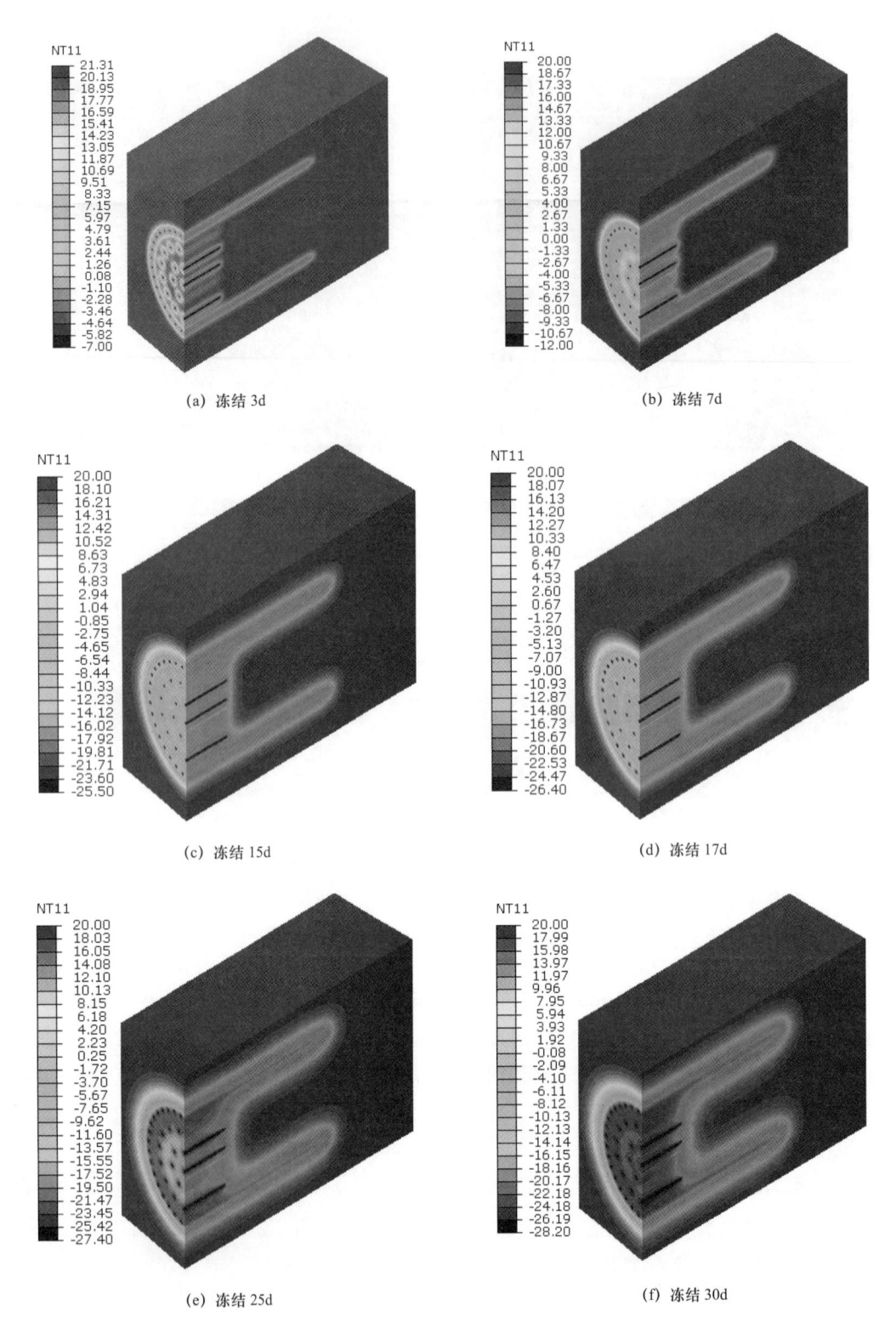

(c) 冻结 15d

(d) 冻结 17d

(e) 冻结 25d

(f) 冻结 30d

图 5-14　冻结壁隧道中心处温度分布云图

3. 冻结壁厚度与平均温度

冻结壁的厚度与平均温度是反映冻结效果的两个重要参数,当温度低于土体的冻结温度(-1℃)时,认为该处已形成冻结壁。通过对形成冻结壁区域的温度进行积分,再除以冻结壁有效厚度即可得出冻结壁的平均温度。

本地铁盾构始发洞门冻结加固设计采用"杯形"冻结壁进行土体加固,杯壁厚度$\geqslant 1.5$m,杯底厚$3.0\sim 3.562$m,杯长12m,冻结壁设计平均温度为不高于-10℃。为确定冻结壁厚度满足设计要求,以地连墙外侧为起点,在$Z=0$m,$Y=-2.65$m处设置路径1;在$X=0$m,$Z=-12$m处设置路径2,冻结壁有效厚度与平均温度分析路径示意图如图5-15所示。

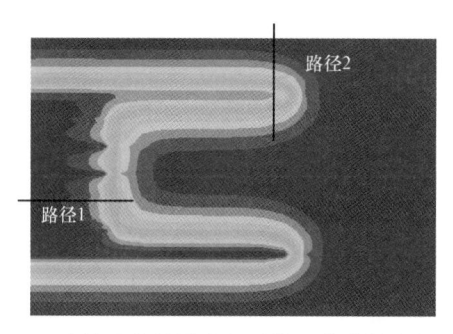

图5-15 冻结壁有效厚度与平均温度分析路径示意图

(1)杯底冻结壁厚度与平均温度分析(路径1)。沿路径1取6个分析点,分析点间距不一,各分析点距起点的距离分别为:0.88、1.76、2.64、3.52、4.52、5.52m。"杯底"路径1上各点不同时间温度分布如图5-16所示。

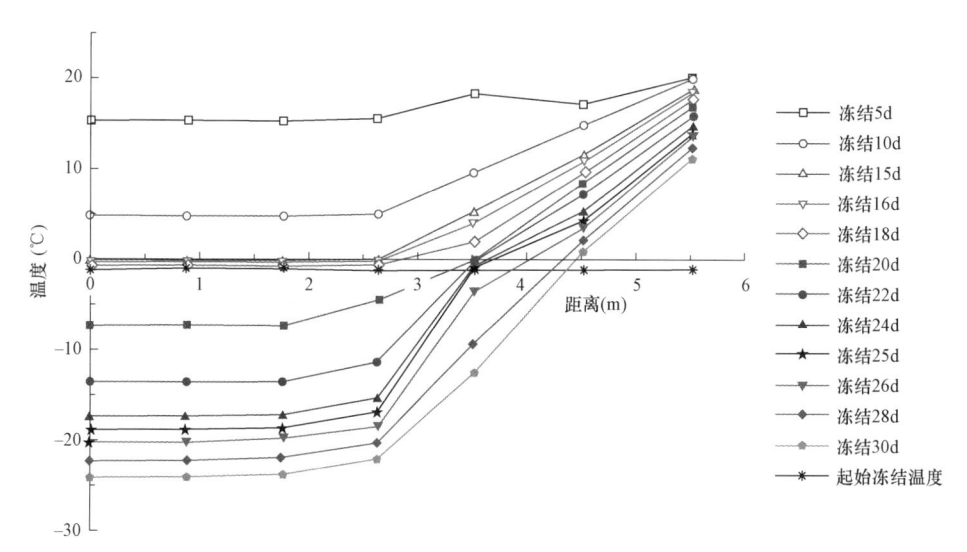

图5-16 "杯底"路径1上各点不同时间温度分布

从图5-16中可以看出,随着积极冻结时间的增长,水平冻结区杯底土体温度持续降低。冻结15d时，杯底区域2.6m范围内土体温度为0℃，土体尚未达到冻结温度（−1℃）；冻结20d时，杯底区域3.3m范围内土体均已完成冻结，土体温度均低于−1℃，但冻结区域土体温度基本在−10℃以上，未达到设计要求；冻结25d时，土体冻结厚度达到3.5m，继续冻结至30d，杯底区域4.38m范围内土体均已完成冻结，超过冻结壁杯底设计厚度。由图5−16还可以分析出，受冻结管末端未冻土影响，沿冻结管方向土体降温速度差异较大，距离冻结管起始端2.6m范围内土体降温明显。

"杯底"冻结壁有效厚度与平均温度随时间的变化情况如图5−17所示，从图中可以看出，"杯底"冻结壁交圈后有效厚度不断增加，其中第24～28d，杯底冻结厚度增加较快。冻结壁平均温度不断降低，变化速率逐渐减小。积极冻结20d后，冻结壁有效厚度达到3.3m，但平均温度仅为−5.95℃；积极冻结22d后，冻结壁有效厚度达到3.45m，平均温度已降至−11.39℃，"杯底"冻结壁达到设计要求。积极冻结30d后，冻结壁有效厚度达到4.38m，平均温度已降至−18.95℃，因此实际工程中以冻结管有效长度作为杯底冻结壁的有效厚度偏于安全。

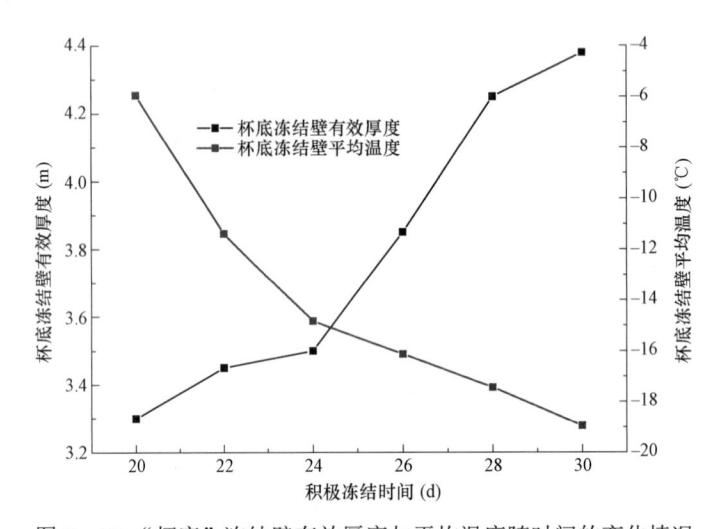

图5−17 "杯底"冻结壁有效厚度与平均温度随时间的变化情况

（2）杯壁冻结壁厚度与平均温度分析（路径2）。以外圈冻结管为中线，沿路径2两侧对称取15个分析点，分析点间距不一，各分析点距起点的距离分别为：−1.2、−1.026、−0.851、−0.677、−0.502、−0.377、−0.251、−0.126、0、0.175、0.35、0.52、0.7、0.9、1.13m（冻结壁内侧取负值，外侧取正值）。"杯壁"路径2上各点不同时间温度分布如图5−18所示。

从图5−18可以看出，冻结圈中心处温度最低，分析点距离冻结管越近，土体温度下降速度越快，在冻结管中心0.5m范围内土体温度下降迅速。积极冻结20d后，冻结壁有效厚度达到1m；积极冻结25d后，冻结壁有效厚度达到1.2m；积极冻结30d后，冻结圈内侧有效厚度0.84m，外侧有效厚度0.66m，冻结壁有效厚度达到设计值1.5m。

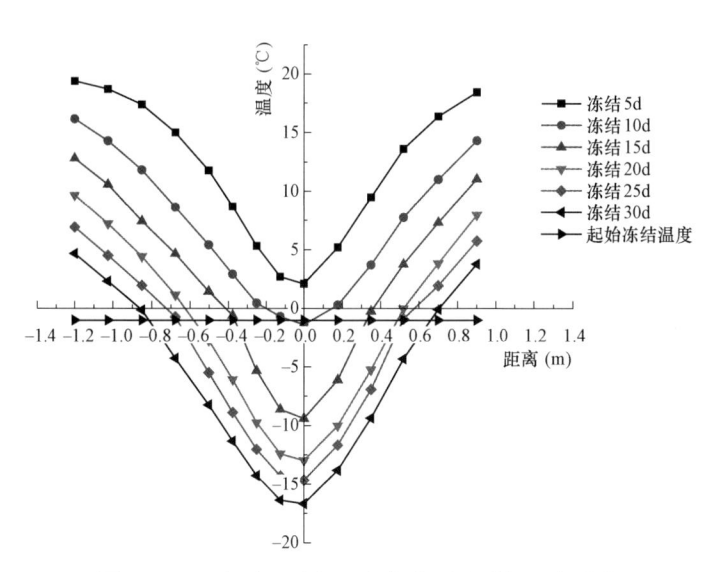

图 5-18 "杯壁"路径 2 上各点不同时间温度分布

"杯壁"有效冻结厚度与平均温度随时间的变化情况见图 5-19，从图中可以看出，"杯壁"冻结壁厚度随冻结时间增加逐渐增大，冻结平均温度逐渐降低。积极冻结 30d 后，"杯壁"有效冻结厚度达到 1.5m，平均温度达到 -10.29℃。

通过对比图 5-17 与图 5-19，可以看出，"杯壁"与"杯底"两者达到水平冻结设计要求所需的时间相差 8d。

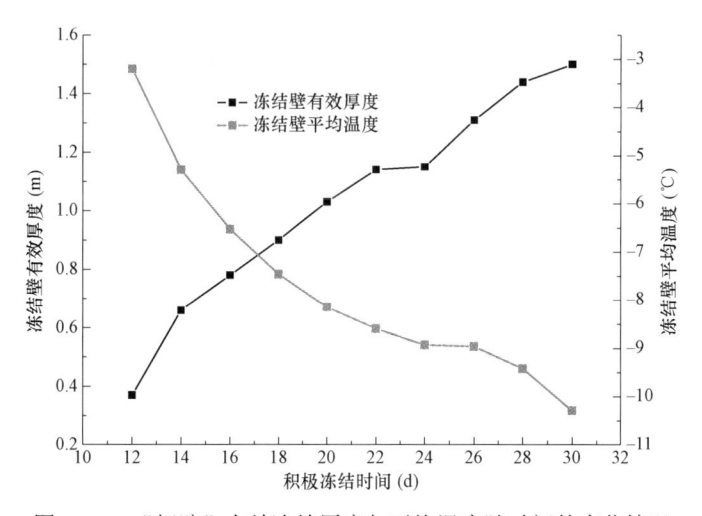

图 5-19 "杯壁"有效冻结厚度与平均温度随时间的变化情况

按照设计方案积极冻结 30d 时，杯底冻结壁厚度可达 3.2~3.8m，冻土温度低于 -20℃；杯壁的冻结厚度达到 1.5m，冻土温度低于 -10℃，满足设计要求，可以进行隧道开挖施工。通过 2 条路径分析水平冻结壁的厚度与平均温度，依照冻结设计方案积极冻结 30d 时，杯底冻结壁厚可达 3.8m，杯壁冻结壁厚度可达 1.6m；而在积极冻结 25d 时，杯壁冻结壁厚度已达到设计最低厚度 1.5m，而杯底冻结壁厚却未达到设计厚度 3.5m，两者所需冻结时间具有不一致性。

5.4 盾构穿越既有运营线的安全风险评估

新建地铁车站密贴下穿既有运营车站的安全风险评估的目的：为了系统考虑在新建地铁车站密贴下，穿越既有运营车站的修建过程中可能涉及的各项问题，防止施工过程对整体结构和使用功能造成严重不利影响，最终实现可持续发展。

5.4.1 风险特性

由于地铁工程的特殊性和工艺的复杂性，安全风险评估在工程建设时期对于实际工作人员的现场指导和相关工程计划的制定有着非常大的作用。有关地铁工程的风险主要特性包括不确定性、客观性、普遍性、动态性、复杂性和多样性。

（1）不确定性。由于风险的种类较多，且施工过程中所遇到的影响因素较多，施工过程中风险的不确定性，主要是指对潜在的风险是否发生、风险发生的具体时间、风险发生后所造成的安全隐患程度，均无法确定。由于这些风险的不确定性，在考虑风险时，只能通过模糊的理论和概率进行预测，所得到的结果只是概述，仅能作为参考而不能作为定论。

（2）客观性和普遍性。在地铁施工过程中，风险是客观存在的，不以人的意志为转移。无论客体、主体是否有意识地进行风险控制，进行施工过程中，风险始终都存在，其可能造成的安全隐患也是始终都可能出现的。风险具有无处不在、无时不有的特点，无论经过怎样的规避和预防，风险都不可能完全杜绝，只能尽量减少风险出现的可能性和降低其造成危害的程度。

（3）动态性。风险的动态主要表现在，有些风险是贯穿于整个工程的施工过程中，在任何一个施工环节都有可能出现，而有的风险则是由之前工程的成果逐渐叠加造成的，风险的重要程度会随着工程进行产生变化，基于风险的动态性特征，工作人员需要在工程开始前对风险出现的特征进行识别并进行相应的预防工作，针对工程建设过程中可能出现的风险，要制定风险清单，针对风险清单中不同的风险程度，提出具体的应对措施，以指导实际工作的进行和工程管理人员的现场管理。

5.4.2 风险评估

风险评估就是对新建地铁车站密贴下穿既有运营车站工程中可能产生的各个风险指标进行定量或定性分析，并根据其影响程度不同而对各项项目的风险等级进行判定的过程。风险评估一般可分为三部分：风险识别、风险估计与评价和风险应对。

1. 风险识别

项目的风险识别是风险管理的基本步骤。风险识别的准确与否直接决定后续风险管理步骤的正确性与科学性。通过风险识别可以识别出项目实施过程中可能面临的风险因素和风险所在位置，为后续的风险评估提供依据。常用的风险识别方法有头脑风暴法、德尔菲法、流程图法、情景分析法、因果图法、故障树分析法、基于内外部竞争环境和竞争条件下的态势分析（strengths，weaknesses，opportunities and threats，SWOT）法等。不同方法的识别程序和方式不同，有着各自的优缺点。针对不同领域不同项目的风险，可以选择多种方法综合使用，例如 Li M 等通过建筑信息模型（Building Information Modeling，BIM）技术对地铁施工过程中的方法和技术进行风险识别；Liu W 等通过综合探索性因子分析（exploratory factor analysis，EFA）和结构方程模型（structural equation modeling，SEM）来检查地铁建设安全的风险因素；Dong C 等通过知识—动态综合地图（knowledge-based information management，KIM）识别施工中的风险因素。

2. 风险估计与评价

风险估计与评价是风险识别后的风险管理步骤。风险识别结束后，会形成该项目的风险因素清单，风险估计与评价就是对风险因素清单里的各个风险因素进行定量估计，将定性描述的一些风险因素转换成可量化的指标，便于后期应用一些数据分析方法进行计算。

3. 风险应对

在完成风险估计与评价后，为避免风险发生或减小风险发生的可能性或减小风险后果的损失程度而采用的各种措施称之为风险应对措施。

5.4.3 风险评估思路

工程项目与一般的项目不同，周期长、参与方多、技术依赖性强等特点造成工程项目风险评估比其他领域的风险评估更复杂，任务更严峻。在整个项目的全寿命周期内的任何一个过程都会存在风险源，因此产生的风险因素也纷繁复杂。

新建地铁车站密贴下穿既有运营车站的风险评估思路是从工程项目特点和技术条件出发，再分析穿越地铁工程与地铁建筑相关联段的设计、施工技术方案、施工期间对地铁建筑物的影响等。最后以风险评估的角度，参考国内外各地，特别是北京修建地铁的案例风险，根据各项国家标准和工程实际数据，识别该工程对地铁影响的风险源或风险事件并进行评估，提出相关的风险应对措施。

5.4.4 风险影响分析

1. 模型说明

（1）土体本构模型采用摩尔-库仑破坏准则。

（2）模型各个构件采用以下方法进行模拟。

1）土体及隧道开挖采用实体单元；

2）车站和隧道管片采用壳单元。

（3）考虑车站和盾构区间影响区的模型尺寸为 150m×150m×40m（长×宽×高），建立计算模型及网格划分如图 5-20 所示。地表取为自由边界，其他五个面均约束其法向变形。模型结构关系如图 5-21 所示。

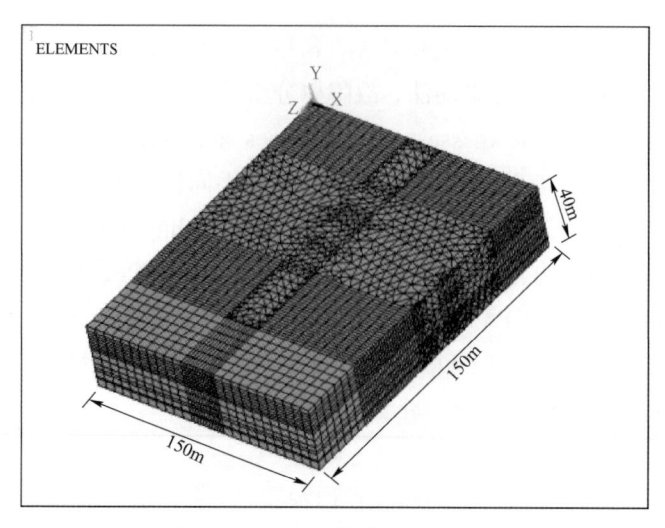

图 5-20　计算模型及网格划分

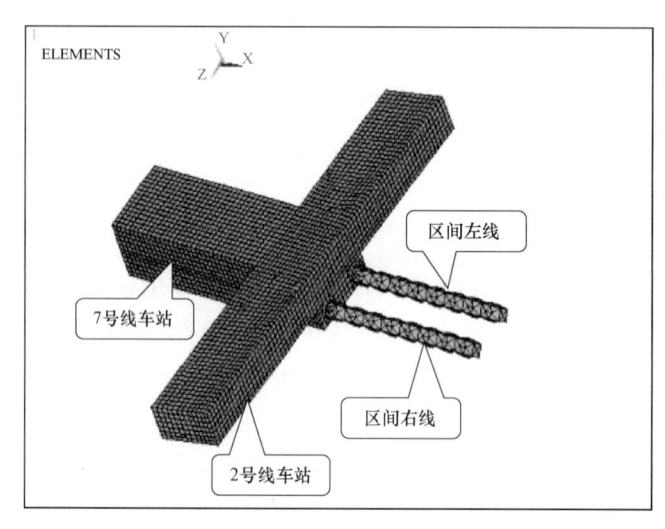

图 5-21　模型结构关系示意图

2. 模拟工序

盾构区间施工步序见表 5-6。

表 5-6　　　　　　　　　施 工 模 拟 步 序

工序	说明	工序	说明
第一步	盾构左线掘进 4 环	第九步	盾构右线掘进 4 环
第二步	盾构左线掘进 4 环	第十步	盾构右线掘进 4 环
第三步	盾构左线掘进 4 环	第十一步	盾构右线掘进 4 环
第四步	盾构左线掘进 6 环	第十二步	盾构右线掘进 6 环
第五步	盾构左线掘进 6 环	第十三步	盾构右线掘进 6 环

续表

工序	说明	工序	说明
第六步	盾构左线掘进 6 环	第十四步	盾构右线掘进 6 环
第七步	盾构左线掘进 6 环	第十五步	盾构右线掘进 6 环
第八步	盾构左线掘进 6 环	第十六步	盾构右线掘进 6 环

3. 计算结果

各工序引起的既有 2 号线黄河迎宾馆站的变形结果汇总见表 5-7。

表 5-7　　　　　　　　　　2 号线车站结构变形结果

变形种类	工序	最大变形值（mm）	变形方向	变形部位
竖向变形	步序一	-1.366	下沉	左线换乘节点底板
	步序二	-1.518	下沉	左线换乘节点底板
	步序三	-1.531	下沉	左线换乘节点底板
	步序四	-1.509	下沉	左线换乘节点底板
	步序五	-1.484	下沉	左线换乘节点底板
	步序六	-1.461	下沉	左线换乘节点底板
	步序七	-1.439	下沉	左线换乘节点底板
	步序八	-1.422	下沉	左线换乘节点底板
	步序九	-2.980	下沉	左线换乘节点底板
	步序十	-2.304	下沉	左线换乘节点底板
	步序十一	-2.998	下沉	左线换乘节点底板
	步序十二	-2.948	下沉	左线换乘节点底板
	步序十三	-2.908	下沉	左线换乘节点底板
	步序十四	-2.872	下沉	左线换乘节点底板
	步序十五	-2.840	下沉	左线换乘节点底板
	步序十六	-2.817	下沉	左线换乘节点底板
水平变形	步序一	-1.018	偏东	左线换乘节点底板
	步序二	-1.236	偏东	左线换乘节点底板
	步序三	-1.401	偏东	左线换乘节点底板
	步序四	-1.512	偏东	左线换乘节点底板
	步序五	-1.602	偏东	左线换乘节点底板
	步序六	-1.686	偏东	左线换乘节点底板
	步序七	-1.760	偏东	左线换乘节点底板
	步序八	-1.825	偏东	左线换乘节点底板

续表

变形种类	工序	最大变形值（mm）	变形方向	变形部位
水平变形	步序九	－2.220	偏东	右线换乘节点底板
	步序十	－2.358	偏东	右线换乘节点底板
	步序十一	－2.385	偏东	右线换乘节点底板
	步序十二	－2.446	偏东	2号线车站底板
	步序十三	－2.501	偏东	2号线车站底板
	步序十四	－2.623	偏东	2号线车站底板
	步序十五	－2.742	偏东	2号线车站底板
	步序十六	－2.859	偏东	2号线车站底板

依据上述模型的计算结果可知，盾构区间施工对既有2号线黄河迎宾馆站的竖向变形最大值为－2.998mm，下沉变形，变形部位在左线换乘节点底板；水平变形最大值为－2.859mm，偏东，变形部位在2号线车站底板。

5.4.5 评估结论

通过前述分析，可以得出以下结论：

通过建立三维地层—结构模型，由于新建7号线盾构区间施工对既有2号线车站结构及轨道产生了一定程度的竖向变形和水平变形，结构最终变形结果汇总见表5-8。

表5-8　　　　　　　　　　结构最终变形结果汇总

风险点	工况类型	变形种类	变形值（mm）	发生部位
盾构始发	步序十六	竖向变形	－2.817（下沉）	左线换乘节点底板
	步序十六	水平变形	－2.859（偏东）	2号线车站底板

根据计算所得盾构区间施工引起的2号线地铁车站结构预测变形值进行分析可知：结构累计变形满足CJJ/T 202—2013《城市轨道交通结构安全保护技术规范》和GB 50911—2013《城市轨道交通工程监测技术规范》的要求。

5.5 盾构掘进参数分析

5.5.1 盾构始发掘进流程

图5-22为盾构掘进作业工序流程图。

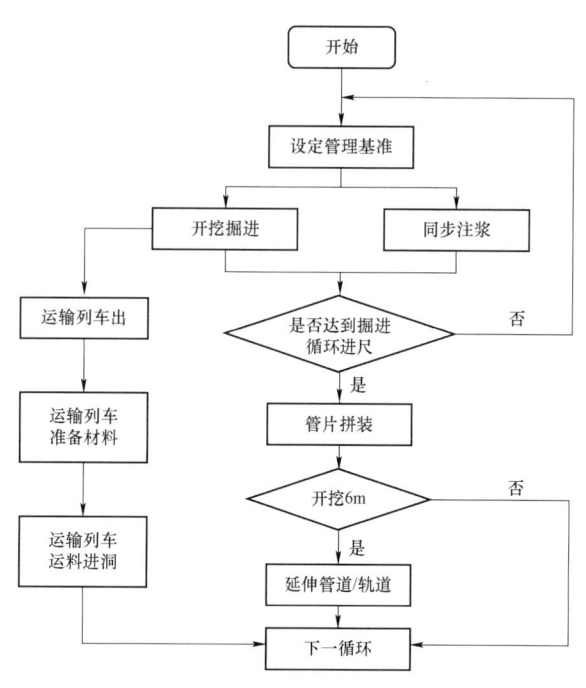

图 5-22 盾构掘进作业工序流程图

5.5.2 盾构始发与试掘进参数控制

在盾构始发洞门水平冷冻加固完成后,参考冻结帷幕参数选取最优的施工工艺,完成盾构始发指导参数总结,确保盾构快速、匀速、稳定始发掘进,离开既有运营地铁 2 号线黄河迎宾馆站控制保护区范围。

1. 盾构始发掘进

(1) 始发掘进技术要点。

1) 为确保盾构机顺利始发,始发前根据规范要求进行联系测量,将平面导线及高程引至始发站底板,然后复核洞门及始发井底板实际偏差,依此确定盾构机及基座轴线位置及标高;盾构机吊装完成后对盾构机初始姿态进行准确测量,并对自动导向系统进行调试;现场测量严格执行双检制,联系测量、设计线路数据计算、盾构机初始姿态等报监理及第三方测量进行复核。

2) 第一环负环管片定位时,管片的后端面应与线路中线垂直。负环管片轴线与线路的轴线重合,负环管片采用错缝拼装方式。

3) 盾构在始发台上向前推进时,通过控制推进油缸行程使盾构机基本沿始发台向前推进。

4) 盾尾密封刷和洞门环密封刷已涂满手涂密封油脂。

5) 始发初始掘进时,盾构机处于始发台上,因此需在始发台及盾构机上焊接防扭转支座,为盾构机初始掘进提供反扭矩。

6) 始发前在刀头和密封装置上涂抹黄油,避免刀盘上刀头损害洞门密封装置。始发前在基座上涂抹黄油，减少盾构推进阻力。

7）注浆设备安装调试完毕，注浆材料及防水材料到位并已进行复检，相关配合比试验已完成。

8）盾构始发时缓慢推进。始发阶段由于设备处于磨合阶段，注意推力、扭矩的控制，同时注意各部分油脂的有效使用。掘进总推力控制在反力架承受能力以下，同时确保在此推力下刀具切入地层所产生的扭矩小于托架提供的扭矩。

（2）盾构始发注意事项。

1）始发基座导轨必须顺直，严格控制标高，间距及中心轴线。

2）破除洞门完毕后必须尽快将盾构推入洞内，使盾构切口环切入土层，以缩短正面土体暴露时间。

3）防止盾构旋转、上飘。盾构始发时，正面加固土体强度较高，由于盾构与地层间无摩擦力，盾构易旋转，加强盾构姿态控制，如发现盾构有较大转角，可采用刀盘正反转的措施进行调整。盾构刚始发时，掘进速度宜缓慢，刀盘切削土体可加水降低盾构正面压力，防止盾构上浮。

4）始发前在反力架及始发井附近受力的车站结构上设置变形观测点，始发时加强反力架及始发井附近车站结构的变形观测。

5）在始发阶段，由于盾构机推力小，调整盾构机姿态，使用下部的千斤顶加朝上的力矩的同时一边向前推进，防止盾构机磕头。

6）当盾尾离开洞门约3m时，对洞口压注双液浆封堵，同时启动同步注浆系统及盾尾油脂系统，以防浆液倒灌，堵死浆管。

（3）始发防栽头措施。

盾构机始发时，由于盾体重心靠前，盾构机前端进入土体后，后部盾体不受到土体的约束，容易出现"栽头"和盾体扭转现象，为防止盾构姿态出现较大偏差，可采取相应措施：

1）导台定位时，前端适当抬高2～3cm。

2）在始发井洞门钢环内侧位置设置始发导轨。导轨应避开对翻板及帘布的影响，端墙宽800mm，考虑100mm的空余量，导轨采用43kg/m的钢轨，导轨设置位置及纵向坡度与托架轨道一致。在洞门凿除完成后，即在钢环内焊接加固导轨，导轨务必固定牢靠。以区间右线为例，导轨安装如图5-23所示。

3）适当增大上下两组推进油缸的油压差，减小盾体的"栽头"趋势。

2. 盾构始发掘进参数控制

黄河迎宾馆站始发端头加固长度为12m，盾构机长9.3m，将盾构机刀盘进入加固区视为始发掘进开始，盾尾推出加固区视为始发掘进结束。盾构始发掘进过程中，为减小对地层的扰动，对始发掘进的各个方面进行优化。包括：掘进参数设置、姿态控制、出土量控制、土压控制、同步注浆控制、连续掘进等6个方面，盾构掘进控制程序图如图5-24所示。根据类似地层的施工经验及理论计算，暂定控制值见表5-9，其中土仓压力是主

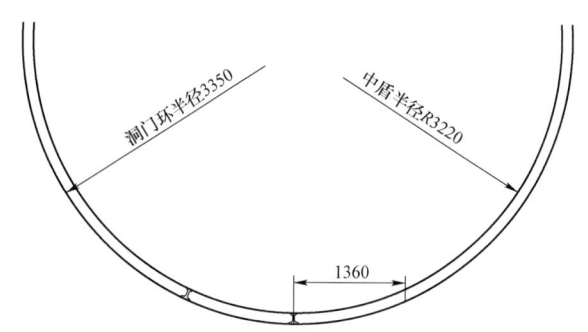

图 5-23 导轨安装示意图（单位：mm）

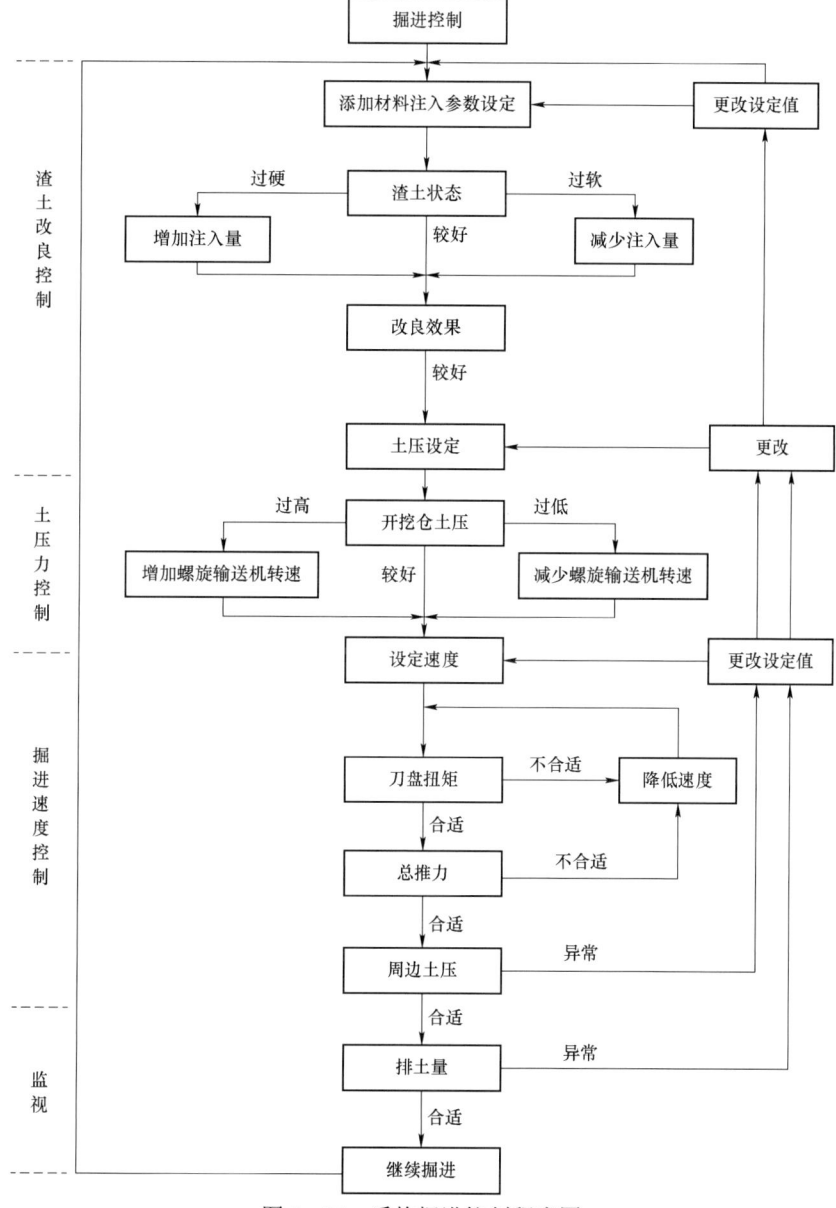

图 5-24 盾构掘进控制程序图

要的管理指标,注浆量需要在盾构机远离洞门之后通过二次注浆弥补,以确保管片背后填充密实。始发阶段要根据实际推进情况及监测反馈情况对掘进参数进行总结、分析,为正常掘进阶段的参数控制提供依据。

表 5-9　　　　　　　　　　正常掘进参数控制指标

始发参数	黄~英区间左线	黄~英区间右线
土仓压力	2.0~2.38bar	2.0~2.38bar
推进速度	$v \leqslant 30$mm/min	$v \leqslant 30$mm/min
总推力	<10 000kN	<10 000kN
排土量	$\leqslant 63$m³	$\leqslant 64$m³
刀盘转速	0.5~1.5r/min	0.5~1.5r/min
注浆量	5.8m³	5.13m³

(1) 盾构掘进参数设置。

在盾构始发洞门水平冷冻加固完成后,参考冻结帷幕参数和以前盾构始发掘进参数,选取最优的施工工艺,完成盾构始发指导参数总结,并严格按照指导参数进行掘进,确保盾构快速、匀速、稳定始发掘进,盾构始发初期参数控制见表 5-10。

表 5-10　　　　　　　　　　盾构始发初期参数控制表

环数	土仓压力 (bar)	总推力 (t)	掘进速度 (mm/min)	刀盘转速 (r/min)	刀盘扭矩 (kN·m)	同步注浆量 (m³)	出渣方量 (m³)	出渣重量 (t)
-5	0	<500	<15	0	0	0	0	0
-4	0	<500	<15	0.5~0.8	<1000	0	0	0
-3	0	<800	<10	0.3~0.5	0~3000	0	0	0
-2	0.3~0.5	<800	<10	0.3~0.8	2000~3000	0	40	80
-1	0.5	<800	10~15	1~1.2	3500	0	48.68	98
0-1	0.5~0.8	<800	10~15	1~1.2	3500	0	48.68	98
2	0.5~0.8	<800	10~30	1~1.2	3500	0	48.68	98
3	0.8~1	<800	10~30	1~1.2	4000	5.13	48.68	98
4-5	1~1.2	<800	20~35	1~1.2	4000~4800	5.13	63.5	108

1) 盾构在加固区内的参数设置。

a. 负5~负4环:在推进-5环时,刀盘开始顶着密封压板和帘布进入洞门环,始发前在帘布上涂抹黄油,防止刀具刮坏帘,在推进-4环时,盾体进入洞门环密封装置;

b. 负3环:本环推进后半段刀盘会逐渐切削土体,扭矩逐变大,注意始发前焊接防扭块,防止盾体自转控制低扭矩,低转速切削冻土层,开始向洞门环加焊的盾尾油脂密封腔内注入压力油脂;

c. 负2环:本环推进时会进行出土作业,推进前电瓶车停到位,推进时刀盘要频繁正反转，防止盾体自转，在拼装超过 20min 时要动一下盾体，推进时可适当增加右侧油缸推力；

d. 负 1 环：推进时随着盾体进入土体，推力会越来越大，继续关注洞门有无渗漏水，且在后半段刀盘会出冻结区"杯底"；

e. 0~1 环：推进时随着盾体进入冷冻加固体的长度增大，推力会越来越大，持续关注洞门有无渗漏水，推进时刀盘会完全推出"杯底"，由于刀盘开挖比前盾直径大 20mm，会有水顺着盾体向尾盾渗出，如有漏水可采取堵漏措施；

f. 2 环：在本环末尾盾会脱出洞门帘布，洞门环与负环之间的间隙会增大为 25cm，本环推进之前提前备好面纱、棉被、聚氨酯等应急物资；

g. 3 环：推进前备 5m³ 砂浆，自本环开始同步注浆，控制好注浆压力，一旦洞口漏浆，可调低压力或者暂停一会继续注；

h. 4~5 环：第 5 环推进中，刀盘会推出冻结区杯壁，扭矩会有所下降。

2）盾构出加固区后掘进参数设置。

盾构在经过初期掘进后，盾构机主机已完全进入洞门内且已在土仓内建立土压，为加强盾构掘进参数控制，信息化指导施工，进而有效控制地表沉降、盾构姿态、管片错台等；首先根据地质水文特点、设计参数、盾构机参数等对掘进参数进行理论计算，盾构始发阶段以理论计算参数作为参考，并结合以往类似地层的施工经验确定始发参数，试验段内通过监控量测、参数统计对比，分析理论计算参数适应性，并对掘进参数进行修订，对盾构掘进参数进行动态管理。因此参数计算即为参数控制的基础工作，下面以黄~英区间左线为例，对盾构掘进参数进行理论计算、控制；在此基础上进一步调整、优化，确保盾构掘进参数控制有效、得当。

a. 土仓压力值 P 的选定。采用土压平衡模式掘进时，土压力的设定是施工的关键，包含了推进力、推进速度和出土量三者的相互关系，对盾构施工轴线控制和地层沉降控制起主导作用。

土仓压力理论计算：

$$P = P_1 + P_2 + P_3 = \gamma_w \times h + K_0 \times [(\gamma - \gamma_w) \times h + \gamma \times (H - h)] + 15（预备压力）$$

式中　P——土仓压力，kPa；

P_1——地下水压力；

P_2——静止土压力；

P_3——预备压力，取 15kPa；

γ_w——水的容重，kN/m³；

h——地下水位以下的隧道埋深（算至隧道中心），m；

K_0——侧向土压力系数，本次施工取 0.42（区间主要位于②$_{22}$ 黏质粉土与②$_{51}$ 细砂中）；

γ——土的容重，取 19.3kN/m³；

H——隧道埋深（算至隧道中心），m。

取隧道埋深 $H=20.6$m（始发端隧道中心线），水位埋深距地面 8.3m，水的容重 $\gamma_w=10$kN/m³。

经计算，仓压力值 $P=238.32$kPa$=2.38$bar。

在始发时在加固区内土压逐渐增加至 0.3～0.5bar，出加固区土压保持在 2.0～2.38bar。施工中，据不同的施工环境及监测数据，土仓压力进行相应调整。

b. 千斤顶推力 F 的控制。初始掘进时，盾构机的推进速度控制在 15～40mm/min，试掘进阶段确定推力考虑管片及反力架的承受力，故在开始的 20 环最大推力不应大于 1000T。

土层压力分析：

根据线路的纵剖面图，地层分布较均匀，可直接取全部上覆土体自重作为上覆土地层压力，如图 5-25 所示。

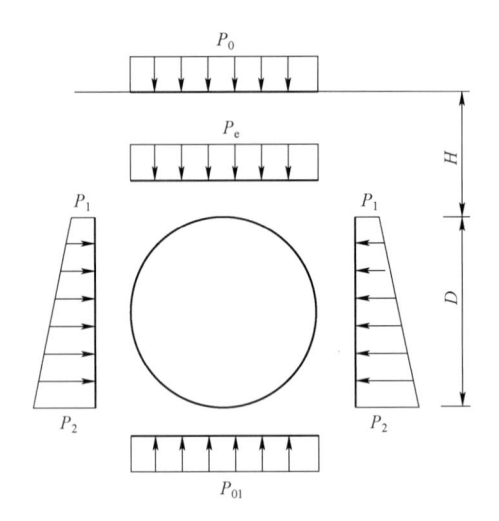

图 5-25 荷载模型及计算示意图

盾构机所受土压力：

$$P_e = \gamma h + P_0$$
$$P_{01} = P_e + G/(DL)$$

土压力计算模型：

$$P_1 = P_e \times \lambda$$
$$P_2 = (P_e + \gamma D)\lambda$$

式中 λ——水平侧压力系数，取始发段隧道所处地层②$_{42}$黏质粉土与②$_{51}$细砂的静止侧压力系数的平均值 0.38；

H——上覆土厚度，取 17.6m；

γ——土容重，2.03×10^4N/m³；

G——盾构机主机重，左线 $G=378 \times 10^4$kN、左线 330×10^4kN；

D——盾构机外径，$D=6.44$m；

L——盾构机长度，$L=9.07\text{m}$；

P_0——地面上置荷载，取 $P_0=7.9\times10^3\text{Pa}$（始发段地面上置荷载主要为装载机、叉车等施工机具，按照公路Ⅲ级荷载取值）；

P_{01}——盾构机底部的均布压力；

P_1——盾构机拱顶处的侧向水土压力；

P_2——盾构机底部的侧向水土压力。

$$P_\text{e}=2.03\times10^4\times17.6+7.9\times10^3=3.65\times10^5\text{Pa}$$

左线 $P_{01}=3.65\times10^5+378\times10^4/(6.44\times9.07)=4.3\times10^5\text{Pa}$

右线 $P_{01}=3.65\times10^5+330\times10^4/(6.44\times9.07)=4.21\times10^5\text{Pa}$

$$P_1=3.65\times10^5\times0.38=1.39\times10^5\text{Pa}$$

$$P_2=(3.65\times10^5+2.03\times10^4\times6.44)\times0.38=1.88\times10^5\text{Pa}$$

盾构推力分析如下。

盾构的推力主要由以下五部分组成：

$$F=F_1+F_2+F_3+F_4+F_5$$

式中　F_1——盾构外壳与土体之间的摩擦力，$F_1=(P_\text{e}+P_{01}+P_1+P_2)aDL\mu\pi/4$；

F_2——刀盘上的水平推力引起的推力，$F_2=\pi D^2P_\text{d}/4$；

F_3——切土所需要的推力，$F_3=\pi D^2C/4$；

F_4——盾尾与管片之间的摩阻力，$F_4=0.3W_\text{C}$；

F_5——后方台车的阻力，$F_5=G_\text{h}\sin\theta+\mu_\text{g}G_\text{h}\cos\theta$。

μ——土与钢之间的摩擦系数，取 0.3；

P_d——水平土压力，$P_\text{d}=\lambda\gamma(h+D/2)=16.1\times10^4\text{Pa}$；

C——土的黏结力，取 $15\times10^3\text{Pa}$（参考区间岩土力学参数建议值表）；

W_C——两环管片的重量，取 $48.22\times10^4\text{N}$；

G_h——盾尾台车的重量，取 $129\times10^4\text{N}$；

θ——坡度，取 2‰，$\sin\theta=0.002$，$\cos\theta=1$；

μ_g——为滚动摩阻，$\mu_\text{g}=0.05$；

a——盾构四周土体压力折减系数，a 取 0.6。

左线 $F_1=(3.65+4.3+1.39+1.88)\times10^5\times6.44\times9.07\times0.3\times3.14\times0.6/4=92.00\times10^5\text{N}$

右线 $F_1=(3.65+4.2+1.39+1.88)\times10^5\times6.45\times9.07\times0.3\times3.14\times0.6/4=91.00\times10^5\text{N}$

$$F_2=3.14\times(6.44^2\times16.1\times10^4)/4=52.57\times10^5\text{N}$$

$$F_3=3.14\times(6.44^2\times15\times10^3)/4=4.89\times10^5\text{N}$$

$$F_4=48.22\times10^4\times0.3=1.45\times10^5\text{N}$$

$$F_5=129\times10^4\times0.002+0.05\times129\times10^4\times1=0.67\times10^5\text{N}$$

盾构机的理论推力为：

左线 $F=(92.0+52.57+4.89+1.45+0.67)\times10^5\text{N}=151.58\times10^5\text{N}=15\,158\text{kN}$。

右线 $F=(91.0+52.57+4.89+1.45+0.67)\times10^5\text{N}=150.58\times10^5\text{N}=15\,058\text{kN}$。

根据以往施工经验，盾构机试掘进阶段，盾体顺序进入土层，盾构外壳与土体之间的摩擦力小于 F_1 计算值，故始发掘进推力取值偏小，一般约为 8000～10 000kN；正常掘进过程中的推力值在 12 000～16 000kN 之间。

c. 刀盘转速。设计刀盘转速为 0～3.36pm，无级、可调。

刀盘转速当掘进速度确定后，主要受刀具贯入度影响，刀具贯入度 P_e＝掘进速度 v/刀盘转速 n，即刀盘转速 n＝掘进速度 v/刀具贯入度 P_e。

刀具贯入度过大，将导致刀具线速度过快和更高的温度，引起额外的磨损；贯入度过小，又易产生刮擦而无法顺利切削土体，并导致刀具背部磨损增加。因此，考虑设定刀具贯入度在 30～40mm/r，由此得刀盘转速为 0.5～1.5r/min，现场根据试掘进情况进行调整。

d. 掘进速度。掘进速度受土质、扭矩、推力和土仓压力等综合影响，其中受土质的影响最大。v_{max}＝60mm/min，试掘进阶段 v≤30mm/min。

e. 出土量的控制密封仓内土压力受螺旋输送机转速和出土门的开度控制。

理论出土量（实方）：

左线 V＝(π/4)×D²×L＝(π/4)×6.43×6.43×1.5＝48.68m³/环

右线 V＝(π/4)×D²×L＝(π/4)×6.46×6.46×1.5＝49.13m³/环

采用土压平衡模式掘进时，实际出土量控制在理论值的 120%～130%左右，不超过 64m³。以维持一定土压力，保证盾构正面土体的稳定。

出土量多少直接影响到刀盘正面土压力和开挖面的稳定，控制排土量是控制地表变形的重要措施。盾构在保持一定正面土压力时，其排土量取决于输送机的转速，而螺旋输送机的转速与盾构推进千斤顶推进速度协调，较好保持土压平衡。

3）加固区后掘进参数交底。通过初始推进，选定六个施工管理的指标：① 土仓压力；② 推进速度；③ 总推力；④ 排土量；⑤ 刀盘转速；⑥ 注浆量，根据我公司 5 号线类似地层的施工经验及理论计算暂定控制值见表 5-11，其中土仓压力是主要的管理指标，注浆量需要在盾构机远离洞门之后通过二次注浆弥补，以确保管片背后填充密实。始发阶段要根据实际推进情况及监测反馈情况对掘进参数进行总结、分析，为正常掘进阶段的参数控制提供依据。

表 5-11   正常掘进参数控制指标

始发参数	黄一英区间左线	黄一英区间右线
土仓压力（bar）	2.0～2.38	2.0～2.38
推进速度（mm/min）	v≤30	v≤30
总推力（kN）	<10 000	<10 000
排土量（m³）	≤63	≤64
刀盘转速（r/min）	0.5～1.5	0.5～1.5
注浆量（m³）	5.8	5.13

（2）盾构姿态控制。

盾构机有一个良好的掘进姿态，减少掘进时对姿态的调整，是减少对地层扰动、保证管片拼装质量的关键。始发时盾构水平姿态控制在±5mm，垂直姿态进洞时控制在0~10mm范围，进洞后姿态控制在-10~10mm之间，要求刀盘在接触掌子面~推出加固区范围内的推进速度低、贯入度低。在加固区掘进完成后，推进速度匀速，具体推进速度参数以盾构始发推进后优化参数为准。盾构掘进时纠偏量不得超过5mm/m。管片选型顺应盾构的运行走向进行拼装，盾尾测量间隙原则上不得小于50mm。

（3）出土量控制。盾构掘进时的出土量控制采取出土参数控制与出土方量重量双控措施。

根据对螺旋出土速度参数与掘进速度参数的分析比对，总结出一套盾构掘进速度与螺旋机转速相匹配的参数控制（见表5-12），让盾构司机参照参数严格控制出土速度和出土量，在相对应的掘进速度的情况下螺旋转速严禁超过规定限值，监控室值班人员进行监督。

表5-12　　　　盾构掘进速度与螺旋机转速相匹配的参数控制

推进速度（mm/min）	10	20	30	35	45
转速（r/min）	1.45	2.9	4.4	5.1	6.6
出土量（m³/min）	0.44	0.88	1.32	1.54	1.98

严格执行方量与重量双控措施，根据《黄河迎宾馆站至英才街站区间岩土工程勘察报告》对隧道范围内地层的分析结果和左线盾构掘进出渣方量、重量统计结果。

1）在加固区掘进时。

368号每环出土方量不得超过$48.68\pm1m^3$，每环出土重量不得超过$108\pm2t$；

219号每环出土方量不得超过$49.13\pm1m^3$，每环出土重量不得超过$108\pm2t$。

加固区掘进时，不采取泡沫、膨润土等渣土改良措施。计算公式如下：

a. 中铁装备368号。

$$1环出土方量 = 1.3\pi R \times R \times L = 1.3 \times 3.14 \times 3.22 \times 3.22 \times 1.5 = 63.48m^3 \approx 48.68m^3$$

（加固区为冻结土体，不考虑松散系数；R为半径，$R=3.22m$；L为推一环管片行程，$L=1.5m$）

$$1环出土重量 = 1环理论出土方量 \times 2.0 = 3.14 \times 3.22 \times 3.22 \times 1.5 \times 2.0$$
$$\approx 98t（2.0为细砂的密度）$$

b. 中铁装备219号。

$$1环出土方量 = 1.3\pi \times R \times R \times L = 1.3 \times 3.14 \times 3.23 \times 3.23 \times 1.5$$
$$= 63.88m^3 \approx 49.13m^3$$

（加固区为冻结土体，不考虑松散系数；R为半径，$R=3.23m$；L为推一环管片行程，$L=1.5m$）

$$1\text{环出土重量}=1\text{环理论出土方量}\times 2.0=3.14\times 3.23\times 3.23\times 1.5\times 2.0$$
$$\approx 98\text{t}（2.0\text{为细砂的密度}）$$

2）盾构出加固区后。

368号每环出土方量不得超过$63.5\pm 1\text{m}^3$，每环出土重量不得超过$108\pm 2\text{t}$；

219号每环出土方量不得超过$63.9\pm 1\text{m}^3$，每环出土重量不得超过$108\pm 2\text{t}$。

计算公式如下：

$$1\text{环添加剂（泡沫、水、剥除剂）重量}=10\times 1=10\text{t}（1.0\text{为水的密度}）$$

a. 中铁装备368号。

$$1\text{环出土方量}=1.3\pi\times R\times R\times L=1.3\times 3.14\times 3.22\times 3.22\times 1.5=63.48\text{m}^3\approx 63.5\text{m}^3$$

（1.3为松散系数；R为半径，$R=3.22\text{m}$；L为推一环管片行程，$L=1.5\text{m}$）

$1\text{环出土重量}=1\text{环理论出土方量}\times 2.0=3.14\times 3.22\times 3.22\times 1.5\times 2.0\approx 98\text{t}$（2.0为细砂的密度）

$1\text{环渣土重量}=1\text{环理论出土重量}+1\text{环添加剂重量}=98+10=108\text{t}$

b. 中铁装备219号。

$$1\text{环出土方量}=1.3\pi\times R\times R\times L=1.3\times 3.14\times 3.23\times 3.23\times 1.5=63.88\text{m}^3\approx 63.9\text{m}^3$$

（1.3为松散系数；R为半径，$R=3.23\text{m}$；L为推一环管片行程，$L=1.5\text{m}$）

$1\text{环出土重量}=1\text{环理论出土方量}\times 2.0=3.14\times 3.23\times 3.23\times 1.5\times 2.0\approx 98\text{t}$（2.0为细砂的密度）

$1\text{环渣土重量}=1\text{环理论出土重量}+1\text{环添加剂重量}=98+10=108\text{t}$

以上参数为设定参数，掘进过程中现场须根据情况进行适当调整，在掘进速度稳定在10～25mm/min且出土量正常、地面监测情况也正常的情况下，建议螺旋机转速适当提高，以此提升速度，使盾构快速始发，推出既有运营地铁2号线黄河迎宾馆站安全控制范围。

（4）土压控制。

1）本区间始发掘进地层主要以$②_{51}$细砂为主，始发段覆土厚度为17.56～18.93，通过理论计算结合试验段参数情况将在始发时在加固区内土压设定为0.3～0.8bar，出加固区土压设定为2.0～2.38bar，施工中，据不同的施工环境及监测数据，土仓压力进行相应调整。

2）协调好推进速度、螺旋机转速和土压之间的关系。

3）保持土仓内的泥土处于良好的流动性、不透水性的状态。

（5）同步注浆控制。

管片脱离盾尾时及时、足量注入高质量的同步注浆浆液，胶结时间控制在4h左右，减少浆液散失；确保填充效果，控制地层损失，同步注浆以压力为主，注入量为辅。应保证同步注浆的及时性，密切关注同步注浆浆液储量，及时通知拌站进行放料补充。

根据当前的施工情况和试验段的参数试验，确定同步浆液配合比每方用量为水泥:砂:粉煤灰:膨润土:水 = 176:973:331:103:435，左线注浆量控制在5.8m³以上，右线控制在

5.13m³ 以上。为保证达到对环向空隙的有效充填，同时又能确保对地层扰动管片结构不因注浆产生变形和损坏，始发段预计注浆压力取值为：0.15～0.3MPa，正常掘进阶段同步注浆压力一般为 1.1～1.2 倍的静止土压力，压力控制在 3～4bar，能及时且最大程度利用同步注浆填充满管片背后的间隙。

在盾构穿越期间需进行沉降观测，根据自动化监测及时反映隧道推进区域上方建筑物的变形情况，实施动态管理。

同步注浆浆液每环取样检测初凝时间（4.5h 左右）、终凝时间是否合格，结实率是否合格。如果出现不合格情况，须及时调查原因（设备、材料、操作失误等）并及时安排洞内在对应的该环位置整环（除 K 块以外）进行二次注浆，以加快壁后浆液的凝结。

同时拼完管片时进行长时间的油脂注入，保证油脂仓内完全充满油脂后再进行盾构机的推进，确保盾尾不漏浆及浆液的饱满性。

为确保盾构机连续掘进，项目部和搅拌站进行对接，采取商品砂浆作为备用料，确保在掘进期间搅拌站突发故障，及时可以提供同步浆液，停止掘进期间每 5～10min 采取手动补充注浆措施将压力保持在 3bar。

（6）连续掘进。

根据以往施工经验，不停机快速通过既有运营地铁 2 号线黄河迎宾馆站安全控制范围，能最大限度地减小掘进对地层的扰动。因此在穿越既有线安全控制范围时掘进速度应匀速通过，具体速度参数根据盾构推进后，优化的速度参数为准。

因黄河迎宾馆站采用商品砂浆，为保证掘进的连续性，项目部和商品砂浆站进行对接，始发期间通知商品砂浆站制作备用料，确保在掘进期间同步浆液充足。

盾构在始发前，由机械跟机工程师对盾构及后配套系统要进行全面仔细检修，确保穿越时不出现机械故障，并对可能产生的故障预先做好修理准备，备足主要零配件，同时安排专人在穿越期间对设备进行定时检查巡视，发现问题及时处理，减少穿越期间停机检修设备的风险。

3. 试掘进长度的确定

根据相关要求，前 100m 设为试验段，对之前通过试验或者计算获取的各项掘进参数进行论证，并根据沉降监测及实际掘进情况对各项参数进行调整、优化，总结不同地层中盾构机掘进参数和地表沉降的相关关系，以便在后期掘进过程中，能随地质、埋深、环境条件变化而动态地调整施工参数，做出快速、灵活兼预测性的应变反应。通过试验段之后，为提高功效拆除负环管片，铺设道岔安排两列电瓶车编组配合盾构施工。试掘进长度考虑了下几个因素：

（1）盾构机和后方台车的长度（$L=80$m）。

（2）工作井内井口处布置双线道岔的需要。

（3）管片与土体之间的摩擦力足以抵抗盾构机正常掘进的推力以拆除负环。

计算公式如下：

$$F=\mu \pi DLP \tag{5-4}$$

式中 μ——管片与土体的摩擦系数,取 0.3;

D——管片外径,取 6.2m;

L——已安装的管片长度;

P——作用于管片背面的平均土压力,取 100kPa。

盾构机在本地层施工最大推力不超过 36 000kN,取安全系数为 1.5,则

$$F = 1.5 \times 36\,000 = 0.3 \times 3.14 \times 6.2 \times 100L$$

求得 $L=92.5\text{m}$,即推进 100m 满足拆除要求。

4. 试掘进注意事项

(1) 试掘进前期,对前方地层的地质情况加强了解,要根据土质情况选择合适的掘进参数,做好渣土改良工作,充分利用泡沫剂、膨润土和高分子聚合物对渣土进行改良,以减小刀盘工作压力和刀盘扭矩,确保盾构机始发掘进的安全、顺利。

(2) 试掘进段盾构正面中心土压初始设立根据计算确定,并根据跟踪监测数据及时调整土仓压力。通过控制出土速度及出土量来调整土仓压力以平衡开挖面土压力。

(3) 管片安装保持良好的真圆度,真圆度保持不好会造成后续施工困难,也会引起管片本身的破坏。因此管片安装必须做到以下几点:

1) 按顺序及操作规范施工;

2) 管片安装后及时进行回填注浆;

3) 加强管片真圆度的测量。通过测量盾尾与管片之间的间隙,如姿态较好的情况下各个方向的间隙基本一致,则可说明管片的真圆度较好。

参考文献

[1] 朱永涛. 饱和软土地层盾构始发冻结加固及稳定性研究 [D]. 福州:福建工程学院,2018.

[2] 朱彦涛. 冻结法施工过程的有限元数值模拟 [D]. 郑州:中原工学院,2017.

[3] 颜晓健. 城市地铁盾构施工风险预警研究 [D]. 重庆:重庆交通大学,2012.

[4] 郑礼均. 地铁盾构施工项目安全风险评估分析 [J]. 交通世界:2019(Z2):264-265.

[5] 陈国华. 风险工程学 [M]. 北京:国防工业出版社,2007.

[6] 陶履彬. 工程风险分析理论与实践:上海崇明越江通道工程风险分析 [M]. 上海:同济大学出版社,2006.

[7] 戴树和. 工程风险分析技术 [M]. 北京:化学工业出版社,2007.

[8] Li M, Yu H, Jln H, et al. Methodologies of safety risk control for China's metro construction based on BIM [J]. Safety Science, 2018, 110.

[9] Liu W, Zhao T, Zhou W, et al. Safety risk factors of metro tunnel construction in China: An integrated study with EFA and SEM [J]. Safety Science, 2018, 105: 98-113.

[10] Dong C, Wang F, Li H, et al. Knowledge dynamics-integrated map as a blueprint for system

development: Applications to safety risk management in Wuhan metro project [J]. Automation in Construction, 2018, 93: 112–122.

[11] 梁泊. 新建地铁车站密贴下穿既有运营车站的安全风险评估研究[D]. 成都：西南石油大学, 2019.

[12] 刘志涛. 地铁穿越工程中新建地铁对既有地铁安全运营的影响分析[D]. 北京：北京交通大学, 2009.

第6章 盾构始发端岩土体变形特性及控制技术

6.1 地层冻结的位移场演化规律

在积极冻结过程中，过量的土体冻胀会对施工范围内及周围地下管线、地上道路、建筑物产生不利影响，同时冻结管还存在折断风险。因此研究积极冻结过程中，地层位移场演变规律具有重要的实际意义。

6.1.1 冻结期竖直位移场分布规律

选取积极冻结 5、10、15、20、25、30d 的竖向位移场分布云图，如图 6-1 所示。

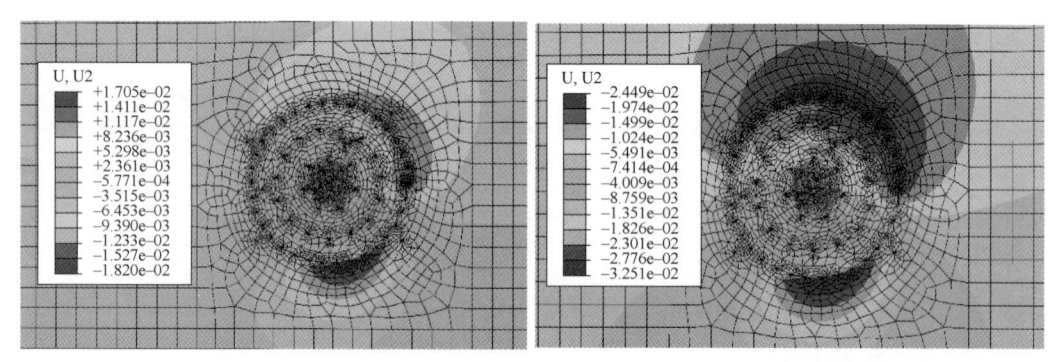

(a) 冻结5d后竖向位移分布云图　　(b) 冻结10d后竖向位移分布云图

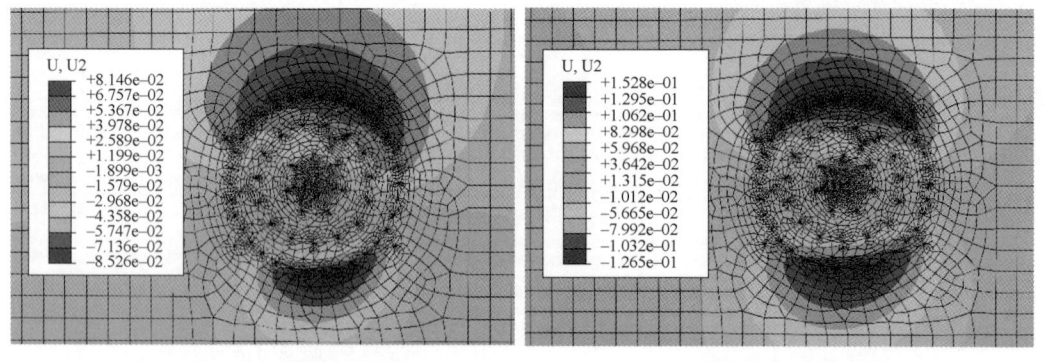

(c) 冻结15d后竖向位移分布云图　　(d) 冻结20d后竖向位移分布云图

图 6-1　不同冻结时期竖向位移分布云图（一）

(e) 冻结25d后竖向位移分布云图　　　　　(f) 冻结30d后竖向位移分布云图

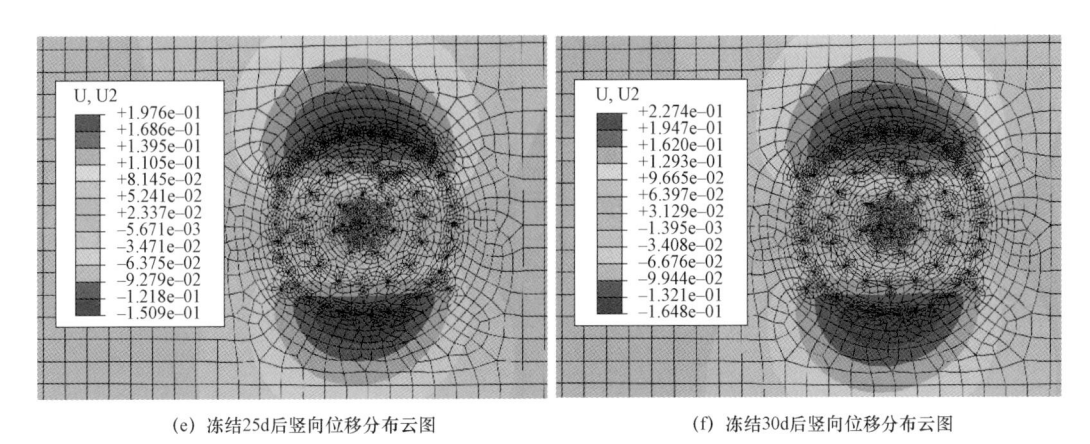

图 6-1　不同冻结时期竖向位移分布云图（二）

从图 6-1 可以看出，积极冻结 5d 后最大竖直向上位移发生在隧道顶部斜上方，最大竖直向下位移发生在隧道底部斜下方，其原因为杯底与隧道中心线夹角为 80°，模型左右两边不对称，造成冻结效果产生差异；随着冻结时间的增加，最大值位置逐渐向隧道顶部与底部移动，积极冻结 30d 后，最大位移值达到 227mm，竖直最大位移发生于隧道正上方。

6.1.2　冻结期水平位移场分布规律

选取积极冻结 5、10、15、20、25、30d 的水平位移场分布云图，不同冻结时期水平位移分布云图如图 6-2 所示。

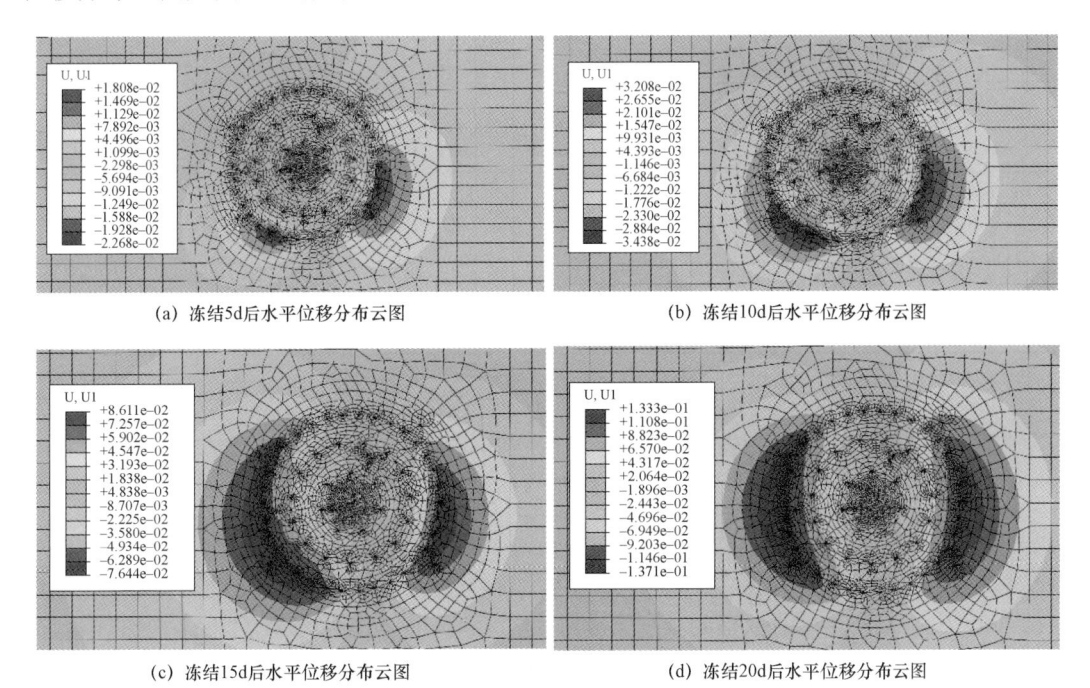

(a) 冻结5d后水平位移分布云图　　　　　(b) 冻结10d后水平位移分布云图

(c) 冻结15d后水平位移分布云图　　　　　(d) 冻结20d后水平位移分布云图

图 6-2　不同冻结时期水平位移分布云图（一）

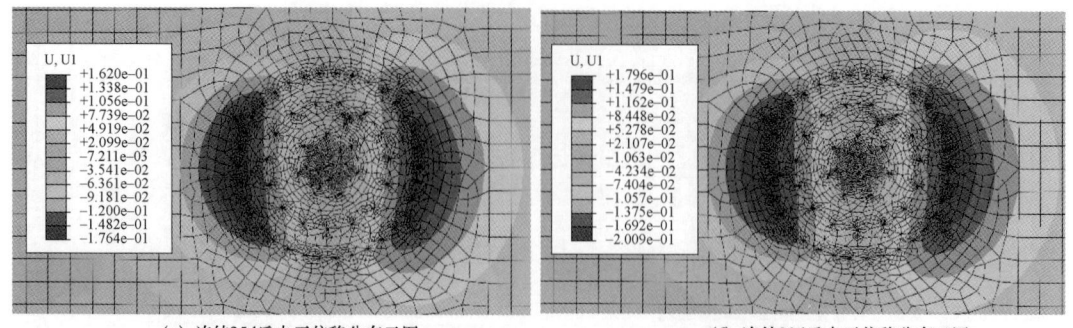

(e) 冻结25d后水平位移分布云图　　　　　　(f) 冻结30d后水平位移分布云图

图 6-2　不同冻结时期水平位移分布云图（二）

从图 6-2 可以看出，积极冻结 5d 后最大水平向左位移发生在隧道右下角，最大水平向左位移发生在隧道左下角，其原因为模型左右两边不对称（杯底与隧道中心线夹角为 80°），造成冻结效果产生差异；随着冻结时间的增加，最大值位置逐渐向隧道左右两端移动，积极冻结 30d 后，水平最大位移发生于隧道腰部，最大值达到 201mm。

6.1.3　冻结期冻胀位移发展趋势

为详细了解积极冻结过程中各个冻结时期隧道周围土体位移分布情况，输出每 5d 的土体位移值与隧道正上方地表竖向位移值，见表 6-1。

表 6-1　　　　　　　　　　土　体　位　移　表

冻结时间（d）	水平方向（mm）		竖直方向（mm）		
	最大值	最小值	最大值	最小值	地表
5	10.41	-6.77	7.76	-13.48	9.93
10	22.31	-18.83	20.75	-27.40	8.45
15	70.82	-67.77	75.79	-79.21	26.71
20	120.82	-131.49	144.26	-123.06	44.18
25	152.01	-170.34	190.59	-148.23	56.52
30	171.78	-197.11	219.98	-164.81	66.52

注　水平方向"+"为向右，"-"为向左；竖直方向"+"为隆起，"-"为沉降。

由表 6-1 可知，冻结 10d 时，水平向右的位移为 22.31mm，水平向左的位移为 18.83mm，竖直隆起的位移为 20.75mm，竖直沉降的位移为 27.4mm，地表总的隆起为 8.45mm；冻结 20d 时，水平向右的位移为 120.82mm，水平向左的位移为 131.49mm，竖直隆起的位移为 144.26mm，竖直沉降的位移为 123.06mm，地表总的隆起为 44.18mm；冻结 30d 时，水平向右的位移为 171.78mm，水平向左的位移为 197.11mm，竖直隆起的位移为 219.98mm，竖直沉降的位移为 164.81mm，地表总的隆起为 66.52mm。

图 6-3 为不同冻结时期水平与竖向位移趋势图，由表 6-1 和图 6-3 可知，随着冻

第 6 章 盾构始发端岩土体变形特性及控制技术

结时间的增加，冻胀变形随之增大。积极冻结结束时（30d），冻结引起的竖直隆起方向位移的变化量最大，其次是水平向左位移变化量，再次为水平向右位移变化量，竖直沉降的变化量最小。从位移趋势图中可以看出，隧道水平左右方向位移几乎呈对称分布，而竖向位移则呈非对称分布。其原因为水平方向上，左右边界约束条件一致，均仅对其相应方向进行约束；竖直方向上边界条件不一致，地表为自由边界，无约束，而底部边界为完全约束，存在土压力来抑制冻胀力的变形。

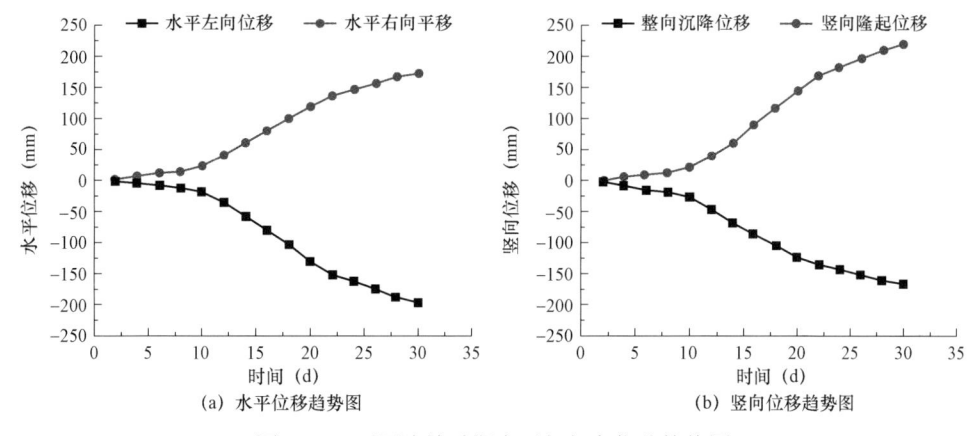

(a) 水平位移趋势图

(b) 竖向位移趋势图

图 6-3 不同冻结时期水平与竖向位移趋势图

图 6-4 为地表竖向位移趋势图，由图可知，积极冻结时间在 10～20d 之间时，地表向上隆起的速度较快，其原因为冻结管周围土体温度在此区间内下降最快，即冻胀力增长量最大的，故此时地表隆起量增加最快。随着冻结时间的增加，地表的竖向隆起也随之增加。冻结管正上方的地表隆起量最大，离冻结管越远，地表隆起增加量就越少。位移场的分布以冻结管正上方地表位移点为中心，向两边逐渐减小，呈近似正态的分布规律。

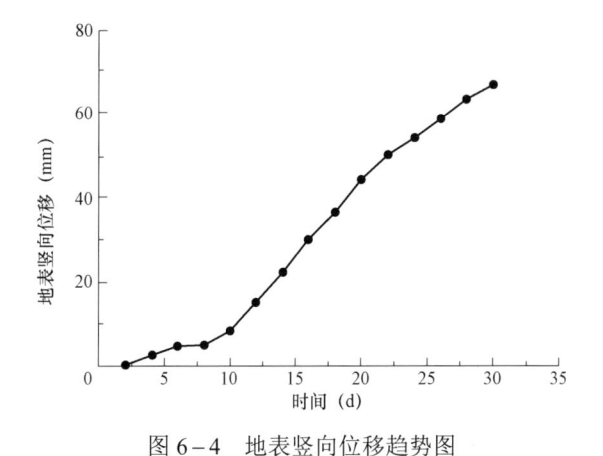

图 6-4 地表竖向位移趋势图

在实际工程中，隧道修建于在地下，冻结所产生的冻胀力相对于隧道底部土的固结应力较小，故竖直沉降的变化量较小；隧道顶部边界为自由边界，即土体的应变可以随应力的增加而增加,故竖直隆起的变化量相对较大。随着时间的增加,竖向隆起位移增长速率快于竖向沉降的位移增长速率,且其增长量也大于竖直沉降的增长量。

6.2 土体变形的控制技术及效果分析

6.2.1 引起周围土体变形的一般规律

在实际盾构施工过程中,影响隧道周围土体变形的因素较多,现场施工情况较为复杂,给出一个较为符合实际施工情况的预测公式或模型是不实际的。因此,通过对以往施工经验的总结,盾构施工参数变化引起周围土体变形的一般规律有如下几个方面:

(1) 对于盾构法隧道施工来说,土层分布与土的物理性质对盾构参数设定有重要影响,通过设定盾构施工参数可达到有效控制隧道周围土体变形的效果。

(2) 工作面平衡压力对工作面上的土体以及工作面前方土体的变形影响较大,而对盾尾后方的土体变形影响较小;当工作面平衡压力在 $1\sim 2P_{ref}$ 时,平衡压力与工作面上土体在推进方向上的位移量呈线性关系,且位移量一般在 $\pm 0.2m$ 之间;而当工作面平衡压力超过 $3P_{ref}$ 时,工作面上土体向隧道外产生较大的变形,因此盾构工作面平衡压力应该控制在 $1\sim 2P_{ref}$ 之间,最大不能超过 $3P_{ref}$。

(3) 在同一土层中,盾构前方的地表竖向位移随工作面平衡压力的增加而增大,地表竖向位移最大处为隧道轴线位置;在同一横断面上,竖向位移量随着与轴线间距的增大而减小;盾构前方地表纵向和横向变形的影响范围随工作面平衡压力的增加而增大。

(4) 在同一土层中,盾构工作面平衡压力与隧道埋深为线性关系,两者呈正比;工作面的理论平衡压力为 $1.3P_{ref}$,工作面的理论平衡压力要大于土体的静止侧向土压力。

(5) 当埋深较深(大于 18m)时,盾构总推进力和刀盘扭矩对地表竖向位移可以忽略。

(6) 当隧道埋深一定时,盾构工作面后方,地表最大竖向位移量随着土体损失的增加而增大,其竖向位移量的大小与土体损失的大小基本呈正比。

(7) 在同一土层中,当土体损失一定时,盾构工作面后方,地表最大竖向位移量随隧道埋深的增加而减小;当隧道埋深不超过 18m 时,地表横向沉降槽宽度系数与隧道埋深呈正比。

(8) 当工作面平衡压力不变时,工作面上土体在推进方向上的位移量随内摩擦角的增大而增大,而工作面上需要的平衡压力随土体内摩擦角的增大而减小。

(9) 土的物理学性质中,土体重度和内摩擦角对工作面平衡压力影响较大,孔隙比、渗透系数对同步注浆的效果影响较大。

上述规律是建立在正常施工的条件下,但是在盾构施工过程中,施工情况及现场条件千差万别,因此,在现场施工过程中,应具体情况具体分析。

6.2.2 土体变形的控制

控制盾构施工过程中土体变形的方法主要有三种：设置合理的盾构推进参数、进行同步注浆以及二次补浆。

1. 设定合理的工作面平衡压力

工作面平衡压力是影响盾构推进前方土体变形的主要因素。根据对不同埋深条件与不同土质参数条件下工作面平衡压力分析可知：埋深和土体内摩擦角是影响工作面平衡压力大小的主要因素。因此，在确定合理工作面平衡压力值时，应主要考虑埋深和土体内摩擦角这两个因素的影响。

平衡压力值、差值与埋深的关系曲线近似呈直线，并考虑到内摩擦角的影响，可得到盾构工作面理论平衡压力的计算公式：

$$P_0 = \frac{P_{\text{ref}}}{f(h)} \tag{6-1}$$

式中　P_0——盾构工作面平衡压力，kN；

　　　P_{ref}——参考土压力，kN；

　　　$f(h)$——工作面平衡压力随埋深的增量，kN。

在实际盾构推进过程中，为保证工作面的稳定，通常要求工作面平衡压力要稍大于推进前方土体的水平土压力。因此，为便于计算，将函数 $f(h)$ 简化为：

$$f(h) = 4h \tag{6-2}$$

将式（6-2）代入式（6-1）即得到理论平衡压力的计算公式：

$$P_0 = \frac{P_{\text{ref}}}{4h} \tag{6-3}$$

式中　h——隧道中心点处埋深。

在盾构推进过程中，以 P_0 为基准值，配合施工过程中的地表沉降监测结果来控制工作面平衡压力的大小，以确保盾构推进过程中切口前方地表以及周边环境的安全。

2. 设定合理的同步注浆参数

（1）同步注浆压力的设定。同步注浆压力的设定不能过小，过小则不能平衡隧道上覆土土压力，导致周围土体向尾隙内坍塌，浆液无法回填。注浆压力又不能过大，一方面，注浆压力过大会出现"劈裂现象"，即浆液切入隧道周围土体，尤其是在软黏土地基中，其劈裂允许压力值较低；另一方面，注浆压力过大还可能使隧道管片变形，进而引起隧道崩塌。

同步注浆压力设定值通常与地层阻力强度、注入条件（浆液的性质、喷出量及注入工法等）决定的附加项的和相等。地层阻力强度主要指隧道上覆土土压力。国内外对盾构注浆压力与地表沉降量之间关系的研究表明：当注浆压力相当于隧道埋深处的地层压力时，对减少地层损失和地表沉降量效果最为显著。地铁隧道一般埋深在 10～20m 之间，应采用太沙基的土压力计算方法：

$$P_e = \frac{B\left(\gamma - \frac{C}{B}\right)}{K_0 \tan\varphi}\left(1 - e^{-K_0 \tan\varphi \frac{H}{B}}\right) + W_0 e^{-K_0 \tan\varphi \frac{H}{B}} \quad (6-4)$$

$$B = \frac{D}{2}\cot\left(\frac{45° + \frac{\varphi}{2}}{2}\right) \quad (6-5)$$

式中　P_e——土压力，kN/m^2；
　　　D——隧道外径，m；
　　　B——隧道顶部松动圈幅，m；
　　　K_0——侧向土压力系数；
　　　γ——土体的容重，kN/m^3；
　　　C——土的内聚力，kPa；
　　　φ——土的内摩擦角，°；
　　　H——上覆土厚度，m；
　　　W_0——地面荷载，kPa。

因此，注浆压力不应小于 P_0。对于钢管片，当注入孔处的压力为 0.5~0.6MPa 时，先是出现管环变形，接着主梁和肋板也相继变形；对于混凝土管片，当注入压力为 0.4MPa 左右时，K 型管片的螺栓将被剪断，故使用混凝土管片时，注浆压力应小于 0.4MPa。

通过对注浆压力的研究可知，在自稳能力较差的软弱黏土地层中，盾尾土体暴露后很快就可能坍塌，进行注浆时盾尾空隙可能已经减小，因此在进行同步注浆时，可适当增大注浆压力，以获得更好的充填效果；在自稳能力较强的地层中，同步注浆压力可适当减小；在有较大涌水的地层中，同步注浆压力可适当增大，应大于地下水压力。

（2）同步注浆量的设定。回填浆液的注入量 Q，通常可按式（6-6）估算：

$$Q = Va \quad (6-6)$$

式中　V——空隙量，m^3；
　　　a——注入率（一般控制在 130%~250%之间）。

正确地估算注浆量至关重要，注浆量影响因素较多，其中最主要的四种因素如下：

1）注入压力决定的压密系数。浆液在压送和注入过程中，由于注入压力的作用，其体积减小而密度变大，浆液密度随压力增加而增大的程度因浆液种类的不同而存在较大差异。从回填注浆起到浆液固化的连续注浆过程中，可能出现下列现象：

a. 不加气的情况下，在凝胶前的一般溶胶状态下不发生压密。

b. 加气的情况下，A、B 液混合后，黏性降低，直至凝胶（黏性增大）为止的一段时间内，一部分空气析出，致使体积减小。

c. 从凝胶开始到固结前的流动固结及可塑固结的一段时间里，加压至脱水压密。

d. 固结后的加压压密现象极少。

上述现象因浆液的组成（特别是有无加气）、有无凝胶能力及凝胶时间的长短、有无可塑状固结及保持时间的长短、注入压力的高低及其他施工条件，其程度上存在着较大的差异。

2）土质系数。注入率与土质密切相关，回填浆液的土质有软土和硬土之分，但是主要为软土，特别是盾构工法的施工对象几乎均为软土层。无论哪种土质对注入率均有一定的影响。

在软土层中，就浆液流失到掘削空隙以外土体中的损失程度而言，粒径小的黏性土（以黏土、粉砂土为主，渗透系数小的土层）优于粒径大的砂质土（以砂、砾石为主，渗透系数大的土层），而对砾石层来说，浆液流失的现象更为明显。此外，加压浆液的压密现象与周围地层的抗渗性同样有较大关系，抗渗性越好，压密现象越小。

3）施工损耗系数。浆液从泵房到注浆孔的输送过程中，浆液损失现象是不可避免的，有时甚至会发生注浆管内浆液残留量超过注入量的情况。因此，对于注浆管内的残留浆液问题，必须进行严格地施工管理，还应考虑其他施工存在的损耗现象。

4）超挖系数。超挖系数为理论空隙量的修正值。超挖发生在施工时，与浆液没有直接关系，但与注入量关系较大。超挖系数因工法（掘削方法及机械种类）、土质、有无曲线段及其他施工条件不同而存在较大差异。

综上所述，很难用数值方法表示注入率，因此把施工实际和经验数据作为大致的选定目标实施设计时，注入量 Q 为：

$$Q = \left[\frac{\pi}{4}\left(D_1^2 - D_2^2\right)\right]m\alpha \tag{6-7}$$

式中　D_1——理论掘削外径，m；

　　　D_2——管片外径，m；

　　　m——盾构的推进长度，m；

　　　α——注入率；主要影响因素有：注入压力决定的压密系数、土质系数、施工损耗系数、超挖系数。

（3）注浆浆液类型的选择。根据大量的研究表明，在浆液类型的选择上应注意以下几个方面：

1）对于较为坚硬且具有一定的自稳能力的岩层，若要均匀地充填盾构尾隙，则必须增加浆液的流动性。因此，浆液配比要在保证浆液稠度、倾析率、固结率、强度等指标的基础上延长其凝胶时间，凝胶时间应控制在 12~30h，以获得更为均匀的填充效果。对于较为软弱的岩层，由于其自稳能力较差，在注浆后要尽快获得注浆体的固结强度。因此，浆液配比要保证浆液的固结率和强度，并将凝胶时间适当缩短至 5~7h，以便在较短的时间内加固地层，增强地层的稳定性。

2）在黏性土层中施工，如果土层的自稳能力较强，且基本无涌水现象，则选用凝胶时间较长的浆液配比，可增加浆液的流动性，以利于获得均匀的充填效果；如果土层的自稳能力较差，则应选用凝胶时间较短的浆液配比，凝胶时间一般为 5~7h，以利于尽快获得注浆体的早期固结强度，防止盾尾空隙外的土体塌陷到尾隙内造成地层损失，确保管片的早期稳定性；在地层有较大涌水的情况下，选用保水性强、凝胶时间较短的浆液配比，必要时应采用水泥－水玻璃双液浆进行补强注浆以达到固结堵水的目的。

3）在富含水的土层施工，注浆体要求能迅速阻水、快速充填，因此浆液要黏性大、保水性好，不离析，凝胶时间较短（5～6h）。此外，若在同步注浆后还漏水，则应进行二次注浆，注浆材料为水泥－水玻璃双液浆，以达到固结堵水的目的。

4）在盾构始发和到达阶段，要求缩短浆液凝胶时间，以便在填充地层的同时能尽早获得浆液固结体强度，保证开挖安全并防止洞门漏浆。

3. 二次补浆

以下三种情况需要进行二次补浆：

（1）一次注入中未完全填充到的部位进行再次填充；

（2）一次注入浆液的体积缩减部分的补充注入；

（3）为了提高抗渗透效果等进行的再次注入；

（4）同步注浆时浆液流失较大，地表产生较大沉降。

二次注浆时，注浆压力和补浆量应根据现场情况而定，但注浆压力不宜过大，应避免对隧道产生不利影响。

6.3 防止既有构筑物变形的控制技术

6.3.1 盾构机姿态控制

由于地层软硬不均、隧道曲线和坡度变化以及操作等因素的影响，盾构推进不可能完全按照设计的隧道轴线前进，而会产生一定的偏差。当这种偏差超过一定限界时，就会使隧道衬砌侵限、盾尾间隙变小，使得管片局部受力恶化而破损，并造成地层损失增大，地表沉降也随之加大。因此，盾构施工中应采取有效技术措施控制掘进方向，并及时采取有效措施以纠正掘进偏差。

1. 盾构掘进方向控制

（1）采用隧道自动导向系统和人工测量辅助进行盾构姿态监测。采用分区操作盾构机推进油缸控制盾构掘进方向。

（2）根据导向系统反映的盾构姿态的信息，结合隧道地层情况，通过分区操作盾构机的推进油缸来控制掘进方向。

（3）在进行上坡段掘进时，应适当增大盾构机下部油缸的推力和速度；在进行下坡段掘进时，应适当增大盾构机上部油缸的推力和速度；在进行左转弯曲线段掘进时，应适当增大盾构机右部油缸的推力和速度；在进行右转弯曲线段掘进时，应适当增大盾构机左部油缸的推力和速度；在进行直线段掘进时，尽量使所有的推力和速度保持一致。

（4）在均匀的地质条件下掘进时，应保持所有油缸推力和速度一致；在软硬不均的地层掘进时，根据不同地层在断面的具体分布情况对油缸的推力与速度进行调整，应遵循硬地层一侧推进油缸的推力和速度适当加大，软地层一侧推进油缸的推力和速度适当减小的原则。

（5）采用盾构刀盘反转的方法，纠正滚动偏差。允许滚动偏差≤3°，当偏差超过3°时，盾构机报警以提示操纵者必须切换刀盘旋转方向，进行反转纠偏。

2. 盾构掘进姿态调整与纠偏

在实际施工中，由于地质突变等原因盾构机推进方向可能会偏离设计轴线并超过管理警戒值，在稳定地层中掘进，因地层提供的滚动阻力小，可能会产生盾体滚动偏差；在线路变坡段掘进，有可能产生较大的偏差。因此应及时调整盾构机姿态、纠正偏差。

（1）采用分区操作盾构机推进油缸以调整盾构机姿态，纠正偏差，将盾构机的方向调整到符合要求的范围内。

（2）在急弯和变坡段，必要时可利用盾构机的超挖刀进行局部超挖来纠偏。

3. 盾构姿态控制调整注意事项

（1）在切换刀盘转动方向时，保留适当的时间间隔，切换速度不宜过快。

（2）根据掌子面地层情况及时调整推进参数调整推进方向，避免引起更大的偏差。

（3）蛇行的修正以长距离慢慢修正为原则，修正过急，蛇行反而更加明显。在直线推进的情况下，选取盾构当前所在位置点与设计线上远方的一点作直线，然后再以这条线为新的基准进行线形管理。

（4）盾构掘进过程中若遇到下列情况，应及时分析原因并采取相应针对性措施：

1）盾构前方地层发生塌陷或遇到障碍；

2）盾体滚动角≥3°；

3）盾构轴线偏离隧道轴线≥50mm；

4）盾构推力与预计值相差较大；

5）盾构管片严重开裂或严重错台；

6）壁后注浆系统发生障碍无法注浆；

7）盾构掘进扭矩发生异常波动；

8）动力系统、密封系统、控制系统等发生故障。

6.3.2 冻胀与融沉注浆控制

1. 冻胀与融沉控制措施

冻胀是因土体冻结时水结冰而引起的土体膨胀，一般含水丰富的黏性土层冻胀量较大。由于本工程采取开放式局部冻结模式，根据类似工程经验，冻胀对地下连续墙影响很小。施工过程中应采取如下措施以有效控制冻胀量：

（1）在冻结帷幕内安装泄压孔，并在卸压孔上安装压力表，可以直观监测冻结帷幕内的压力变化情况，并且可以直接释放冻胀压力。

（2）掌握和调整盐水温度和盐水流量，必要时可采取连续控温模式冻结，控制冻土发展量，以减少冻胀量与融沉量。

（3）在冻土体的融化阶段，利用隧道管片的注浆孔向冻结加固区进行注浆，压密加固冻融区土体，在加固区冻结影响范围内进行注浆。

2. 注浆控制融沉

融沉处理：利用隧道内预留的注浆孔，采取分层注浆的方法进行处理。融沉注浆遵循多点少量多次的原则，注浆压力不大于 0.5MPa。注浆材料主要为单液水泥浆，水灰比为 (0.8～1):1，可根据注浆压力情况进行调整。融沉注浆结束的标志是持续一个月不注浆，每半月地表和隧道沉降不大于 0.5mm。起初应增加监测频率，如果地面融沉过大，还需在地面对管线进行直接注浆加固。

根据以往经验，融沉注浆总量一般为冻土体积的 20%左右，利用管片上注浆孔（在进洞区域管片上设置注浆孔，每环 6 个）进行跟踪注浆，减少融沉。

3. 融沉注浆技术要求

（1）融沉注浆应配合测温孔测温及地面监测数据进行；

（2）注浆顺序为：隧道内注浆的顺序为隧道底板→隧道两侧→隧道顶板；

（3）融沉补偿注浆材料以单液浆为主；

（4）注浆压力不大于 0.5MPa，并根据注浆压力情况进行调整，注浆范围为整个冻结区；

（5）当每天隧道沉降大于 0.5mm 时，或累计地层沉降大于 3.0mm 时，应进行融沉注浆补偿注浆，当地层隆起达到 3.0mm 时应暂停注浆；

（6）冻结壁已全部融化，且未注浆的情况下持续一个月每半个月地面沉降量保持在 0.5mm 以内，即可停止融沉补偿注浆。

6.3.3 其他相关措施

盾构机掘进时，紧密结合寻求开挖面稳定、掘进姿态控制、衬砌管片安装、同步注浆的管理目的，进行全过程的动态管理，各种技术措施需要在施工掘进中进行经验总结，并逐步优化。主要内容见表 6-2。

表 6-2　　　　　　　　　　　掘进管理的主要内容

项目	内容
开挖面稳定管理	1）设置并保持开挖面稳定的土仓压力； 2）土体改良措施； 3）保证进、排土量的动态平衡； 4）合理设定掘进参数，推力、转速、速度和扭矩
盾构机姿态控制	1）盾尾间隙； 2）中折转角、俯仰、水平和滚动转角； 3）蛇形量的控制等
衬砌管片安装	1）正确选用管片和管片拼装位置； 2）管片防水胶条的检查和破损情况检查； 3）拼装质量控制

续表

项目	内容
同步注浆管理	1）正确选用注浆配比及浆液特性； 2）注浆压力管理； 3）注浆量的控制； 4）注浆管路畅通

参考文献

[1] 司翔宇. 盾构推进引起周围土体变形的预测和控制研究［D］. 南京：南京林业大学，2009.

[2] 宋天田，周顺华，徐润泽. 盾构隧道盾尾同步注浆机理与注浆参数的确定［J］. 地下空间与工程学报，2008（1）：130－133.

[3] 王鹏. 盾构隧道壁后注浆体特性及其对地层变形的影响研究［D］. 北京：北京交通大学，2016.

[4] 韩章良. 小半径曲线地铁盾构隧道施工技术研究［J］. 工程建设与设计，2019（8）：173－174.

[5] 邓宗伟，陈建平，冷伍明. 盾构隧道壁后注浆作用机理的计算研究［J］. 塑性工程学报，2005（6）：114－117.

第7章 人工冻结法在其他地铁分部工程中的应用实例

人工冻结法在地层加固领域得到了广泛应用，其主要以人工制冷技术为核心搭建冻结管系统，通过低温冷媒在其中循环，将产生的冷量持续向现场地层传递，可使土体水分温度达到冰点的温度要求，最终结冰。然后利用冰的胶结作用，使土体形成一个不透水的整体结构，以大幅度增强土体的强度、稳定性和抗渗性，从而形成隔绝地下水的屏障，有效抵抗岩土压力，进而实现安全的开挖和支护作业。

以制冷方式为依据，人工冻结法可细分为循环制冷和直接制冷两种方式。其中，循环制冷的核心工作思路在于将氨或氟利昂作为制冷剂，盐水作为冷媒。该方式造价低，使用较为普遍。直接制冷所采用的制冷剂则是低温液氮等相关材料，在泵装置的作用下传输低温液体，使其经由冻结管后作用于地层，使地层转为冻结状态。

7.1 人工冻结法在地铁区间中的应用

由于施工费用较高，人工冻结法在地铁区间隧道的使用主要针对地质条件复杂，土壤含水率较高的恶劣环境。

7.1.1 工程实例

于2001年开始动工的广州地铁3号线，其中天河客运站折返线属于浅埋大断面隧道，是重要施工段。折返线斜穿广汕公路和沙河立交桥，广汕公路是连接广州与汕头、增城之间的重要交通干道，且该区段道路两侧地下管线纵横交错且数量较多，路面交通繁忙，因此无法封路施工。

广州市地铁3号线天河客运站折返线，双线隧道净断面为马蹄形，净宽11.4m，净高9.15m，初期支护采用C20网喷混凝土，厚350mm，内衬采用C20、S8模筑钢筋混凝土，厚450mm。

该折返线所处岩土层自上而下分别为：① 人工填土层；② 粗砂层；③ 粉质黏土层；④ 淤泥质土层；⑤ 花岗岩残积土层：天然状态下具有良好的力学性质，压缩性中等偏高，遇水易软化和强度降低，泡水后甚至出现塌方和流砂；⑥ 全风化花岗岩：呈中密～密实，透水性较强，遇水易软化崩解，局部夹强风化花岗岩碎块，平均厚度 7.89m，最大厚度

19.7mm。

该隧道穿越人工填土层、砂层和花岗岩残积砂质黏土层等,砂层密实度差、富水性强、稳定差,砂质黏土层遇水易发生软化崩解和流砂,甚至塌方。考虑到周边环境和地质条件的影响,最终决定采用全断面水平冻结帷幕+CRD暗挖工法进行施工。

7.1.2 其他应用实例

于2012年12月进入全面施工阶段的南宁轨道交通1号线,其中民族大学站—会展中心站间所处地层特殊,主要为圆砾层,土的渗透性大,控水困难,施工时采用了水平冻结法。

北京地铁一区间采取人工冻结法施工,冻土帷幕是人工冻结法施工的关键所在。施工前对盐水温度、冻土温度、泄压孔压力进行现场监测,分析冻土帷幕发展规律,判定冻土帷幕各参数是否达到施工指标。通道开挖时获得冻土帷幕信息,以此来验证监测数据的准确性。

北京地铁6号线玉带河大街站-郝家府站区间,采用盾构法施工。本盾构区间穿越地层主要为粉细沙层、粉质黏土层,均位于地下水位线下方,围岩土体的自稳能力差,再加上潜水的影响,容易发生流水涌砂和流土等不良现象。结合区间地质情况及周边环境条件,采用人工冻结法施工。

7.2 人工冻结法在地铁联络通道中的应用

在地铁建设的过程中,联络通道是一个非常重要的部分。联络通道冻结设计主要包括以下内容:① 冻结壁结构形式的方案比较与选择;② 冻结壁主要参数确定,包括冻结壁厚度和冻结壁平均温度;③ 冻结孔、测温孔和卸压孔的布置与设计;④ 冻结壁形成验算;⑤ 冻结制冷系统设计;⑥ 隧道预应力支架、安全门、开挖临时支架设计;⑦ 对冻结壁的监测与保护要求;⑧ 对周围环境和建筑物的影响监测与保护要求。

7.2.1 工程实例

两条单线区间隧道应设联络通道,一个区间内的相邻两座联络通道之间的距离不应超过600m。其作为地铁隧道施工过程中的最后一道工序,在地下已经开挖的区间比较复杂的应力情况下,存在着应力集中的现象,因此施工技术难度较大,在富水的软土层中,联络通道的开挖有坍塌失稳的可能;所以在联络通道开挖之前,必须加固周围土体。目前比较常用的加固方法主要有:人工冻结法、矿山法、注浆法、深层搅拌桩法等。以下以杭州地铁5号线常二路站—五常站区间的联络通道为例,讲述人工冻结法在地铁联络通道施工中的应用。

根据《杭州地铁5号线工程详细勘察阶段常二路站—五常站区间岩土工程勘察报告》以及《杭州地铁5号线工程常二路站—五常站区间隧道左线纵断面图》,以探孔SK-CW-

Z12地层数据为计算依据。联络通道位于粉质黏土、黏土、含砂粉质黏土、粉质黏土夹粉土层中。

由于上述部分地层的承载力较低、容易压缩、在动力作用下易流变,开挖后天然土体难以自稳。其中粉质黏土,含水量高,孔隙比大,渗透性差,呈流塑状,且具有压缩性高、强度低等工程力学性质特点,因此,在施工联络通道时必须对施工影响范围内的土体进行妥善、稳固的加固处理。

根据土层勘察资料与以往类似工程施工经验,杭州地铁5号线常二路—五常站区间联络通道施工拟采用"隧道内水平冻结加固土层,隧道内暗挖构筑"的全隧道内施工方案。用人工冻结法加固地层的优势是:冻土帷幕与隧道管片严贴密合,加固地层与隔水效果好,施工安全可靠。

7.2.2 其他应用实例

广州地铁2号、8号线延长线南浦站—洛溪站区间联络通道开始时采用旋喷桩及注浆开挖,均出现涌水现象,考虑现场实际情况后采用人工冻结法施工。

天津地铁2号线博山道—津赤路站区间需建立联络通道,该联络通道穿越土层主要为淤泥质粉质黏土和粉质黏土,含粉性土颗粒较重,易产生流砂涌砂现象。根据其地质特点采用人工冻结法加固土体,以确保施工安全顺利地进行。

7.3 人工冻结法在地铁隧道修复中的作用

随着地铁施工数量的增多,一些意外的施工事故也会对隧道结构产生一定影响甚至损坏,尤其是遇到涌水、流砂、淤泥等复杂不稳定地质条件时,给修复工程带来很大的难度。所以,地铁修复工程设计与施工技术已成为岩土工程中的重点同时也是难点问题。随着人工冻结技术在我国矿井与地下工程中的广泛应用,人工冻结施工技术已经达到很高的水平,针对地质条件较差的隧道修复工程,采用人工冻结法对隧道围岩进行冻结,在破损隧道周围形成强度高,封闭性好的冻土墙或冻土圈,使修复工程的安全性与效率大幅提高。

7.3.1 工程实例

佛山地铁2号线湖涌—绿岛湖区间右线隧道采用盾构法施工,衬砌管片内径为6000mm,外径为6700mm,厚度为350mm,宽度为1500mm。2018年2月7日20时40分许,湖涌—绿岛湖区间右线隧道突发涌水、涌砂事故,并导致地表塌陷,盾构机及后配套台车被埋。事故发生时,左线盾构掘进至1025环(位于右线盾构前方约180m)。事故发生后,采用"钻探+物探"等方法对右线隧道(1~905环)进行检测,经检测后判定右线隧道完好管片与破损管片分界点位于第871环,第775环管片顶部存在贯穿性损伤(直径10cm)。

结合湖涌—绿岛湖区间右线隧道周边环境及管片损坏状况,经多次方案比选及论证,最终采用改线修复方案实现右线隧道的修复与贯通。在右线隧道洞内清理施工之前，首先采用人工制冷的方法，在第675环处设置冻结封堵体，将完好隧道与破损隧道隔离，并隔断完好隧道与周围地层的水力联系，最终在冻结壁的保护下实现隧道内钢结构、后配套台车、积水及泥砂的清理工作。

南京地铁2号线在2010年正式建成运营，建设期间，隧道在掘进过程中局部穿越粉土粉砂地层，该地层稳定性差、透水性强，最终导致隧道内涌水涌砂。考虑到安全性、施工条件和环境影响等因素，采用洞内竖向帷幕冻结法，取得了良好的成效。

7.3.2 其他应用实例

2003年7月，上海轨道交通4号线在主体结构完成后进行联络通道施工时发生重大险情，大量水和流砂涌入隧道，经案例讨论确定采用人工冻结系统进行修复，经抢修顺利完成修复。

2011年，天津地铁2号线建国道区间发生隧道内部涌水涌砂现象，为减少对地面干扰和对环境的破坏，最终讨论确定采用人工冻结法对隧道进行修复。

参考文献

[1] 杨晓东. 地铁隧道联络通道工程中冻结法的具体应用[J]. 工程技术研究，2020，5（18）：80-81.

[2] 张碧文. 富水卵砾石地层联络通道冻结设计与试验研究[J]. 工程技术研究，2020，5（11）：243-245.

[3] 蔡海兵. 地铁隧道水平冻结工程地层冻胀融沉的预测方法及工程应用[D]. 长沙：中南大学，2012.

[4] 姚直书，蔡海兵，程桦，等. 采用长距离水平冻结暗挖法的浅埋大断面地铁隧道施工技术[J]. 中国铁道科学，2011，32（1）：75-80.

[5] 金洲. 水平冻结法南京地铁1号线联络通道应用研究[D]. 广西：广西大学，2017.

[6] 黄金龙，黄建，贾德华. 北京地铁区间联络通道冻结法施工技术[J]. 铁道建筑，2020，60（7）：55-58.

[7] 李峰. 人工冻结法在北京地铁6号线区间联络通道工程中的应用[J]. 特种结构，2016，33（3）：86-91.

[8] 李子威，纪来鹏. 人工冻结法在地下工程施工中的应用与发展[J]. 建筑工程技术与设计，2015（9）：806809.

[9] 丁忠凯. 杭州地铁5号线常-五区间联络通道冻结法应用研究[D]. 安徽理工大学，2019.

[10] 苏恒宇. 地铁隧道工程中人工冻结法关键技术及应用[D]. 安徽理工大学，2016.

[11] 薛彦东，任汉锋. 冻结法在北京某地铁盾构区间联络通道中的应用[C]//第四届全国地基基础与地下工程技术交流会论文集[C]. 北京：《施工技术》杂志社，2015，3.

[12] 张志，张勇，陆路，等. 冻结法在强扰动地层地铁联络通道施工中的应用[J]. 隧道建设，2011，31（1）：114-120.

[13] 刘颖. 天津地铁2号线联络通道冻结法施工温度场数值模拟[J]. 天津建设科技，2015，25（3）：

37－39.

[14] 白云，汤竞.上海地下工程建设中的经验和教训［J］.土木工程学报，2007（05）：105－110.

[15] 岳丰田，张水宾，李文勇，等.地铁联络通道冻结加固融沉注浆研究［J］.岩土力学，2008（08）：2283－2286.

[16] 刘东军，刘维佳，许超，等.垂直冻结技术在佛山地铁 2 号线抢险修复工程中的应用研究［J］.现代隧道技术，2021，58（01）：212－216.

[17] 袁云辉，杨平.人工冻结技术在矿山法隧道中的应用技术研究［J］.铁道工程学报，2016（9）：82－103.

[18] 王杰，杨平，张翔宇，等.水平冻结水泥土加固盾构洞门温度场敏感性分析［J］.南京林业大学学报（自然科学版），2013，37（3）：145－151.

[19] 方江华，张志红，张景钎.人工冻结法在上海轨道交通 4 号线修复工程中的应用［J］.土木工程学报，2009，42（8）：124－128.

[20] 李凯，程桦.天津地铁隧道修复工程冻土力学性能试验研究［J］安徽理工大学学报（自然科学版），2013，33（2）：67－70.

第8章 人工冻结法风险与控制

8.1 施工测量

8.1.1 施工测量概况

测量是确保盾构推进轴线与设计轴线一致的保证,是确保工程质量的前提和基础。盾构施工测量是指导盾构掘进和管片拼装符合设计要求而进行的测量工作。同时,严格贯彻执行测量双检制,保证隧道精确贯通。

8.1.2 盾构施工测量内容及方法

1. 测量控制网建立

(1) 对施工区段内的地铁地面控制网进行复测,如全球定位系统 (global positioning system, GPS) 点、精密导线点、高程控制点等。

(2) 地面控制网复测无误后,进行地面施工控制网的布设(平面控制网和高程控制网)。

(3) 通过联系测量,将地面施工控制点经盾构工作井引入车站底板上,为隧道施工提供井下测量基准网。

(4) 随着盾构机的掘进,将在洞内陆续建立其他测量控制点。

(5) 施工过程中对测量控制网定期复测。

2. 测量方法

(1) 地面控制测量。目前已经完成了对业主提供的工程定位资料和测量标志资料的复测;同时加设施工过程中使用的固定桩位。

引测近井导线点:采用闭合三角形引测至少三个导线点至每个端头井附近,布设成三角形,形成闭合导线网。至端头井的平面过渡点不可超过两个,过渡点必须为固定观测平台。测量技术要求见表8-1和表8-2。

表8-1　　精密导线测量的主要技术要求

平均边长 (m)	导线长度 (km)	每边测距中误差 (mm)	测距相对中误差 (mm)	测角中误差 (″)	测回数 DJ1	测回数 DJ2	方位角闭合差 (″)	相邻点的相对点位中误差 (mm)
350	3~5	±4	1/60 000	±2.5	4	6	$5\sqrt{n}$	±8

引测近井水准点：

盾构施工高程控制网可采用精密水准等测量方法一次布设全面网。将水准点引测至端头井附近。每端头井附近至少布设两个埋设稳定的水准点，以便相互校核。水准点应埋设混凝土普通水准标石。

表8-2　　　　　　　　　二等水准测量的主要技术要求

每千米高差中数中误差（mm）		路线长度（km）	水准仪的型号	水准尺	观测次数		往返较差、附合或环线闭合差	
偶然中误差（mm）	偶然中误差（mm）				与已知点联测	附合或环线	平地（mm）	山地（mm）
±2	±4	2~4	DS$_1$	钢钢尺	往返各一次	往返各一次	±8$\sqrt{L}$	±2$\sqrt{n}$

注　L为往返测段、附合或环线的路线长度（以km计），n为单程的测站数。

（2）联系测量。

1）平面坐标传递。当车站施工完成，盾构即将掘进之前，利用车站结构提供的条件分别在车站盾构始发井及临时出土口的两端悬吊钢丝进行两井定向，以提高地下导线的测量精度。

根据规范对无定向导线的要求，在始发站北段吊出井与出土井附近埋设四个近井点A、B、C、D，在底板上埋设四个控制点C1、C2、C3、C4构成闭合导线，通过近井点A、B经盾构井中悬吊的钢丝O1及底板上的C1、C4和盾构井中悬吊的钢丝O2回到C、D点。经过数据平差处理求得点C1、C2、C3、C4的方位角和坐标。其控制成果和其他测量成果校核无误后方可使用，按照规范要求隧道贯通前必须进行至少三次联系测量。

2）高程联系测量。高程传递经竖井传递高程采用悬吊钢尺（检定过）法。钢尺采用施加鉴定时的拉力，用两台精密水准仪在井上下同步观测，每次错动钢尺3~5m，共测三次，高程偏差不大于3mm时，取平均值使用，当测深超过20m时三次误差控制在±5mm以内。

将高程传至井下固定点，用6~8个视线高，最大高差差值≤2mm，整个区间施工中，高程传递至少进行三次。高程传递示意图见高程传递图。

导入高程测量应满足下列条件：

在竖井内悬吊钢尺进行高程传递测量时，地上、地下的两台水准仪应同时读数，并在钢尺上悬吊相同质量的重锤，此重锤质量与检定钢尺时一致；

传递高程时应独立进行三次测量，高程较差应小于3mm；

高差应进行温度、尺长改正。

3）洞内控制测量。

a. 洞内平面控制测量。地下导线是保证正确开挖方向和平面贯通的地下控制网，该网为支导线网，随盾构的推进而延伸，每延伸一个控制点须审查合格后方可使用。网中各控制点的可靠性用相对关系和重复传递的方法检查。以竖井联系测量的井下起始边为支导线的起始边，沿隧道设计方向布设导线，导线布设为 S 形，直线段导线边长≥150m，曲线段导线边长 60m 布设一点，在曲线五大桩点、变坡点均要设点。如因施工测量需要，可设置加密点，设点必须遵循长边定短边的原则，加密点须检查地下控制点可靠后进行，加密点不参与地下控制网复测。施工控制导线应满足下列技术要求：

采用 1 秒级全站仪施测，左、右角各测二测回，左、右角平均值之和与 360°较差应小于 6s；

导线点横向中误差应满足式（8-1）：

$$m_{横} \leqslant m_{中} \times \frac{l}{L} \tag{8-1}$$

式中　　$m_{横}$——导线点横向中误差；

$m_{中}$——贯通中误差；

l——导线长度，m；

L——贯通距离，m。

b. 洞内高程控制测量井下高程控制网为支水准路线。沿隧道一侧布设。支水准路线随盾构的推进而延伸，延伸的控制点须审查合格后方可使用。水准点采用二等水准要求进行测量。以竖井传递的水准点为基准点，沿隧道直线段每 200m 左右布设一个固定水准点，曲线段每 50～60m 左右布设一个。

地下水准测量用Ⅱ等水准测量方法和仪器施测。不符值、闭合差限差满足≤8mm（L 以 km 计算）的精度。开挖至隧道全长的 1/3 处时、2/3 处时、贯通前 50～100m 时，分别对地下水准按Ⅱ等水准精度要求复测，确认成果正确或采用新成果，保障高程贯通精度。

4）盾构推进测量。确保盾构机沿着设计线路掘进是隧道施工的一个主要目标。因此，掘进中的方向控制十分重要。

a. 导向系统概况 1 号、2 号盾构机（中铁装备）采用的激光导向系统如图 8-1 所示，该导向系统为激光靶导向系统，主要由激光全站仪、电子激光系统（electronic laser systems，ELS）靶、控制箱、计算机、盾构掘进软件及其他配套硬件和软件组成。该系统的主要工作原理是：固定在隧道上方的激光全站仪（已根据后视参考点确定自身位置）发出的激光束被固定在盾构机前体上方的 ELS 靶接收到，根据激光束的照点位置可以确定 ELS 靶的水平位置和竖直位置，根据 ELS 靶内的双轴测斜传感器，可以确定 ELS 靶的俯仰角和滚转角，激光经纬仪可以测得其与 ELS 靶的距离，以上数据随推进千斤顶和中折千斤顶的伸长值及盾尾与管片的净空值一起，经由控制电缆输入到盾构机制编程控制器中，再经计算机中专用掘进软件的计算和整理，盾构机的位置就以数据或图表的形式显示在控制室内的屏幕上。

通过对盾构机当前位置和设计位置的综合比较，盾构机操作手就可以采取相应的操作方法尽快且平缓地逼近设计线路。如此往复，操作手就可以在每环的掘进中很好地控制住盾构机的掘进方向，使之与设计线路的偏差保持在较小的允许范围内。

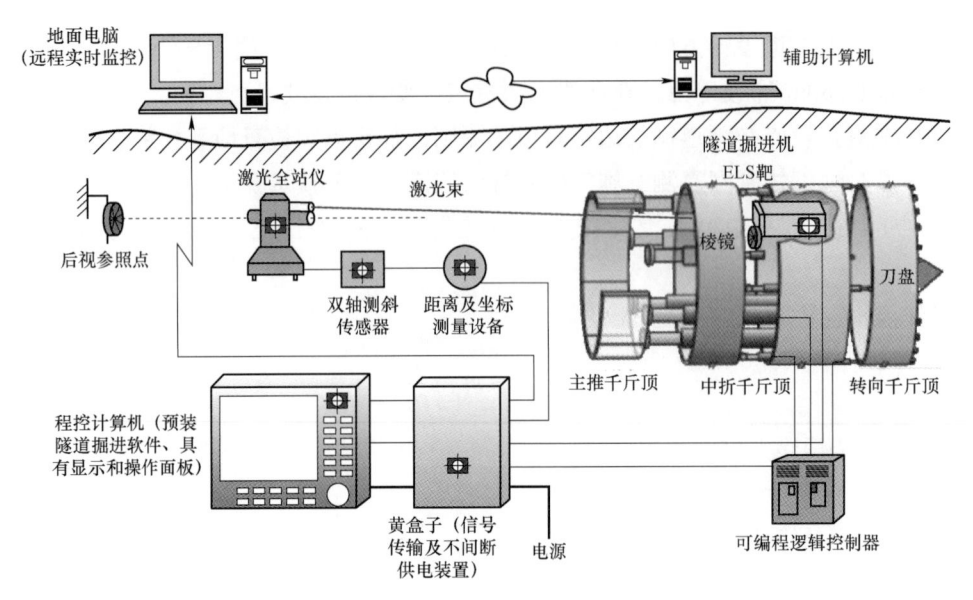

图 8−1　激光导向系统的组成

　　b. 准备工作。需对盾构推进线路数据进行复核计算，实测出发、接收井预留洞门中心横向和垂直向的偏差，确认无误后方可进行下道工序施工。

　　按设计图在实地对盾构基座的平面和高程位置进行放样，基座就位后立即测定与设计的偏差。

　　在盾构右上方留出位置供安装测量标志，并保证测量通视。盾构就位后精确测定盾构初始轴线相对于设计的位置和姿态。安装在盾构内的专用测量设备就位后立即进行测量，测量成果应与盾构的初始位置和姿态相符。

　　c. 盾构推进中的测量。在盾构机左上方管片处安装吊篮，吊篮用钢板制作，其底部加工强制对中螺栓孔，用以安放全站仪。强制对中点的三维坐标通过洞口的导线起始边传递而来，并且在盾构施工过程中，通过隧道内地下控制导线点坐标对吊篮上的强制对中点的三维坐标进行相互检核。如差值过大，需再次复核后，确认无误后以地下控制导线测得的三维坐标为准。因此盾构在推进过程中，测量人员要牢牢掌握盾构推进方向，让盾构沿着设计中心轴线推进。

　　盾构推进测量以导向系统为主，辅以人工测量校核。该系统主要组成部分有 ELS 靶、激光全站仪、后视棱镜、黄盒子、工业计算机等。

　　导向系统能够全天候的动态显示盾构机当前位置相对于隧道设计轴线的位置偏差，可根据显示姿态的偏差及时调整盾构机的掘进姿态，使得盾构机能够沿着正确的方向掘进。

　　d. 人工复核测量。为了保证导向系统的准确性、确保盾构机沿着正确的方向掘进，人工复核频率严格按照规范及轨道公司相关要求执行，对导向系统的数据进行人工测量校核。

　　盾构推进中测量包括盾构姿态测量和环片姿态测量。盾构姿态测量包括纵向坡度、横向坡度、平面偏离值、高程偏离值、切口里程等；环片姿态测量主要包括环片的直径、圆度、环片的平面和高程偏差以及环片前沿里程等。

e. 贯通测量。盾构通过一个区间后，联测地上、井下导线网、水准网，并进行平差，为盾构到达提供具有一定精度和密度的导线点与水准点。

平面贯通测量：在隧道贯通面处，采用坐标法从两端测定贯通，并归算到预留洞门的断面和中线上，求得横向贯通误差和纵向贯通误差。

高程贯通测量：用水准仪从贯通面两端测定贯通点的高程，其误差即为竖向贯通误差。

地下控制网平差和中线调整：隧道贯通后地下导线则由支导线经与另一端基线边联测成为附合导线，水准导线也变成了附合水准，当闭合差不超过限差规定时，进行平差计算。按导线点平差后的坐标值调整线路中线点，改点后再进行中线点的检测，直线夹角不符值≤±6″，曲线上折角互差≤±7″，高程亦要用平差后的成果。将新成果作为净空测量、调整中线起始数据。

3. 测点的安置原则与保护

（1）测点选在通视良好、不受施工扰动的地方；

（2）导线和水准控制点用不锈钢或铸铁制作，导线点有明显的十字标志，水准点表面为圆球状；

（3）在软土中，当作钢钉的测量标志应嵌入大小合适的混凝土块中，并保证永久固定；

（4）次一级的测量标志，用钢管或木桩制作；

（5）测量标志旁要有明显持久的标记或说明；

（6）埋设在地下的测量标志用混凝土管或框架保护，并加盖防止泥土和雨水弄脏的装置；

（7）测量标志如有损坏，应立即恢复。

8.2 施工监测

8.2.1 监测目的

盾构法隧道施工，会引起土层的扰动而导致不同程度的沉降与位移，通过对周围环境等的监测，掌握由盾构施工引起的周围地层和房屋沉降变化数据，分析出周围环境的变形规律和发展趋势，及时采取必要的技术措施改进施工工艺，将施工引起的环境变形减小到最低程度，确保盾构法施工隧道影响范围内的地下管线、建（构）筑物的安全；与此同时，隧道自身也会发生相应的变形和位移，必须加以监测，以确保隧道本体免遭破坏。

（1）了解和掌握盾构施工过程中地表隆陷情况及其规律性。

（2）了解盾构掘进过程因地表隆陷而引起的建筑物、地下管线下沉及倾斜情况，确保建筑物、地下管线的安全。

（3）了解施工过程中地层不同深度的垂直变位与水平变位情况。

(4)了解施工过程中水位变化情况。

(5)了解围岩与结构物的相互作用力以及管片衬砌的变形情况,实现信息化施工。

8.2.2 监测项目及控制标准

本工程的主要施工监测要求及数量见表 8-3。

表 8-3　　　　　　　　　施工监测要求及数量表

序号	监测项目		测点布设	监测工具	监测频率	控制值 累计值(mm)	控制值 速率(mm/d)
1	工程自身监测	管片竖向位移	1)地质条件、自身和周边环境条件复杂地段布设监测断面; 2)监测断面每10环一个,可根据现场实际情况适当加密; 3)测点布置在每个监测断面的拱顶、拱底、两侧拱腰处	水准仪或全站仪	$L \leq 3D$ 时,(1次~2次)/1d; $3D < L \leq 8D$ 时,1次/(1~2d); $L > 8D$ 时,1次/(3~7d)		
2		管片水平位移		全站仪			
3		管片净空收敛		敛仪、测距仪			
4		管片结构应力	1)地质条件、自身和周边环境条件复杂地段布设监测断面,断面应垂直隧道轴线; 2)监测断面每10环一个,可根据现场实际情况适当加密; 3)测点布置在每个监测断面的拱顶、拱底、两侧拱腰处每个监测断面处测点数不小于5个	应力计或应变计	开挖面前:$5D < L \leq 8D$ 时,1次/(3~5d);$3D < L \leq 5D$ 时,1次/2d;$L \leq 3D$ 时,1次/1d。开挖面后方:$L \leq 3D$ 时,(1~2次)/1d;$3D < L \leq 8D$ 时,1次/(1~2d);$L > 8D$ 时,1次/(3~7d)		
5		管片连接螺栓应力					
6	周边环境监测	地表沉降 沉降	1)监测断面间距50~100m布设; 2)测点纵向沿盾构隧道轴线间距5~10m布设,在盾构始发和接收段100m内间距3m布设,测点横向布置在主要影响区间距3~5m,次要影响区间距5~10m	水准仪或全站仪		坚硬~中硬:10~20;中软~软弱土:15~25	3
7		地表沉降 隆起		水准仪或全站仪		10	3
8		土体水平位移	1)地质条件复杂、特殊性岩土及周边重要环境风险地段布设监测断面; 2)监测断面间距30m布设,可根据现场实际情况适当加密	测斜仪等			
9		土体分层竖向位移		分层沉降仪等			

续表

序号	监测项目		测点布设	监测工具	监测频率	控制值 累计值（mm）	控制值 速率（mm/d）
10		空隙水压力	1）在隧道管片结构受力和变形较大、存在饱和软土和易液化的粉细砂土层等有代表部位进行布设；2）竖向监测点间距宜为2~5m，且数量不小于3个	孔隙水压力计			
11	周边环境监测	建（构）筑物 竖向位移	1）在隧道中心线20m内建构筑物关键点位布设；2）测点间距10~15m，每栋构筑物监测点不少于3个，风险等级较高的建（构）筑物适当增加测点，每栋建（构）筑物倾斜监测数量不少于2组，每组测点不少于2个，裂缝测点应在裂缝首末端按组布设，每组不小于2个测点	水准仪、全站仪、测斜仪、裂缝观测仪等			
12		建（构）筑物 水平位移					
13		建（构）筑物 倾斜					
14		建（构）筑物 裂缝					
15		地下管线 竖向位移	1）在隧道中心线20m内管线需布设；2）测点布设于关键节点处，间距5~15m	水准仪、全站仪、裂缝观测仪等			
16		地下管线 水平位移					
17		地下管线 差异沉降					

注　D为盾构法隧道开挖直径，单位为m；L为开挖面至监测点或监测断面的水平距离，单位为m；管片结构位移、净空收敛宜在衬砌环脱出盾尾且能通视时进行监测；表中监测数据趋于稳定后，监测频率宜为1次/（15~30d）。

8.2.3　监测控制标准

本工程的道管片结构监测项目控制值、建筑物地基容许变形值表见表8-4和表8-5，建（构）筑物、路基及地下管线沉降和差异沉降控制值见表8-6。

表8-4　　　　　　　　道管片结构监测项目控制值

监测项目及岩土类型		累计值（mm）	变化频率（mm/d）
管片结构沉降	坚硬中硬土	10	2
	中软软弱土	20	3
管片结构差异沉降		0.04%L_S	—
管片结构净空收敛		0.2%D	3

注　L_S为岩隧道轴向两监测点间距，D为隧道开挖直径。

表8-5　　建筑物地基容许变形值表

等级	破坏后果	建构筑物类型，使用性质和规模	允许沉降控制值（mm）	差异沉降控制值（mm）	速率控制值（mm/d）	备注
Ⅰ	很严重，重大国际影响或非常严重的国内政治影响，经济损失重大	古建筑物，近代优秀建筑物，重要的工业民用建筑物，10层以上高层，超高层建筑物，大于24m的地上构筑物及重要的地下构筑物	≤15	≤5	1	≤0.002L
Ⅱ	严重，严重政治影响，经济损失较大	一般的工业建筑物，4～6层的多层建筑物，7～9层中高层民用建筑物，10～24m的地上构筑物，一般地下构筑物	≤20	≤8	1.5	≤0.002L
Ⅲ	一般，有一定的政治影响和经济损失	次要的工业建筑物，1～3层的地层民用建筑物，小于10m的地上构筑物，次要地下构筑物	≤30	≤10	2	≤0.002L

注　本表要求仅供参考，实际控制指标应按建（构）筑物权属单位的要求执行，L为相邻基础的中心距离。

表8-6　　建（构）筑物、路基及地下管线沉降和差异沉降控制值

项目		沉降		差异沉降
		累计值（mm）	变化速率（mm/d）	
建（构）筑物		20	2	0.2%S
路基沉降	高速公路、城市主干道	30	3	
	一般城市道路	30	3	
燃气管道		10	2	0.3%Lg
雨、污水管		10	2	0.25%Lg
供水管		10	2	0.25%Lg

注　S为相邻基础的中心距离；燃气管道的变形控制值适用于100～400mm的管径；Lg为管节长度；其他管线控制值详见相关规范。

施工监测随施工全过程，且应对测量结果及时进行分析与反馈，当遇到下列情况时，应暂停施工，并根据具体情况制定加强措施。

（1）当地表沉降值超过30mm时，当地表隆起值超过10mm时；

（2）建构筑物变形速率或累计超限时；

（3）变形速率超过3mm/d，仍持续增加时；

（4）其他异常情况。

8.2.4　监测方法

（1）监测方法。用精密水准仪进行测量。

（2）监测点布置。横向布点是沿隧道中心线正上方开始布点，在依次间距4、5m的

位置对称布点。区间始发段和接收段 100m 范围属于加密监测范围，加密区 5～10m 其余 10～15m 布设一个监测断面，如图 8-2 所示。

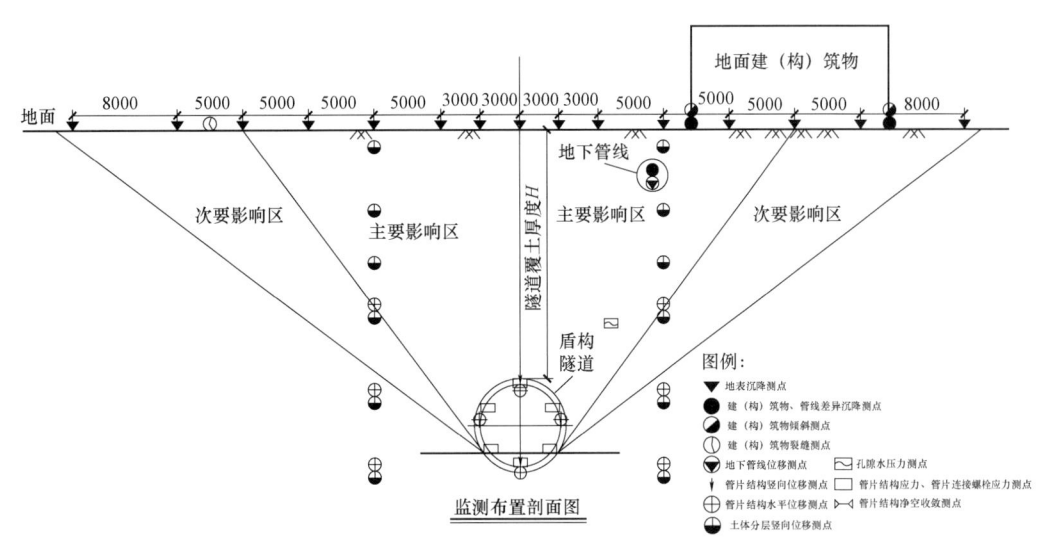

图 8-2 地表沉降测点横断面布置图（单位：mm）

（3）数据处理。地表沉降监测随施工进度进行，并将各沉降点沉降值存入计算机监测管理系统汇总成沉降变化曲线、沉降速度变化曲线统一管理，绘制报表。

（4）地面沉降监测点大样如图 8-3 所示。

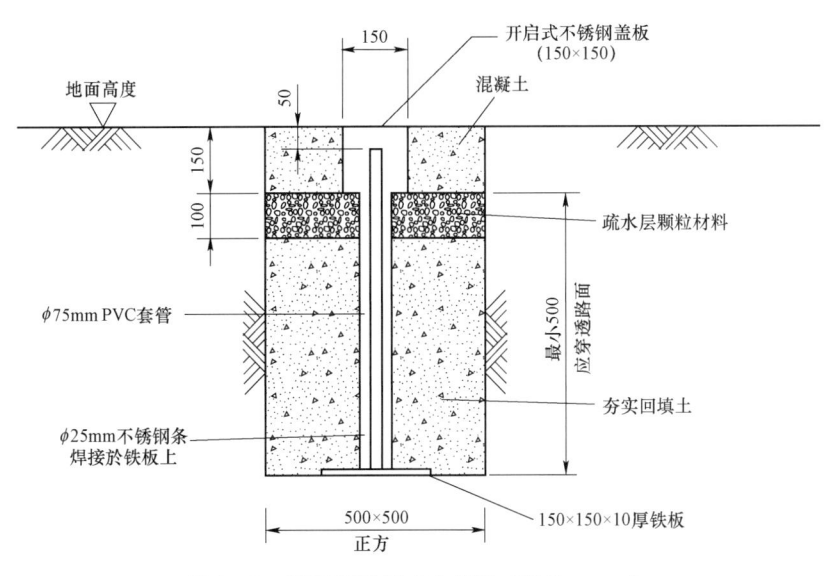

图 8-3 地面沉降测点大样图（单位：mm）

8.2.5 地面建筑物沉降监测

(1) 监测方法。用精密水准仪测量。

(2) 监测点布置。距线路中线 12m 以内的建筑物均需布设建筑物下沉测点。

(3) 数据处理。建筑物沉降监测随施工进度进行，并将各沉降点沉降值存入计算机监测管理系统汇总成沉降变化曲线、沉降速度变化曲线统一管理，绘制报表。

(4) 建筑物沉降监测点大样如图 8-4 和图 8-5 所示。

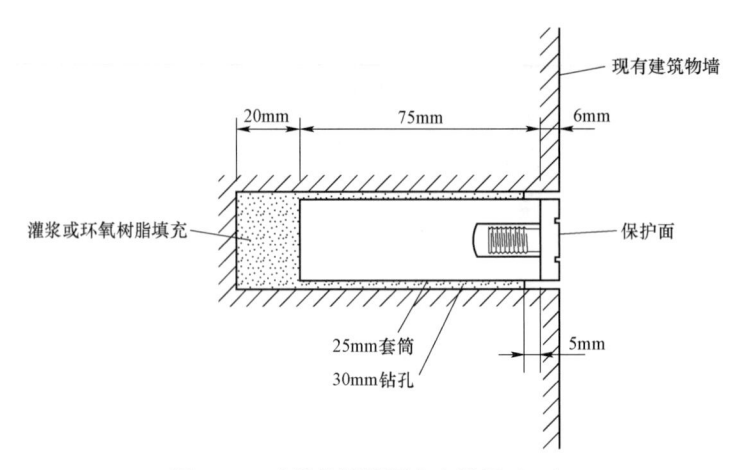

图 8-4 建筑物沉降测点大样图（一）

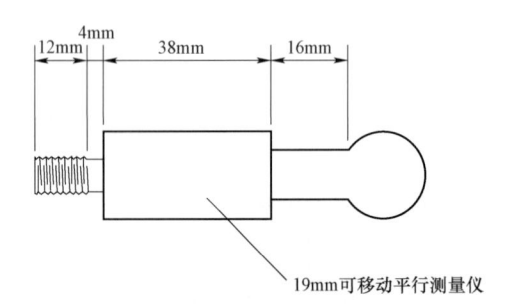

图 8-5 建筑物沉降测点大样图（二）

8.2.6 建筑物倾斜监测

(1) 监测方法。用全站仪、水准仪量测。

(2) 监测点布置。距线路中线 12m 以内的建筑物均需布设建筑物倾斜测点。

(3) 数据处理。监测盾构开挖引起的基础沉降及墙体倾斜，监测值存入计算机监测管理系统绘制沉降及倾斜变形曲线图统一管理。

(4) 建筑物倾斜监测点大样如图 8-6 所示。

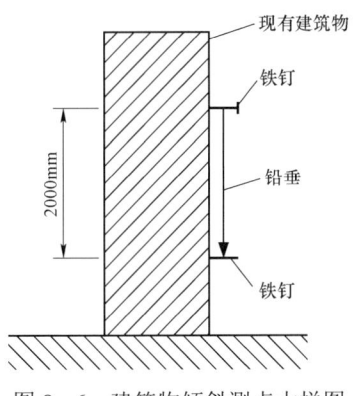

图 8-6 建筑物倾斜测点大样图

8.2.7 管线沉降变形监测

（1）监测方法。用精密水准仪测量。

（2）监测点布置。盾构区间周边管线沉降监测原则：窨井（上水管、煤气管、雨污水管以及其他重要管线）必测，窨井间管线间隔 15m 布设测点。所有管线窨井内露头处和建筑物拐角处都需布置变形测点。

（3）数据处理。根据施工进度进行，将各沉降点沉降值存入计算机监测管理系统绘成管线变形曲线图统一管理，绘制报表。

（4）抱箍式管线监测点大样如图 8-7 所示。

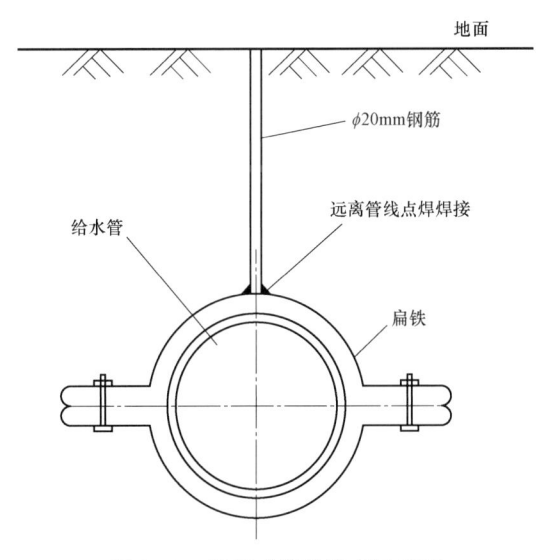

图 8-7 抱箍式管线测点示意图

8.2.8 土体沉降及变形监测

（1）监测方法。用分层沉降仪及测斜仪测量。

（2）监测要点。管线保护按照业主、管理单位的要求及国家相关规范执行。

（3）数据处理。根据施工进度进行，将各沉降点沉降及水平位移值存入计算机监测管理系统绘成管线变形曲线图统一管理，绘制报表。

8.2.9　洞内常规监测

（1）监测方法。用精密水准仪及收敛仪测量。

（2）数据处理。根据施工进度进行，将各沉降点沉降及水平位移值存入计算机监测管理系统绘成管线变形曲线图统一管理，绘制报表。

（3）隧道洞内监测点布置如图8-8所示。

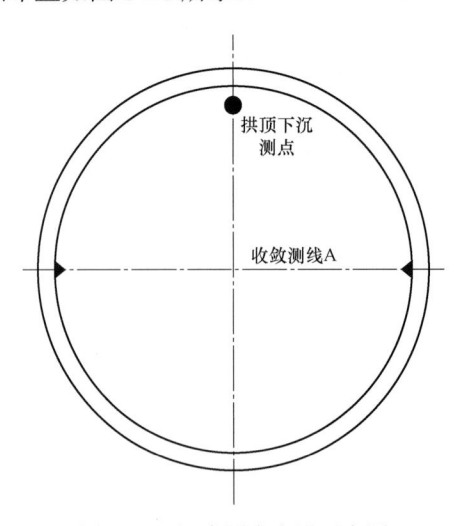

图8-8　洞内测点布设示意图

在信息化施工中，监测后应对各种数据进行及时整理分析，判断其发展变化规律，并及时反馈到施工中，以此来指导施工。

8.2.10　数据分析处理及信息反馈

（1）全部采用计算机处理，自动图表处理数据。结合施工和现场环境状况对监控量测数据定期进行综合分析，并绘制出隧道环境变形、地表沉降时态曲线图。

（2）对时态曲线进行回归分析，选择与实测数据拟合较好的函数，并对变形趋势进行预测。

（3）当实测变形值大于允许变形的2/3时要及时通报相关部门并采取措施控制变形。

（4）每次监控量测完成后应提供书面报告。

（5）工程竣工后应提供监控量测技术总结报告。

8.2.11　施工监测反馈程序

在取得监测数据后，要及时进行整理，绘制位移或应力的时态变化曲线图，即时态散点图（见图8-9）。

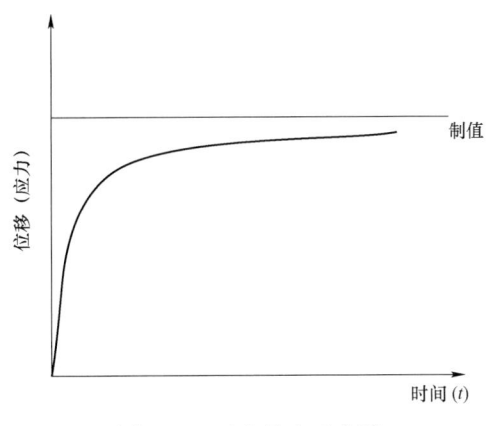

图8-9　时态散点示意图

取得足够的数据后，还应根据散点图的数据分布状况，选择合适的函数，对监测结果进行回归分析，以预测该测点可能出现的最大位移值或应力值，预测结构和建筑物的安全状况，采用的回归函数有：

$$U = A \times \lg(1+t) + B \quad U = A \times \lg(1+t) + B \tag{8-2}$$

$$U = \frac{t}{A + Bt} \quad U = \frac{t}{A + Bt} \tag{8-3}$$

$$U = Ae^{-\frac{B}{t}} \quad U = Ae^{-\frac{B}{t}} \tag{8-4}$$

$$U = A(e^{-Bt} - e^{-Bt_0}) \quad U = A(e^{-Bt} - e^{-Bt_0}) \tag{8-5}$$

$$U = A \times \lg\left(\frac{B+t}{B+t_0}\right) \quad U = A \times \lg\left(\frac{B+t}{B+t_0}\right) \tag{8-6}$$

式中　U——变形值（或应力值）；

A、B——回归系数；

t、t_0——测点的观测时间。

8.3　验收要求

8.3.1　验收标准

（1）《危险性较大的分部分项工程安全管理规定》（住建部令〔2018〕37号）；

（2）《城市轨道交通工程安全质量管理暂行办法》（建质〔2010〕173号）；

（3）关于加强城市轨道交通工程关键节点风险管控的通知（建办质〔2017〕68号）；

（4）《城市轨道交通工程质量安全检查指南》（建质〔2016〕173号）；

（5）关于实施《危险性较大的分部分项工程安全管理规定》有关问题的通知（建办质〔2018〕31号）；

（6）GB 50300—2013《建筑工程施工质量验收统一标准》；

（7）GB/T 50299—2018《地下铁道工程施工质量验收标准》；

（8）GB 50208—2011《地下防水工程质量验收规范》；

（9）GB 50157—2013《地铁设计规范》；

（10）GB 50446—2017《盾构法隧道施工及验收规范》；

（11）CJJ/T 275—2018《市政工程施工安全检查标准》；

（12）《郑州市轨道交通有限公司工程质量验收细则》（郑轨文〔2018〕148号）；

（13）《郑州地铁集团有限公司关于进一步规范轨道交通工程关键节点施工前条件核查工作的通知》（郑地铁〔2019〕83号）；

（14）《关于进一步规范轨道交通工程关键节点施工前条件核查工作的通知》（郑地铁〔2019〕83号）。

8.3.2 验收程序

（1）施工单位根据《关键节点分类清单》编制《关键节点识别清单》，报监理单位审批。

（2）施工单位对照经监理单位批准的《关键节点识别清单》，对关键节点施工前条件自检自评。自评结果符合要求的，将填写好的《关键节点施工前条件核查表》报监理单位。

（3）监理单位对关键节点施工前条件进行预核查，并在《关键节点施工前条件核查表》监理预检部分，填写相关内容。预检结果符合要求的，将填写好的《关键节点施工前条件核查表》报轨道公司项目管理部门审批。

（4）轨道公司项目管理部门（或委托监理单位）依据相关制度规定和标准规范，组织监理、施工、勘察、设计、第三方监测等单位相关负责人，以及轨道公司相关部门人员和不少于2名专家，开展关键节点施工前条件核查，并填写《关键节点施工前条件核查表》正式核查部分。同时，邀请市建设行政主管部门对核查程序进行监督。核查结果符合要求的，经上述各参建单位项目负责人在《关键节点施工前条件核查表》上签批后，方可进行关键节点施工；未通过核查的，相关单位应严格按照核查意见进行整改，整改完成后由轨道公司项目管理部门重新组织核查。

8.3.3 验收内容

本工程盾构始发、到达施工前核查验收条件见表8-7。

表 8-7 盾构始发、到达施工前核查验收条件

序号	验收条件	内容	验收要点
1	主控条件	设计文件	设计文件满足现场施工要求
2		施工方案	安全专项施工方案编审（包括应急预案、专项用电方案）、专家论证、审批齐全有效
3		测量	盾构位置测量验收完毕
4		盾构机安装调试	始发前盾构机安装调试验收完成，土仓压力传感器有效
5		始发托架、反力架及导轨	按方案施工完毕、验收合格，导轨稳固
6		土体加固	加固范围及参数指标符合设计要求，已进行效果检验
7		洞门密封	洞门密封止水装置安装完成，外观质量及完整性符合设计要求
8		盾构管片	盾构管片已进场并验收合格
9		浆液制作	浆液制作设施已完成
10		监控量测	监测点已布置，初始值数值已读取且经过验收
11		探孔	已按要求完成探水工作，无地下水流失
12		强制标准	符合强制标准各项要求
13		风险因素分解	风险因素分析完毕，分解到具体操作层，已培训交底
14		应急准备	应急物资到位，通信畅通，应急照明、消防器材符合要求
15	一般条件	材料及构配件	质量证明文件齐全，复试合格
16		设备机具	进场验收记录齐全有效，特种设备安全技术档案齐全
17		分包管理	分包队伍资质、许可证等资料齐全，安全生产协议已签署，人员资格满足要求。分包合同已签订，并备案
18		培训及交底	拟上岗人员安全培训资料齐全，考核合格；特种作业人员类别和数量满足作业要求，操作证齐全。施工和安全技术交底已完成。操作人员明确风险管理要求
19	特殊条件	根据工程实际和管理制度自定	

注　盾构始发、到达施工前条件核查验收应在洞门破除前进行。

8.4 保证体系

8.4.1 安全保证体系

1. 安全监控网络

安全监控网络如图 8-10 所示。

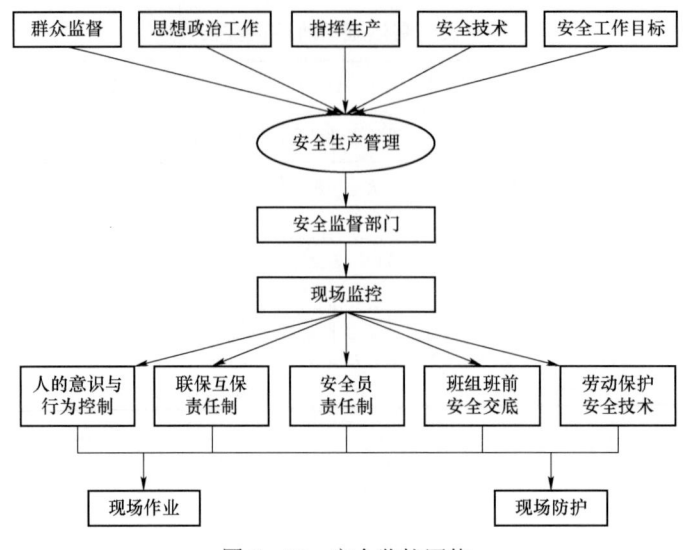

图 8-10 安全监控网络

2. 安全保障措施

(1) 所有施工人员必须戴安全帽，特殊工种按规定佩戴防护用品。

(2) 所有的机械设备有安全操作防护罩和详细的安全操作要点等，所有提升架等垂直和水平运输机械进行安全围护，必要处设置警示灯、警示铃。

(3) 完善各种机械设备的安全操作规程和维护保养细则，并向操作和维修人员交底。认真做好机械设备的管用养修。

(4) 机械操作人员必须取得操作合格证，严禁将机械设备交给无本机操作证的人员操作理，每一道工序施工前都要做好安全施工技术交底。

(5) 操作人员必须严格按照机械操作技术规程进行操作，严格执行工作前的检查制度和工作中注意观察、工作后的检查保养制度。

(6) 加强劳动保护。施工现场的将加强水泥等易起尘材料的控制，施工人员配备防尘口罩、防噪耳塞等防护设备，噪声较大的区域，增加作业人员的换班次数，缩短工作时间。

(7) 注浆人员必须经过专门培训，并熟练掌握有关作业规程；严禁在不停泵的情况下进行任何修理；注浆泵及管路内压力未降至 0 时，不准拆除管路或松开管路接头，以免浆液喷出伤人；注浆泵由专人负责操作，未经同意其他人不得操作。

(8) 各种起重机械起吊前，应进行试吊；吊机指挥应由对起重作业有经验的人员担任；起重工在工作时集中精力，明确分工，服从统一指挥；起吊重物时，起重扒杆下不得有人停留或行走，吊机停止作业时，应安止动器，收紧吊钩和钢丝绳；起吊重物时，吊具捆扎应牢固，以防吊钩滑脱。

(9) 电瓶车司机必须由经过培训和规程教育、考试合格的人员担任，工作时必须持证上岗；司机在行车时，要随时注意机车各部位运转是否正常，发生故障及时修理；机车行驶时，司机要时刻注视前方信号、障碍物等情况，若有行人必须鸣笛并做好刹车准备。

8.4.2　施工质量保证体系

1. 盾构始发质量保证

（1）在进行始发托架、反力架和首环负环管片的定位时，要严格控制始发托架、反力架和负环的安装精度，确保盾构始发姿态与设计线路基本重合。

（2）第一环负环管片定位时，管片的后端面应与线路中线垂直。负环管片轴线与线路的切线重合，负环管片采用错缝拼装方式。

（3）始发前基座定位时，盾构机轴线与隧道设计轴线基本保持平行，盾构中线可比设计轴线适当抬高。

（4）在始发阶段，由于盾构机推力较小、地层较软，要特别注意防止盾构机栽头。

（5）始发初始掘进时，盾构机处于始发托架上，因此需在始发托架及盾构机上焊接相对的防扭转支座，为盾构机初始掘进提供反扭矩。

（6）在始发阶段由于设备处于磨合阶段，要注意推力、扭矩的控制，同时也要注意各部位油脂的有效使用。掘进总推力应控制在反力架承受能力以下，同时确保在此推力下刀具切入地层所产生的扭矩小于始发台提供的反扭矩。

2. 盾构掘进质量保证

特别注意防止以下质量事故：管片裂缝，管片错台，管片破损，隧道轴线偏移超限事故，防水质量事故，盾构隧道后期下沉、上浮、水平位移事故，盾构隧道不均匀旋转事故，到达端盾构隧道松弛事故。

（1）建立盾构机管理领导组织体系，制定详细的维护保养制度，使用操作施工手册，定人定岗定责，强化盾构机的管理。

（2）掘进前明确设计线路的各项参数。

（3）根据掘进前的各项监测成果，确定下次掘进的各项参数。

（4）严格按主管工程师的指令进行参数选择和操作，遇有突发事故，立即停止掘进并迅速向值班工程师报告，没有新指令前，严禁擅自开始掘进。

（5）当盾构前土体较硬时，降低盾构机正面设定压力，同时降低掘进速度，减少隧道衬砌的损坏和变形，确保隧道质量。

（6）及时调整开挖速度，控制好通过各地层的盾构机姿态。

（7）采用地面沉降监测与注浆量、注浆压力及管片混凝土内力监测相结合的办法，控制盾尾注浆质量。注浆时浆液满足技术要求，经试验确定。

（8）掘进时，严格控制盾构机的姿态，尽可能地减少每次纠偏的幅度，并使其不超过盾构直径的 0.4%，每推进一环，运用激光测量系统测量一次盾构机的姿态和离轴线的偏差。勤纠偏、小纠偏，及时调整盾构机姿态。

（9）按设计要求控制衬砌制作，安装精度，管片出盾后，对所有螺栓复紧一次，任何时候紧固螺栓时用规定的力矩紧固，且不损坏已组装好的管片。管片在盾尾拼装时，管片外弧面与盾壳间留 6cm 的间隙，以确保拼装精度。

（10）管片吊装时，轻吊慢放，防止橡胶条脱落，防止将管环上的止水槽碰伤。

（11）接缝按设计要求粘贴防水橡胶条，管片螺栓接头设置止水垫圈，管片预留合适的嵌缝沟槽，同步注浆选用合适材料与配比，并精心施工。

3．管片质量保证

（1）特别注意防止：管片生产质量事故，管模质量事故。

（2）正式生产前试生产，并做示范衬砌，试拼装。

（3）注重养护，确保充分养生，蒸养、水养符合设计要求。

（4）做好抗拔、抗弯、抗渗试验等试验。

（5）防止管片碰撞损坏。

4．防水质量保证

盾构隧道防水抓好管片自防水、接缝防水、螺栓孔防水及以下接口防水：车站与盾构隧道的接口，联络通道与盾构隧道接口。

（1）防水标准：管片为二级防水，顶部不允许有滴漏，其他不允许漏水，结构表面可有少量湿渍。

（2）防水原则与防水重点。防水原则：以防为主，防排结合，因地制宜，综合治理；防水重点：管片衬砌自防水、管片接缝防水、接口防水。

（3）按照一般与重点进行分级管理，一般部位抓好施工质量，重点、特殊部位单独制定防渗漏方案及措施。

（4）各种原材料、制品及配件进料要有出厂合格证，产品性能符合有关标准规定。

（5）当盾尾离开洞门约 3m 时，启动同步注浆系统以填充管片背后间隙；由于洞门处注浆压力不宜过大，需随着盾尾与洞门距离的增大分次对洞口压注双液浆进行封堵，以确保止水效果。

（6）盾构贯通后安装的几环管片，通过二次注浆使洞门处管片背后间隙填充饱满密实，以防洞门渗水以及管片错台。

（7）小半径曲线段防水质量保证措施。

1) 减小错台，使止水胶条对接紧密，达到良好的止水效果。

2) 拧紧螺栓，压紧止水胶条。

3) 检查止水胶条，保证其完整、牢固。拼装前，用水清洗止水胶条，避免因止水胶条之间挤有杂物而影响止水效果。

4) 注意保持好盾尾间隙，避免盾尾钢环刮坏管片，使裂隙绕过止水条而形成漏水。

5) 加强同步注浆，确保管片背后填充饱满。

8.4.3　环境保护体系

1．噪声控制

（1）施工场地噪声控制标准按 GB 12523—2011《建筑施工场界环境噪声排放标准》要求执行，确保离开施工作业区边界 30m 处噪声小于 70dB，撞击噪声最大不超过 90dB。

（2）施工机械或其他施工活动造成的噪声若超标造成环境污染，除抢险施工外，其他施工作业时间限制在 7 时至 12 时和 14 时至 22 时。

（3）采取在空压机房、发电机房外墙加铺吸音材料，邻近空压机房处围挡设立隔音墙，控制施工噪声，同时尽可能避免夜间施工。

2. 扬尘以及大气污染控制

（1）依据在建施工项目实际情况，编制扬尘污染治理施工方案，从源头来保障扬尘污染、噪声污染、固体废弃物、有害气体等得到有效治理。

（2）严格施工车辆和机械设备进入施工现场的备案手续，土方运输车辆全部有软帘顶棚，且状况良好；装运土方时装车高度不得超出软帘覆盖高度。

（3）采取密闭运输，车身应保持整洁，防止建筑材料、垃圾和工程渣土飞扬、洒落、流溢，严禁抛扔或随意倾倒，保证运输途中不污染城市道路和环境。

（4）渣土运至指定弃土场后，短时间暴露的应覆网遮盖，长时间暴露的应植草绿化，防止产生扬尘。

3. 工地排水与污水处理

（1）废水排入城市排污系统，悬浮物执行 GB 18466—2005《污水综合排放标准》的三级标准 400mg/L。

（2）根据施工地区排水网的走向和过载能力，选择合适的排口位置和排放方式。

（3）在工程开工前完成工地排水和废水处理设施的建设，并保证工地排水和废水处理设施在整个施工过程中的有效性，做到现场无积水、排水不堵塞、水质达到排放标准。

4. 废渣与建筑垃圾处理

（1）制定泥浆和废渣的处理、处置方案，及时清运施工弃土和渣土。

（2）选择对已有道路交通影响小的运输路线和运输时间。

（3）剩余料具及时回收、清退。对可再利用的废弃物尽量回收利用。

（4）施工现场内无废弃砂浆和混凝土，运输道路和操作面落地料及时清除，砂浆、混凝土倒运时采取防撒落措施。

8.5 应急预案

8.5.1 洞门凿除时的应急预案

（1）洞门凿除时洞门化冻发生涌水涌砂与土体松动。凿除前，洞口内配备黏土袋、砂袋、聚氨酯等应急物资。洞门凿除过程中，如果发现掌子面有渗水时要先对渗水进行探明分析，确定是否需要采用沙袋堆载，喷射混凝土封堵以及加注聚氨酯堵水等措施。

若发现已凿除的暴露面不断有土块掉下，周围土体有松动现象，判断情况后加强冷冻，同时做好掌子面的保温工作。在洞门上的冻结区铺设保温层。在凿除洞门冻土外露时，及时用聚乙烯保温材料进行保温处理。洞门凿除后拔除冻结管，并及时用冰柱封堵拔出后的孔洞。

洞门凿除后，掌子面出现涌水突泥时，首先利用砂袋将涌水突泥部位封堵，再向地层中注聚氨酯，增加土层的稳定性与黏聚性。同时对漏水部位进行防水处理，注环氧树脂材料进行堵水。

（2）洞门凿除时发生大量土体塌落。若因端头加固效果不好或施工不当等，造成洞口土体大量塌落时，应立即停止施工，使用注浆泵对塌落初的土体进行注浆封堵，向掌子面喷射素混凝土，再向地层中注聚氨酯，直到封堵完毕后方可进行下一步施工。如用上述办法封堵不成功时，可用支模注C15混凝土进行封堵，从而控制沉降。

8.5.2　盾构始发时的应急预案

（1）始发时掌子面存在斜角。在始发前检查好刀具情况，根据需要进行更换，凿平洞门中心西侧部分冻土，使掌子面与刀盘充分接触，避免刀盘受力不均导致盾体发生偏转。在盾体上焊接防扭块，防扭块紧贴导台钢轨，始发后采用小贯入度小推力推进，刀盘频繁正反转，起到防止盾体偏转的作用。

（2）盾构刀盘出冷冻体杯底时有水渗出应急措施。在洞门环上加焊两道盾尾刷，始发前盾尾刷手涂到位，一旦前盾进入洞门环，立刻启动油脂泵通过预留管路进行油脂加注，并保持一定压力，使油脂腔形成密封效果。如有水渗出，使用塞棉纱、注聚氨酯等措施进行封堵。

（3）尾盾进入洞门环涌水涌砂应急措施。在盾尾进入洞门环时，由于洞门环与管片之间存在较大间隙，有涌水涌砂风险。应急措施为：① 使用棉纱、木楔、快干水泥封堵洞门帘布与管片之间的空隙；② 尽快启动同步注浆系统；③ 往洞门环与管片的空隙中注入细砂填满空隙。

（4）洞门密封失效应急措施。若在盾构刀盘进入洞门帘布时，帘布破损造成密封失效，应急措施为：① 立即对洞门帘布进行修补；② 加大洞门钢环油脂密封腔油脂注入量，加强洞门密封；③ 当水流压力较大或夹带泥砂时，需要马上采取堵漏措施，堵漏方法可采用塞棉纱加快硬水泥顶住漏水口，再用木楔打入的方法进行，紧急或无效时注聚氨酯封堵。当水流压力较小无带砂现象，堵漏方法可采用塞棉纱加快硬水泥顶住漏水口，再用木楔打入的方法进行。

8.5.3　管线发生破裂应急预案

管线周围土体不均匀沉降，造成接头破裂等，有渗入区间或者车站的风险。在冷冻前设置深层监测点，做好与管线单位对接工作，提前了解有无抱箍式监测点、管径位置等信息，并做好实地探测。在冷冻和始发过程中，加强管线监测，一旦沉降异常，立刻采取保护措施。

如出现地表沉降预警后，应立即加密监测频率，派专人地面巡查，如发生沉降较严重的情况，应立即拉设警戒带，查明沉降原因，进行地面加固注浆处理。

管线应急措施见表 8-8。

表 8-8　　　　　　　　　　　管 线 应 对 措 施 表

管线名称	管线情况	应急措施
热力管道	钢材质，埋深 2.6m，DN1200，沿开元路敷设，在冷冻体上方	热力管道在实施冷冻时暂未供暖，可能会有无承压水泄漏，如果管道发生破裂，找出破裂部位，挖开并进行加固，由专业焊工进行补焊，经试压合格后恢复
污水管	混凝土材质，埋深 3.38m，DN700，沿开元路敷设，在冷冻体上方	污水管如发生破裂，会出现污水渗漏现象，在始发前调查清楚污水管上下游检查井位置，并做好标记，在盾构始发前，在污水管检查井附近备足砂袋，一旦出现渗漏，在上下游使用沙袋堵死，如情况紧急可采用高压气囊进行封堵，然后进行上下游的抽排，同时进行修补
雨水箱涵	混凝土材质，埋深 1.3m，1800mm×1200mm，沿开元路南侧敷设，在冷冻体上方	雨水箱涵埋深较浅，如发生渗漏，在上下游检查井使用砂袋进行封堵。找出泄漏点，进行修补作业，并采用大功率水泵进行抽排

冷冻加固区上方存在 DN700 污水管一根，1800mm×1200mm 雨水箱涵一道，均沿开元路敷设，与区间线路垂直相交，若管线发生破裂，需适当封闭地面交通。根据管路的漏水或爆管情况，对管路进行截流，将来水抽排至相邻未破损管线或下游检查井，施工示意如图 8-11 所示。

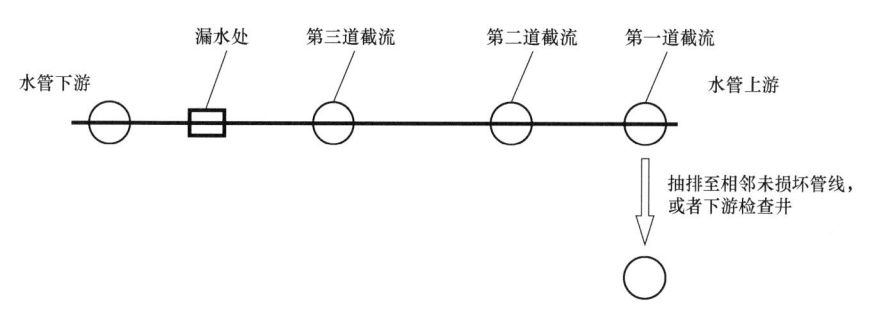

图 8-11　雨污水截流施工示意图

1. 雨污水截流流程

第一道截流：采用大功率水泵将管道里的水抽排至相邻管内或下游检查井。

第二道截流：根据第一道截流效果投放若干砂袋进行截流，防止水向下游管道流动，达到基本控制效果。如砂袋控制效果不好，使用紧急气囊进行封堵。

第三道截流：在水基本上得到控制时，井内采用 30cm 钢板加橡胶圈对管路进行封堵，达到截流目的。

2. 管路恢复施工

（1）首先进行适当的施工围蔽，然后使用挖掘机进行路面破除。

（2）土方开挖管路修复。在水势得到控制后，在漏水处采用挖机进行开挖，开挖过程需要进行支挡，防止侧面坍塌。在开挖至管路标高后，重新对管路基础进行加固，并对渗漏点进行修补。

（3）土方回填。在管路恢复后，进行土方回填，采用分层回填，回填要求夯填密实。

回填至路基标高进行路面施工。

(4) 路面恢复。按照市政道路施工要求进行道路恢复。

(5) 管路运行。恢复管路后，取出砂袋、水泵、围挡等设施，恢复管路。

8.5.4 洞门环梁施工风险及应急预案

在盾构达到初始掘进长度后，停机进行负环管片的拆除，施工洞门环梁。洞门环梁施工时要拆除帘布密封和零环，拆除后，管片与洞门环间隙会暴露出来，如洞门封闭不好，会有涌泥涌砂风险。

应对措施：

(1) 在洞门环梁施工前，冷冻作业不停止，保证冻结正常稳定。

(2) 洞门环梁施工需在洞门注浆封堵完毕后进行，且注浆质量经检测合格。

(3) 拆除帘布密封前，现场备足砂袋、聚氨酯、快干水泥等应急物资，一旦发生涌水涌砂，立即进行封堵。

(4) 在管片内提前安装注浆头，一旦出现险情，立即从管片注浆孔注入聚氨酯进行封堵。

(5) 洞门环梁使用外包式设计，避免拆零环的风险。

8.5.5 盾尾刷损坏应急预案

(1) 盾尾小量泄漏处理。掘进过程若盾尾出现泥浆、砂浆或清水渗漏，应立即停止掘进并采用手动注脂的方法进行处理，此位置和相邻位置增加油脂注入量，如果泄漏较大，则调大油脂注入量，直至完全密封住。

(2) 盾尾大量泄漏处理。

1) 手动注脂，立即停止掘进，将油脂泵泵送速度调大停机打开气动阀进行三排手动注脂，针对泄漏位置和相邻位置增加油脂注入量，若泄漏较大，则调大油脂注入量，直至完全密封住。

2) 洞内排水，在隧道最底部安装的一台 55kW，流量 160m³/h，扬程 78m 的泥浆泵向泥浆管内进行抽水，为抢险争取时间。

3) 快速掘进拼装管片，若手动注脂无法解决盾尾泄漏问题，则加快掘进速度，快速完成本环掘进，拼装管片。

4) 管片壁后封堵在管片安装机上储备两带棉纱，盾尾泄漏发生后，用钢钎将棉纱塞入泄漏位置管片与盾尾刷连接处。

5) 钻孔压住聚氨酯在盾构机上准备 5 台高压针头灌浆机，盾尾发生大量泄漏时，立即在盾尾刷后部钻孔，5 台设备同时压注油溶性聚氨酯，直至将泄漏完全密封住。

6) 二次注浆，在盾构机上准备 2 台手摇压力泵注浆设备，就近打开倒数第二环二次注浆孔，安装注浆接头、球阀，用手动注浆设备压注丙烯酸盐堵漏材料，在管片壁后形成密封。